高等院校汽车类创新型应用人才培养规划教材

汽车理论

崔胜民　主　编

内 容 简 介

汽车理论是车辆工程专业的核心课程。本书全面系统地论述了汽车动力性、汽车燃料经济性、汽车排放性、汽车制动性、汽车操纵稳定性、汽车平顺性的评价指标和分析方法。全书以汽车最新标准为主线，以工程应用为背景，内容编排新颖，实用性强，反映了现代汽车设计所涉及的理论内容。

本书可作为高等学校汽车类专业教材，也可供从事汽车研究、设计等工作的专业技术人员参考。

图书在版编目(CIP)数据

汽车理论/崔胜民主编. —北京：北京大学出版社，2016.1
(高等院校汽车类创新型应用人才培养规划教材)
ISBN 978-7-301-26758-5

Ⅰ.①汽… Ⅱ.①崔… Ⅲ.①汽车工程—高等学校—教材 Ⅳ.①U461

中国版本图书馆 CIP 数据核字(2016)第 009855 号

书　　　名	汽车理论 Qiche Lilun
著作责任者	崔胜民　主编
策 划 编 辑	童君鑫
责 任 编 辑	黄红珍
标 准 书 号	ISBN 978-7-301-26758-5
出 版 发 行	北京大学出版社
地　　　址	北京市海淀区成府路 205 号　100871
网　　　址	http://www.pup.cn　新浪官方微博：@北京大学出版社
电 子 邮 箱	编辑部 pup6@pup.cn　总编室 zpup@pup.cn
电　　　话	邮购部 010-62752015　发行部 010-62750672　编辑部 010-62750667
印 刷 者	北京虎彩文化传播有限公司
经 销 者	新华书店
	787 毫米×1092 毫米　16 开本　14.5 印张　333 千字 2016 年 1 月第 1 版　2024 年 8 月第 3 次印刷
定　　　价	37.00 元

未经许可，不得以任何方式复制或抄袭本书之部分或全部内容。
版权所有，侵权必究
举报电话：010-62752024　电子邮箱：fd@pup.cn

前　言

我国汽车产销量已连续多年居全球第 1 位，产销量突破 2000 万辆。汽车已经成为人们不可缺少的现代交通工具，给人们带来效率、便捷和舒适，使人们的生活更加丰富多彩。但人们对汽车性能的要求在不断提高，企业产品竞争越来越激烈，安全、节能、环保的压力越来越大，这些迫使企业加大产品研发力度，提高汽车产品性能，增强竞争能力。企业在产品开发初期，要对汽车性能进行分析和评价，样车制造出来以后要进行试验，这就要求汽车设计者熟悉国家相关汽车标准，掌握汽车理论是如何与汽车标准衔接的，使设计和生产出来的汽车产品在满足国家标准的前提下，具有尽可能高的性能，以满足消费者的需求。汽车技术飞快发展，汽车理论也在不断更新。

全书共分 6 章，重点阐述和讲授汽车动力性、汽车燃料经济性、汽车排放性、汽车制动性、汽车操纵稳定性、汽车平顺性的评价指标和分析方法。在汽车动力性和汽车燃料经济性方面，增加了电动汽车动力性和电动汽车燃料经济性的评价指标和评价方法；在汽车操纵稳定性方面，增加了三轴汽车操纵稳定性的内容。本书各章内容都是以汽车最新标准为主线，首先介绍标准对汽车各种性能的评价指标和要求，然后对其进行理论分析，建立评价指标的理论模型，分析影响因素，最后介绍试验内容和方法。本书在内容编排上既考虑了现有汽车理论教材中按汽车性能编写的整体思路，又考虑了工程应用和汽车发展的实际背景。

在本书编写过程中，编者引用了参考文献中的部分内容及网上的一些资料和图片，特向其作者表示深切的谢意。

由于编者学识有限，书中不当之处在所难免，恳盼读者给予指正。

编者

2015 年 10 月

目 录

第1章 汽车动力性 …………………… 1
1.1 汽车动力性评价指标 …………… 2
1.2 汽车行驶驱动力和行驶阻力 …… 6
1.2.1 汽车驱动力 ……………… 6
1.2.2 汽车行驶阻力 …………… 10
1.2.3 汽车行驶方程式 ………… 13
1.2.4 汽车行驶条件 …………… 13
1.3 汽车动力性分析方法 …………… 16
1.3.1 汽车驱动力-行驶阻力平衡图 ……………… 16
1.3.2 汽车动力特性图 ………… 20
1.3.3 汽车功率平衡图 ………… 22
1.3.4 解析法求解汽车动力性 … 24
1.4 自动变速汽车的动力性 ………… 25
1.5 汽车动力性影响因素 …………… 30
1.5.1 发动机性能参数的影响 … 30
1.5.2 汽车结构因素的影响 …… 30
1.5.3 汽车使用因素的影响 …… 32
1.5.4 牵引力控制系统的影响 … 32
1.6 汽车动力性试验 ………………… 33
1.6.1 汽车动力性路上试验 …… 33
1.6.2 汽车动力性室内试验 …… 37
1.7 电动汽车动力性 ………………… 37
思考题 …………………………………… 40

第2章 汽车燃料经济性 ……………… 41
2.1 汽车燃料经济性评价指标 ……… 43
2.1.1 等速行驶百公里燃料消耗量 ……………… 44
2.1.2 综合燃料经济性 ………… 44
2.1.3 汽车燃料消耗限值 ……… 52
2.2 汽车燃料经济性计算方法 ……… 56
2.3 汽车燃料经济性影响因素 ……… 61
2.4 汽车燃料经济性试验 …………… 68

2.5 电动汽车经济性 ………………… 70
思考题 …………………………………… 77

第3章 汽车排放性 …………………… 78
3.1 汽车排放性评价指标 …………… 79
3.1.1 汽油车排放性评价指标 … 79
3.1.2 柴油车排放性评价指标 … 81
3.1.3 汽车排放限值 …………… 81
3.2 汽车排放性影响因素 …………… 84
3.2.1 燃料类型和质量对汽车排放的影响 …………… 84
3.2.2 发动机对汽车排放的影响 ……………………… 87
3.2.3 使用因素对汽车排放的影响 ……………………… 89
3.3 汽车排放控制途径 ……………… 92
3.3.1 机前控制 ………………… 92
3.3.2 机内净化技术 …………… 93
3.3.3 机外后处理技术 ………… 95
3.4 汽车排放试验 …………………… 96
思考题 …………………………………… 99

第4章 汽车制动性 …………………… 100
4.1 汽车制动性评价 ………………… 101
4.1.1 汽车制动性评价指标 …… 101
4.1.2 标准对汽车制动性评价指标的要求 …………… 103
4.2 汽车制动时车轮受力 …………… 104
4.3 汽车制动性评价指标分析 ……… 107
4.3.1 汽车制动效能 …………… 107
4.3.2 汽车制动效能的恒定性 ……………………… 109
4.3.3 汽车制动时的方向稳定性 ……………………… 111
4.4 汽车制动力分配及调节 ………… 113

| 4.4.1 汽车理想制动力分配 …… 114
    4.4.2 汽车实际制动力分配 …… 116
    4.4.3 汽车制动过程分析 …… 117
    4.4.4 标准对汽车制动器制动力
          分配的要求 …………… 120
    4.4.5 汽车制动力调节
          装置 …………………… 122
4.5 汽车防抱死制动系统 ………… 124
    4.5.1 汽车ABS的功用 ……… 124
    4.5.2 汽车ABS的组成 ……… 125
    4.5.3 汽车ABS的工作原理 … 126
    4.5.4 汽车ABS的逻辑门限值
          控制 …………………… 126
4.6 汽车制动性试验 ……………… 131
    4.6.1 汽车路检制动试验 …… 131
    4.6.2 汽车台检制动试验 …… 133
思考题 ……………………………… 135

第5章 汽车操纵稳定性 ………… 136

5.1 汽车操纵稳定性的评价 ……… 137
    5.1.1 汽车操纵稳定性评价的
          基本概念 ……………… 137
    5.1.2 汽车操纵稳定性的基本
          内容和评价指标 ……… 139
5.2 轮胎动力学模型 ……………… 141
    5.2.1 轮胎六分力 …………… 141
    5.2.2 轮胎动力学模型类型 … 142
    5.2.3 轮胎侧偏特性理论
          模型 …………………… 143
    5.2.4 轮胎魔术公式 ………… 146
5.3 汽车操纵稳定性数学模型 …… 147
    5.3.1 三轴汽车操纵稳定性数学
          模型 …………………… 148
    5.3.2 二轴汽车操纵稳定性数学
          模型 …………………… 149
5.4 汽车稳态响应 ………………… 151
    5.4.1 汽车稳态响应评价 …… 151
    5.4.2 三轴汽车稳态响应 …… 156
    5.4.3 四轮转向汽车稳态
          响应 …………………… 158

5.5 汽车角阶跃输入下的
    瞬态响应 ……………………… 158
    5.5.1 汽车角阶跃输入下的瞬态
          响应评价指标 ………… 158
    5.5.2 汽车角阶跃输入下的
          瞬态响应 ……………… 160
    5.5.3 三轴汽车瞬态响应 …… 165
    5.5.4 四轮转向汽车瞬态
          响应 …………………… 167
5.6 汽车脉冲输入下的瞬态响应 … 168
    5.6.1 汽车脉冲输入下的瞬态响应
          评价指标 ……………… 168
    5.6.2 汽车脉冲输入下的瞬态
          响应 …………………… 170
5.7 汽车稳定性控制系统 ………… 171
    5.7.1 概述 …………………… 171
    5.7.2 汽车稳定性控制系统的
          结构 …………………… 172
    5.7.3 汽车稳定性控制系统的
          工作原理 ……………… 172
    5.7.4 汽车稳定性控制系统的
          工作过程 ……………… 174
5.8 汽车操纵稳定性试验与评价 … 176
    5.8.1 汽车稳态回转试验与
          评价 …………………… 176
    5.8.2 汽车阶跃输入的瞬态响应
          试验与评价 …………… 179
    5.8.3 汽车脉冲输入的瞬态响应
          试验与评价 …………… 180
    5.8.4 汽车转向回正试验与
          评价 …………………… 182
    5.8.5 汽车转向轻便性试验 … 185
    5.8.6 汽车蛇行试验与评价 … 187
    5.8.7 汽车操纵稳定性综合
          评价 …………………… 190
思考题 ……………………………… 191

第6章 汽车平顺性 ……………… 192

6.1 汽车平顺性的评价 …………… 193
    6.1.1 汽车平顺性评价指标 … 193
    6.1.2 汽车平顺性要求 ……… 198

6.2 汽车平顺性模型 ……………… 199
    6.2.1 汽车单质量振动模型 …… 199
    6.2.2 1/4汽车平顺性模型 …… 199
    6.2.3 1/2汽车平顺性模型 …… 200
    6.2.4 汽车平顺性整车模型 …… 202
6.3 汽车路面输入模型 ……………… 205
6.4 汽车单质量振动系统的平顺性分析 ……………… 207
    6.4.1 汽车单质量振动系统的频率响应特性 ……………… 207
    6.4.2 汽车单质量振动系统的平顺性指标分析 ……………… 208

6.5 基于1/4模型的汽车平顺性分析 ……………… 209
    6.5.1 汽车频响特性 ……………… 209
    6.5.2 随机路面的汽车平顺性时域分析 ……………… 210
    6.5.3 随机路面的汽车平顺性频域分析 ……………… 212
6.6 汽车平顺性的影响因素 ……… 213
6.7 汽车平顺性试验 ……………… 217
思考题 ……………………………… 219

参考文献 ……………………………… 220

第 1 章 汽车动力性

教学目标

通过本章的学习,读者能够掌握汽车动力性的评价指标和分析方法,分析汽车动力性的影响因素,了解汽车动力性试验内容和方法,建立电动汽车动力性评价指标模型。

教学要求

知识要点	能力要求	相关知识
汽车动力性评价	掌握汽车动力性评价指标	汽车最高车速、加速能力和爬坡能力
汽车行驶驱动力和行驶阻力	建立汽车驱动力和行驶阻力数学模型	汽车驱动力、滚动阻力、空气阻力、坡度阻力、加速阻力
汽车动力性分析方法	掌握汽车动力性各种分析方法	汽车驱动力-行驶阻力平衡图、汽车动力特性图、汽车功率平衡图、解析法求解汽车动力性
汽车动力性影响因素	分析汽车动力性影响因素	发动机、汽车结构和使用因素与汽车动力性的关系
汽车动力性试验	了解汽车动力性试验内容和方法	汽车动力性道路试验和台架试验
电动汽车动力性	建立电动汽车动力性评价指标模型	电动汽车电动机特性

汽车理论

导入案例

图1.1(a)所示为某汽车在作45°极限爬坡运动,为什么有的汽车能顺利爬过去,而绝大部分汽车爬不过去?图1.1(b)所示为汽车在冰雪路面上行驶,为什么汽车在冰雪路面上不能正常行驶?安装不同功率的发动机,对汽车行驶性能有什么影响?如何评价和分析汽车的动力性?通过本章的学习可以得到这些问题的答案。

(a) 极限爬坡

(b) 冰雪路面行驶

图1.1 汽车极限运动

汽车动力性是指汽车在良好路面上直线行驶时,由汽车受到的纵向外力决定的、所能达到的平均行驶速度。汽车是一种高效率的运输工具,运输效率的高低很大程度上取决于汽车的动力性。所以,汽车动力性是汽车各种性能中最基本、最重要的性能之一。

1.1 汽车动力性评价指标

汽车动力性评价指标如图1.2所示,它分为未用汽车的动力性评价指标和在用汽车的动力性评价指标。未用汽车的动力性评价指标主要有汽车最高车速、汽车加速能力和汽车爬坡能力,它们是通过道路试验按规定方法测试出来的,主要用于汽车定型;在用汽车的动力性评价指标主要是汽车驱动轮输出功率,是通过台架试验按规定方法测试出来的,主要用于评价汽车动力性的变化,保障汽车处于良好技术状态。未做特殊说明,汽车动力性评价指标主要是指未用汽车的动力性评价指标,即汽车最高车速、汽车加速能力和汽车爬坡能力。

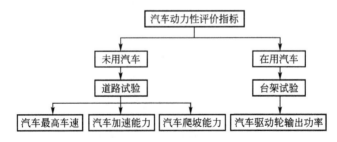

图1.2 汽车动力性评价指标

1. 汽车最高车速

汽车最高车速是指汽车在水平良好路面(混凝土或沥青)上,汽车能达到的最高行驶速度,它表示汽车的极限行驶能力。此时变速器处于最高挡,发动机节气门全开或高压油泵处于最大供油位置。相同类型汽车发动机排量越大,汽车最高车速越高;配置相同发动机的前提下,手动挡比自动挡汽车最高车速更高;发动机排量相同的前提下,车身越小,最高车速越高。一般轿车最高车速为130~220km/h,客车最高车速为90~130km/h,货车最高车速为80~110km/h。

图1.3列举了发动机排量在2.0~2.5L的7款中型轿车的最高车速。可以看出,在同级别车型中,汽车最高车速并不一定完全与发动机排量成正比,它还取决于传动系统的传动比。

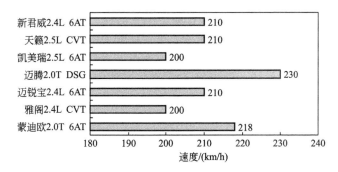

图1.3　中型轿车的最高车速

图1.4列举了发动机排量在1.6L的7款紧凑轿型车的最高车速。可以看出,同一级别汽车的最高车速差别不大,但不同级别汽车的最高车速差别较大,这主要与发动机和变速器的配置有关。

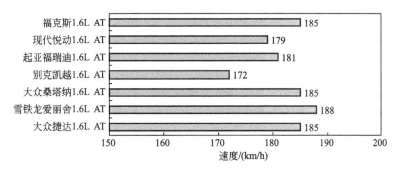

图1.4　紧凑型轿车的最高车速

最高车速是一些跑车特别是超级跑车所追求的一个重要参数之一,其最高车速的纪录也不断被打破,英国工程师研制出一辆超音速汽车(图1.5),采用劳斯莱斯喷气发动机作为动力,车速达到1610km/h。对于量产的超级跑车,最高车速已突破400km/h。

2. 汽车加速能力

汽车加速能力是指汽车在水平良好路面上所能达到的最大加速度,常用汽车加速时间来表示,它对平均行驶车速有很大影响。加速时间又分为原地起步加速时间与超车加速时

图 1.5 超音速汽车

间。原地起步加速时间是指汽车从静止状态下,由 I 挡起步,并以最大的加速强度(包括选择最恰当的换挡时机)逐步换至高挡后,达到某一预定的距离或车速所需的时间。一般用 0～100km/h 所需的时间来表明汽车原地起步加速能力。超车加速时间是用最高挡或次高挡由某一较低车速全力加速至某一高速所需要的时间。汽车加速时间越短,则其加速能力越好。常用汽车加速过程曲线,即车速-时间关系曲线来全面反映汽车的加速能力。

轿车对加速能力十分重视,是其重要指标之一。目前中级轿车原地起步加速时间一般在 10s 左右。图 1.6 列举了 7 种发动机排量在 2.0～2.5L 的中型轿车的 0～100km/h 的加速时间,可以看出,它们的原地起步加速时间都在 10s 之内。

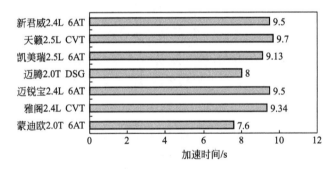

图 1.6 中型轿车的原地起步加速时间

图 1.7 列举了 7 种发动机排量在 1.6L 的紧凑型轿车的 0～100km/h 的加速时间,可以看出,它们的原地起步加速时间都超过 10s。

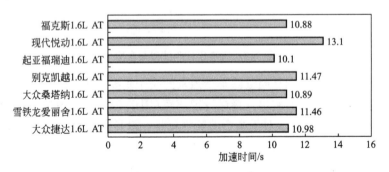

图 1.7 紧凑型轿车的原地起步加速时间

加速时间是跑车追求的重要参数之一。跑车 0~100km/h 的加速时间都在 5s 之内。目前世界上加速最快的跑车是美国雪佛兰品牌的 Dagger GT，如图 1.8 所示，其 0~100km/h 加速时间为 1.5s，搭载多燃料双涡轮发动机，最大功率可达 1491kW，最大转矩可达 2710N·m，极限速度更是达到了 483km/h。

3. 汽车爬坡能力

道路坡度如图 1.9 所示，可用坡度的角度值 [以 (°) 表示] 或以坡高与其水平距离之比的百分数来表示。

$$\alpha_G = \arctan \frac{h}{s} \tag{1-1}$$

$$i_G = \frac{h}{s} \times 100\% \tag{1-2}$$

图 1.8 加速时间最短的跑车

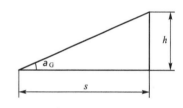

图 1.9 道路坡度

坡度 40% 表示坡道直线长度距离为 100m、坡高为 40m 的坡度，其角度为 21.8°。一般情况下，寒冷、积雪地区道路坡度不应大于 8%，二级城市道路纵坡不超过 5%，高速公路平原小于 3%，山区小于 5%，最差的山区道路约为 10%，看似最陡的地下停车场坡道也小于 20%。

汽车爬坡能力是指汽车满载时在良好路面上等速行驶能爬上的最大坡度，简称最大爬坡度。汽车变速器挡位不同，爬坡能力不同，通常是指汽车变速器最低挡的最大爬坡能力，它代表了汽车的极限爬坡能力，它应比实际行驶中遇到的道路最大爬坡度超出很多。这是因为应考虑到汽车在坡道上停车后，顺利起步加速、克服松软坡道路面的大阻力等要求的缘故。

轿车的最高车速高，发动机功率大，经常在较好的路面上行驶，一般不强调它的最大爬坡度；货车在各种路面上行驶，要求它具有足够的爬坡度，一般为 30%，即 16.7°；越野汽车要在各种坏路或无路条件下行驶，对爬坡度要求更高，可达 60%，即 31°。有时也以汽车在一定坡道上必须达到的车速来表示爬坡能力。

最大爬坡度对于 SUV 和越野汽车来说是一个极为重要的参数，这个参数数值的高低，在表征汽车爬坡能力高低的同时，也可以说是界定越野汽车和非越野汽车的一个重要指标。例如，业界通常认为只有最大爬坡度不小于 57.73% (30°) 的汽车才称得上是真正的越野汽车。

图 1.10 列举了一些 SUV 和越野汽车的最大爬坡度。可以看出，不同类型的汽车，爬坡度差别较大。

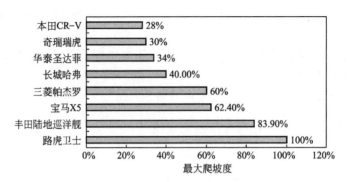

图1.10 汽车最大爬坡度

汽车动力性评价指标与汽车类型有关,在设计汽车时,应根据汽车类型和用途,合理确定汽车动力性评价指标。一般应参考同类型汽车的动力性指标进行初选,通过优化设计和试验评估,确定汽车最终的动力性指标。

汽车动力性评价指标在产品的参数配置中给出,供用户参考。实际上,汽车使用一段时间以后,由于汽车磨损和发动机性能下降等原因,汽车动力性评价指标会降低,所以,它们不适合对在用汽车的动力性进行评价。

1.2 汽车行驶驱动力和行驶阻力

汽车动力性主要取决于作用于汽车行驶方向上的外力,即汽车驱动力和行驶阻力。

1.2.1 汽车驱动力

汽车驱动力是由发动机的转矩经传动系统传至驱动轮上得到的。汽车驱动力与发动机转矩之间的关系为

$$F_t = \frac{T_{tq} i_t \eta_t}{R} \tag{1-3}$$

式中,F_t 为汽车驱动力(N);T_{tq} 为发动机转矩(N·m);i_t 为传动系统总传动比;η_t 为传动系统的机械效率;R 为车轮半径(m)。

1. 发动机外特性

发动机的有效功率、转矩和燃油消耗率随转速变化的关系称为发动机的速度特性。节气门全开或高压油泵在最大供油位置时的速度特性称为发动机的外特性。节气门部分开启或高压油泵部分供油时的速度特性称为发动机部分负荷特性。

发动机外特性表示发动机所能达到的最高性能,根据外特性可以找出发动机最大功率、最大转矩及其相应转速。发动机外特性与汽车动力性密切相关。

图1.11所示为汽油发动机的外特性曲线。图中,n_{min} 为发动机最低稳定工作转速;n_P 为发动机最大功率所对应的转速;n_{tq} 是发动机最大转矩所对应的转速;n_{max} 为发动机最高转速;P_{emax} 为发动机最大功率;T_{tqmax} 为发动机最大转矩。可以看出,随着发动机转速的增加,发动机的功率和转矩都在增加;当发动机转矩达到最大值时,再增大发动机转速,

发动机转矩有所下降,但功率继续增加,一直达到最大功率;继续增加转速,其功率有所下降,一般汽油发动机的最高转速不大于最大功率时相应转速的10%~12%。

图 1.12 所示为汽油发动机部分负荷特性曲线。发动机外特性曲线只有一条,但部分负荷特性曲线可以有无数条。汽车用发动机经常处于部分负荷下工作,所以它对汽车燃油经济性有重要影响。

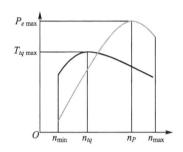

图 1.11 汽油发动机的外特性曲线

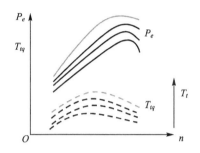

图 1.12 汽油发动机部分负荷特性曲线

发动机转矩与转速之间的关系是进行汽车动力性计算的主要依据,可由发动机台架试验来测定。发动机台架试验所得到的一系列发动机转速与转矩的离散数据点,用回归法找出描述转矩与转速的函数,通常用多项式来描述,即

$$T_{tq}=a_0+a_1n+a_2n^2+\cdots+a_kn^k \tag{1-4}$$

式中,$a_0,a_1,a_2,\cdots,a_k$ 为待拟合系数,可由最小二乘法来确定;拟合阶数 k 随特性曲线而异,一般在 2、3、4、5 中选取;n 为发动机转速(r/min)。

如果找不到发动机转矩-转速特性曲线的数据,但已知发动机最大功率和所对应的转速、发动机最大转矩和所对应的转速,则可用式(1-5)估算发动机的转矩-转速特性。

$$T_{tq}=T_{tq\max}-\frac{T_{tq\max}-T_P}{(n_P-n_{tq})^2}(n_{tq}-n)^2 \tag{1-5}$$

式中,$T_{tq\max}$ 为发动机最大转矩(N·m);n_{tq} 为发动机最大转矩所对应的转速(r/min);T_P 为发动机最大功率所对应的转矩(N·m);n_P 为发动机最大功率所对应的转速(r/min)。

发动机最大功率所对应的转矩为

$$T_P=\frac{9549P_{e\max}}{n_P} \tag{1-6}$$

将式(1-6)代入式(1-5)得发动机转矩与转速的关系为

$$T_{tq}=a_1n^2+a_2n+a_3 \tag{1-7}$$

式中,$a_1=-\frac{T_{tq\max}-T_P}{(n_P-n_{tq})^2}$;$a_2=2n_{tq}\frac{T_{tq\max}-T_P}{(n_P-n_{tq})^2}$;$a_3=T_{tq\max}-n_{tq}^2\frac{T_{tq\max}-T_P}{(n_P-n_{tq})^2}$。

例如,已知本田雅阁 2.4L 发动机的最大功率和所对应的转速为 137kW/6400r/min,最大转矩和所对应的转速为 243N·m/3900r/min,则本田雅阁 2.4L 发动机的转矩-转速特性可用式(1-8)估算。

$$T_{tq}=-6.17\times10^{-6}n^2+4.81\times10^{-2}n+149.15 \tag{1-8}$$

2. 传动系统总传动比

汽车传动系统总传动比与动力传动路线有关,也就是与汽车动力传动系统布置形式有关。汽车传动系统常见布置形式主要有 4×2 后驱、4×2 前驱和 4×4 全驱，如图 1.13～图 1.15 所示。

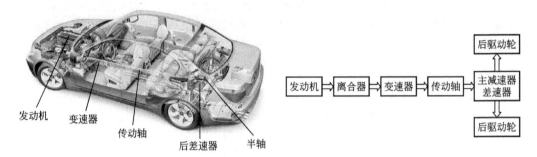

图 1.13 4×2 后驱汽车动力传递路线

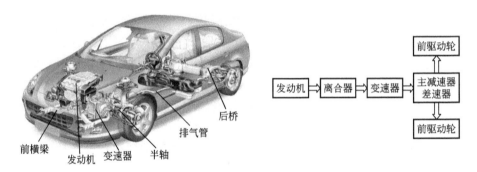

图 1.14 4×2 前驱汽车动力传递路线

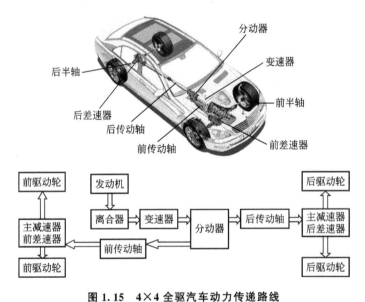

图 1.15 4×4 全驱汽车动力传递路线

对于 4×2 汽车，传动系统总传动比等于变速器传动比和主减速器传动比的乘积。

$$i_t = i_g i_0 i_k \tag{1-9}$$

式中，i_t 为传动系统总传动比；i_g 为变速器传动比；i_0 为主减速器传动比；i_k 为轮边减速器传动比。

轮边减速器主要用于载重货车、大型客车、越野汽车及其他一些大型工矿用车，结构形式如图 1.16 所示；对于一般乘用车，没有轮边减速器，$i_k=1$。

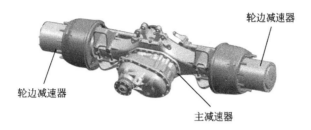

图 1.16　轮边减速驱动桥

对于 4×4 全驱汽车，传动系统总传动比等于各变速机构的传动比乘积。

$$i_t = i_g i_0 i_k i_i \tag{1-10}$$

式中，i_i 为分动器传动比。

3. 传动系统的机械效率

传动系统的机械效率是驱动轮上的功率与发动机输出功率之比，即

$$\eta_t = \frac{P_t}{P_e} = \frac{P_e - P_c}{P_e} = 1 - \frac{P_c}{P_e} \tag{1-11}$$

式中，η_t 为传动系统的机械效率；P_t 为驱动轮上的功率；P_e 为发动机输出功率；P_c 为传动系统中损失的功率。

汽车传动系统中的功率损失主要是由变速器、分动器、传动轴、驱动桥等部件的机械损失和液力损失造成的，可在专门试验台上测定，如图 1.17 所示。

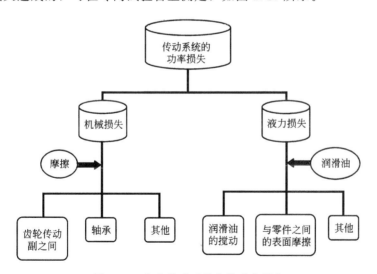

图 1.17　汽车传动系统中的功率损失

汽车传动系统的机械效率受多种因素的影响而不断变化，但对汽车进行一般动力性分析时可将它视为常数。轿车传动系统的机械效率取 0.9～0.92；单级主减速器的货车取 0.9；双级主减速器的货车取 0.85；4×4 汽车取 0.85；6×6 汽车取 0.8；越野汽车取 0.8～0.85。

4. 车轮半径

车轮半径分为自由半径、静力半径和滚动半径。车轮无载荷时的半径称为自由半径;车轮静止不动时,车轮中心至轮胎与道路接触面之间的距离称为静力半径;车轮运动时,汽车运动速度与车轮角速度的比值称为车轮滚动半径,如图1.18所示。

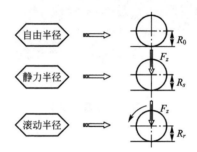

图1.18 车轮半径

对汽车进行动力学分析时,应该用静力半径;进行运动学分析时应该用滚动半径。但在一般的分析中常不计它们的差别,统称为车轮半径,即 $R_0 \approx R_s \approx R_r \approx R$。

车轮滚动半径可以查常见轮胎滚动半径表。汽车常用轮胎滚动半径见表1-1。

表1-1 汽车常用轮胎滚动半径

轮胎规格	滚动半径/m	轮胎规格	滚动半径/m
6.50R15LT	0.355	185R14LT	0.318
6.50R16LT	0.360	145/70R12	0.247
9.00R20	0.484	155/80R12	0.268
10.00R20	0.500	165/70R13	0.273
11.00R20	0.512	175/70R13	0.280
12.00R20	0.531	185/60R14	0.281
145R12LT	0.262	185/70R13	0.286
155R12LT	0.267	195/75R14	0.315
155R13LT	0.278	215/70R14	0.319
175R13LT	0.290	215/70R15	0.332

1.2.2 汽车行驶阻力

汽车行驶过程中,受到的阻力主要有轮胎滚动阻力、空气阻力、坡度阻力和加速阻力。

1. 轮胎滚动阻力

汽车轮胎滚动阻力是指轮胎行驶单位距离的能量损失,主要是由轮胎和路面的变形引起的。当轮胎在坚硬的路面上滚动时,路面的变形很小,主要是轮胎的变形;当轮胎在松软的路面上滚动时,轮胎的变形很小,主要是路面的变形。汽车轮胎滚动阻力表达式为

$$F_f = mgf\cos\alpha_G \tag{1-12}$$

式中,F_f 为汽车轮胎滚动阻力(N);m 为汽车质量(kg);f 为滚动阻力系数;α_G 为坡度角(°)。

滚动阻力系数是指滚动阻力与轮胎试验载荷的比值,通常用于表示轮胎滚动阻力的大小,它不仅与轮胎结构有关,还与轮胎载荷、气压、行驶速度等使用因素有关,可通过试验确定,如图 1.19 所示。试验方法按照 GB/T 29040—2012《汽车轮胎滚动阻力试验方法 单点试验和测量结果的相关性》进行。

图 1.19 轮胎滚动阻力系数测试

GB/T 29042—2012《汽车轮胎滚动阻力限值》规定了轮胎滚动阻力系数限值,见表 1-2。可以看出,我国轿车轮胎滚动阻力系数不能超过 0.0115。载货汽车轮胎气压比轿车轮胎气压高,一般滚动阻力系数小。

表 1-2 轮胎滚动阻力系数限值

轮胎类型		轮胎滚动阻力系数/(N/kN)
轿车轮胎		11.5
微型、轻型载重汽车轮胎	单胎负荷指数≤121 (负荷能力≤1450kg) 速度符号≥N	10.0
	单胎负荷指数≤121 (负荷能力≤1450kg) 速度符号≤M	7.5
	单胎负荷指数>121 (负荷能力>1450kg)	7.5
雪地轮胎限值可增加 1N/kN		

汽车轮胎的发展方向是低滚动阻力轮胎,低滚动阻力轮胎的滚动阻力系数要小于 0.01。

图 1.20 列举了 9 款国产合资品牌轮胎在德国利用台架试验测试的滚动阻力系数,轮胎规格统一为 205/55 R16,速度载重等级均为 91V,属同一级别轮胎,只是价位有所不同。可以看出,固特异轮胎滚动阻力系数最小,为 0.0072,固铂轮胎的滚动阻力系数最大,为 0.0104,二者相差 0.0032。

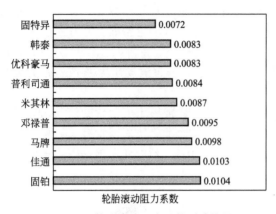

图 1.20 轮胎滚动阻力系数测试结果

2. 空气阻力

汽车空气阻力指汽车直线行驶时受到的空气作用力在行驶方向上的分力，它不仅与行驶速度有关，还与汽车迎风面积、空气阻力系数有关，其表达式为

$$F_w = \frac{C_D A u^2}{21.15} \quad (1-13)$$

式中，F_w 为汽车空气阻力（N）；C_D 为空气阻力系数；A 为汽车迎风面积，可以用车高乘以轮距进行估算（m^2）；u 为汽车行驶速度（km/h）。

为了降低汽车空气阻力，设计汽车时必须降低空气阻力系数。空气阻力系数与汽车造型有很大关系，各大汽车公司都致力于降低空气阻力系数，以达到提高汽车动力性和燃料经济性的目的。

汽车空气阻力系数值的测试方法是进行风洞试验，用汽车原型或汽车模型在风洞中进行空气阻力系数的测试，如图 1.21 所示。

目前，轿车的空气阻力系数一般在 0.25～0.35 之间。图 1.22 列举了 9 种汽车的空气阻力系数。

图 1.21 汽车空气阻力系数测试

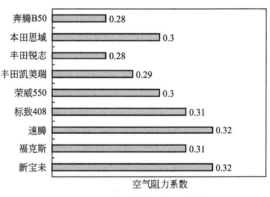

图 1.22 汽车空气阻力系数

3. 坡度阻力

汽车上坡行驶时，汽车重力沿坡道的分力称为汽车坡度阻力，如图 1.23 所示。汽车坡度阻力表达式为

$$F_i = mg \sin\alpha_G \quad (1-14)$$

坡度阻力和滚动阻力都是与道路有关的阻力，而且都与汽车重力成正比，常将这两种阻力之和称为道路阻力，即

$$F_\phi = F_f + F_i = mg(f\cos\alpha_G + \sin\alpha_G) = mg\phi \quad (1-15)$$

式中，$\phi = f\cos\alpha_G + \sin\alpha_G$，称为道路阻力

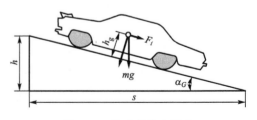

图 1.23 汽车的坡度阻力

系数。

当坡度角较小时，$\cos\alpha_G \approx 1$，$\sin\alpha_G \approx i_G$。

4. 加速阻力

汽车加速阻力是指汽车加速行驶时，需要克服其质量加速运动时的惯性力，其表达式为

$$F_j = \delta m \frac{du}{dt} \tag{1-16}$$

式中，F_j 为汽车加速阻力（N）；δ 为汽车旋转质量换算系数；$\frac{du}{dt}$ 为汽车行驶加速度（m/s²）。

汽车旋转质量换算系数主要与飞轮、车轮的转动惯量及传动系统的传动比有关，对于某一具体汽车，汽车旋转质量换算系数只与变速器挡位变化，可用式（1-17）估算。

$$\delta = 1 + \delta_1 + \delta_2 i_g^2 \tag{1-17}$$

式中的 δ_1、δ_2 主要与车型有关。轿车 $\delta_1 = 0.05 \sim 0.07$；货车 $\delta_1 = 0.04 \sim 0.05$；$\delta_2 = 0.03 \sim 0.05$。

1.2.3 汽车行驶方程式

汽车行驶过程中，汽车驱动力和各种阻力之间关系的等式称为汽车行驶方程式，即

$$F_t = F_f + F_w + F_i + F_j \tag{1-18}$$

或

$$\frac{T_{tq} i_t \eta_t}{R} = mgf\cos\alpha_G + \frac{C_D A u^2}{21.15} + mg\sin\alpha_G + \delta m \frac{du}{dt} \tag{1-19}$$

汽车行驶方程式表明了汽车直线行驶时驱动力与各种行驶阻力之间的数量关系，但有些力并不表示真正作用于汽车上的外力，如滚动阻力。

1.2.4 汽车行驶条件

汽车行驶不仅与驱动力的大小有关，还与路面附着条件有关。

1. 汽车行驶的驱动-附着条件

根据汽车行驶方程式可知，驱动力必须大于滚动阻力、坡度阻力和空气阻力之和，才能加速行驶。否则，汽车无法开动，正在行驶的汽车将减速直至停车。所以满足汽车行驶的第一个条件如下：

$$F_t \geqslant F_f + F_i + F_w \tag{1-20}$$

式（1-20）称为汽车行驶的驱动条件，是汽车行驶的必要条件，但不是汽车行驶的充分条件。

汽车行驶除受驱动条件制约外，还受轮胎与路面之间的附着条件的限制。

地面对轮胎切向反作用力的极限值称为附着力。在硬路面上，附着力与驱动轮的法向反作用力成正比，即

$$F_\mu = F_z \mu \tag{1-21}$$

式中，F_μ 为附着力；F_z 为驱动轮的法向反作用力；μ 为附着系数，由轮胎、路面和使用条件决定。

汽车驱动力不能大于附着力，否则驱动轮将发生滑转，不能正常行驶，这是汽车行驶

的第二个条件——附着条件，即

$$F_t \leqslant F_\mu = F_z \mu \tag{1-22}$$

由式(1-20)和式(1-22)可得汽车行驶的必要与充分条件，也称为汽车行驶的驱动-附着条件，即

$$F_f + F_i + F_w \leqslant F_t \leqslant F_\mu \tag{1-23}$$

2. 汽车的附着力

汽车的附着力取决于地面作用于驱动轮的法向反作用力和附着系数。驱动轮的法向反作用力又与汽车的总体布置、行驶工况及道路条件有关。

图 1.24 是一前置发动机后轮驱动汽车加速上坡时的受力图。假设：图中的坡度阻力和加速阻力都被认为作用在汽车质心上；空气阻力作用在汽车风压中心上；忽略作用在前、后轮上的滚动阻力偶矩和惯性阻力偶矩；h_g 为汽车质心高度；h_w 为风压中心高度；F_{z1}、F_{z2} 分别为作用在前、后轮上的地面法向反作用力；F_{x1}、F_{x2} 分别为作用在前、后轮上的地面切向反作用力；F_w 为空气阻力；a、b 为汽车质心至前、后轴的距离；L 为汽车轴距；α_G 为坡度角。

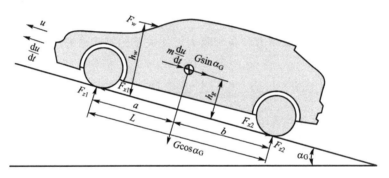

图 1.24 汽车加速上坡受力图

分别对前、后轮与路面接触面中心点取力矩，可得

$$F_{z1} = \frac{mgb\cos\alpha_G - mgh_g\sin\alpha_G - mh_g\dfrac{du}{dt} - F_w h_w}{L} \tag{1-24}$$

$$F_{z2} = \frac{mga\cos\alpha_G + mgh_g\sin\alpha_G + mh_g\dfrac{du}{dt} + F_w h_w}{L} \tag{1-25}$$

为了便于分析，将式(1-24)和式(1-25)简化。因一般道路坡度较小，故 $\cos\alpha_G = 1$；对于轿车，风压中心高和汽车质心高大致相等，即 $h_w \approx h_g$，则式(1-24)和式(1-25)可写为

$$F_{z1} = mg\frac{b}{L} - \frac{h_g}{L}\left(mg\sin\alpha_G + m\frac{du}{dt} + F_w\right) \tag{1-26}$$

$$F_{z2} = mg\frac{a}{L} + \frac{h_g}{L}\left(mg\sin\alpha_G + m\frac{du}{dt} + F_w\right) \tag{1-27}$$

式中第一项为汽车静止时前、后轴上的静载荷，第二项为汽车行驶中产生的动载荷。动载荷的绝对值随坡度和加速度的增加而增大。当汽车利用其极限附着力以通过大坡度和以高加速度行驶时，动载荷的绝对值也达到最大值。此时，汽车附着力与各行驶阻力之间

的关系为

$$F_\mu = mg\sin\alpha_G + m\frac{du}{dt} + F_w + F_f \qquad (1-28)$$

将式(1-28)代入式(1-26)和式(1-27)得

$$F_{z1} = mg\frac{b}{L} - \frac{h_g}{L}(F_\mu - F_f) \qquad (1-29)$$

$$F_{z2} = mg\frac{a}{L} + \frac{h_g}{L}(F_\mu - F_f) \qquad (1-30)$$

对于4×2后轮驱动汽车，其附着力为

$$F_{\mu 2} = F_{z2}\mu = \mu\left[mg\frac{a}{L} + \frac{h_g}{L}(F_\mu - F_f)\right] \qquad (1-31)$$

整理式(1-31)得

$$F_{\mu 2} = \frac{\mu mg(a - fh_g)}{L - \mu h_g} \qquad (1-32)$$

同理，对于4×2前轮驱动汽车，其附着力为

$$F_{\mu 1} = \frac{\mu mg(b + fh_g)}{L + \mu h_g} \qquad (1-33)$$

对于4×4全轮驱动汽车，其附着力为

$$F_\mu = mg\mu \qquad (1-34)$$

在一定附着系数的路面上，汽车附着力与汽车驱动形式有关，只有全轮驱动的汽车才有可能充分利用汽车重力产生的附着力。常用附着利用率来描述汽车对附着力的利用程度。附着利用率是指汽车的附着力占全轮驱动汽车附着力的百分比。

4×2后轮驱动汽车的附着利用率为

$$C_{\mu 2} = \frac{F_{\mu 2}}{F_\mu} = \frac{a - fh_g}{L - \mu h_g} \times 100\% \qquad (1-35)$$

4×2前轮驱动汽车的附着利用率为

$$C_{\mu 1} = \frac{F_{\mu 1}}{F_\mu} = \frac{b + fh_g}{L + \mu h_g} \times 100\% \qquad (1-36)$$

图1.25所示为不同驱动形式汽车的附着利用率曲线。一般情况下，后轮驱动汽车的附着利用率大于前轮驱动汽车，全轮驱动汽车的附着利用率最高。

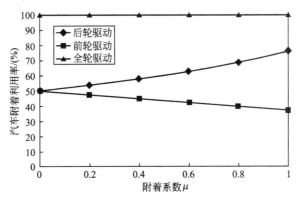

图1.25 不同驱动形式汽车的附着利用率

3. 附着系数

地面附着系数与路面的类型和状况、车轮运动状况、胎压及花纹有关，行驶车速对附着系数也有影响。在一般动力性分析中只取附着系数的平均值。轮胎与路面间的附着系数见表 1-3。

表 1-3 轮胎与路面间的附着系数

路面类型	路面状况	高压轮胎	普通轮胎	越野轮胎
沥青或水泥路面	干燥	0.50～0.70	0.70～0.80	0.70～0.80
	潮湿	0.35～0.45	0.45～0.55	0.50～0.70
	污染	0.25～0.45	0.25～0.40	0.25～0.45
卵石路面	干燥	0.40～0.50	0.50～0.55	0.60～0.70
碎石路面	干燥	0.50～0.60	0.60～0.70	0.60～0.70
	潮湿	0.30～0.40	0.40～0.50	0.60～0.70
土路	干燥	0.40～0.50	0.50～0.60	0.50～0.60
	潮湿	0.20～0.40	0.30～0.40	0.35～0.50
	泥泞	0.15～0.25	0.15～0.25	0.20～0.30
沙质荒地	干燥	0.20～0.30	0.22～0.40	0.20～0.30
	潮湿	0.35～0.45	0.40～0.50	0.40～0.50
黏土荒地	干燥	0.40～0.50	0.45～0.55	0.40～0.50
	湿润	0.20～0.40	0.25～0.40	0.30～0.45
	稀湿	0.15～0.20	0.15～0.20	0.15～0.25
雪路	松软	0.20～0.35	0.20～0.35	0.20～0.35
	压实	0.12～0.20	0.20～0.35	0.30～0.50
冰路面	气温在零下状态	0.08～0.15	0.10～0.20	0.05～0.10

1.3 汽车动力性分析方法

汽车动力性分析方法是指求解汽车动力性评价指标的方法，主要有汽车驱动力-行驶阻力平衡图、汽车动力特性图、汽车功率平衡图和解析法。

1.3.1 汽车驱动力-行驶阻力平衡图

汽车驱动力-行驶阻力平衡图就是利用图解法分析汽车行驶方程式，从而确定汽车动力性评价指标。

汽车的行驶速度 u 与发动机转速 n 之间的关系为

$$u = \frac{0.377Rn}{i_t} \quad (1-37)$$

根据式(1-3)和式(1-37),可计算出变速器处于各挡位、不同发动机转速时的驱动力,根据发动机转速与车速的关系可以绘制出汽车驱动力-速度曲线图。

根据式(1-12)和式(1-13),把汽车滚动阻力与空气阻力之和与速度的关系绘制在汽车驱动力-速度曲线图中,可以得到汽车驱动力-行驶阻力平衡图。

汽车驱动力-行驶阻力平衡图绘制流程如图1.26所示。

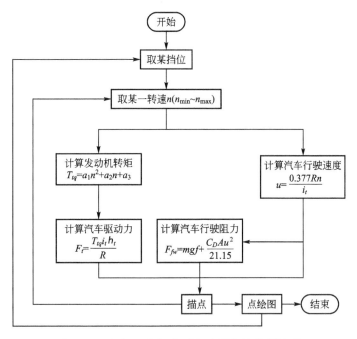

图1.26 汽车驱动力-行驶阻力平衡图绘制流程

1. 汽车最高车速

汽车以最高车速行驶时,坡度阻力和加速阻力为零,由式(1-12)、式(1-13)和式(1-18)可得汽车最高车速为

$$u_{max} = \sqrt{\frac{21.15(F_t - mgf)}{C_D A}} \quad (1-38)$$

当汽车驱动力始终大于行驶阻力时,即驱动力曲线与行驶阻力曲线没有交点,如图1.27(a)所示,汽车的最高车速由发动机的最高转速决定,即

$$u_{max} = \frac{0.377Rn_{max}}{i_{tmin}} \quad (1-39)$$

式中,n_{max}为发动机最高转速;i_{tmin}为传动系统最小传动比。

当驱动力与行驶阻力平衡时,即驱动力曲线与行驶阻力曲线有交点,交点所对应的车速就是汽车的最高车速,它取决于发动机、变速器、驱动桥等部件的参数。如图1.27(b)所示,第Ⅳ挡驱动力曲线与行驶阻力曲线的交点对应的车速,88km/h就是最高车速。当车速低于最高车速时,驱动力大于行驶阻力,汽车就可以利用剩余驱动力加速或爬坡,或牵引挂车。当需要在低于最高车速的某一车速(如60km/h)等速行驶时,驾驶人可以关小节气门开度,发动机只用部分负荷特性工作,相应地得到图 1.27 虚线所示的驱动力曲线,驱动力和行驶阻力得到新的平衡。

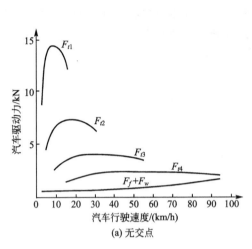
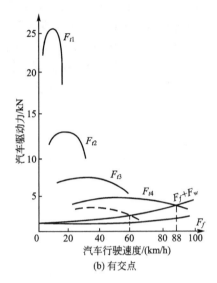

(a) 无交点　　(b) 有交点

图 1.27　某四挡汽车的驱动力-行驶阻力平衡图

2. 汽车加速能力

当汽车在水平良好路面上加速时,坡度阻力为零,由式(1-17)和式(1-18)可得汽车加速度为

$$a_j = \frac{F_t - (F_f + F_w)}{\delta m} \tag{1-40}$$

图 1.28 所示为根据式(1-40)计算得到的各挡节气门全开时的加速度曲线。一般汽车的最大加速度出现在 I 挡,但有的汽车 I 挡的 δ 值过大,II 挡的加速度可能比 I 挡的还大。

原地起步加速时间和超车加速时间可以通过对加速度倒数曲线进行积分获得。加速过程中假设均在最佳换挡位置进行换挡,换挡过程花费时间忽略不计。

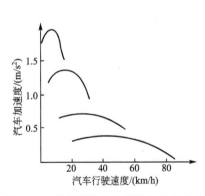

图 1.28　某四挡汽车的行驶加速度曲线

汽车由某一车速 u_1 加速到某一较高车速 u_2 所需要的时间为

$$t = \int_0^t dt = \int_{u_1}^{u_2} \frac{1}{a_j} du = \int_{u_1}^{u_2} \frac{\delta m}{3.6[F_t - (F_f + F_w)]} du \tag{1-41}$$

汽车加速时间可用计算机积分或图解积分的方法求出。如果需要较准确地计算汽车加速时间,可以用数值积分的方法对汽车加速过程进行计算机模拟计算,即对式(1-41)进行积分。如果需要估算汽车加速时间,可以用图解积分的方法计算。用图解积分时,将图 1.28 所示的加速度曲线转化成加速度倒数曲线,曲线下两个速度区间的面积就是通过此速度区间的加速时间。

如果考虑原地起步时间,则汽车原地起步加速时间为

$$t = t_0 + \int_{u_{\min}}^{u_a} \frac{\delta m}{3.6[F_t - (F_f + F_w)]} du \tag{1-42}$$

式中,t_0 为原地起步时间;$u_{\min}$ 为起步过程结束时的汽车最低车速;u_a 为汽车加速终了车速。

汽车超车加速时间为

$$t = \int_{u_0}^{u_1} \frac{\delta m}{3.6[F_t - (F_f + F_w)]} du \tag{1-43}$$

式中,u_0 为超车加速时起始车速;u_1 为超车加速时终了车速。

图 1.29 所示为某汽车的加速时间曲线。

3. 汽车爬坡能力

汽车爬坡时,加速阻力为零。当发动机提供的汽车最大驱动力等于或小于地面附着力时,应按汽车 I 挡时的最大驱动力确定最大爬坡度。汽车 I 挡最大爬坡度为

$$i_{\max} = \tan\left(\arcsin\frac{F_{t\text{I max}} - (F_f + F_w)}{mg}\right) \tag{1-44}$$

式中,$F_{t\text{I max}}$ 为汽车 I 挡时的最大驱动力。

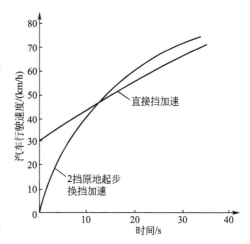

图 1.29 某汽车的加速时间曲线

直接挡最大爬坡度也应引起注意,因为汽车经常以直接挡行驶,如果最大爬坡度过小,迫使汽车在遇到较小的坡度时经常换挡,这样就影响了汽车行驶的平均速度,增加了驾驶人的劳动强度。汽车直接挡最大爬坡度为

$$i_{0\max} = \tan\left(\arcsin\frac{F_{t0\max} - (F_f + F_w)}{mg}\right) \tag{1-45}$$

式中,$i_{0\max}$ 为汽车直接挡最大爬坡度;$F_{t0\max}$ 为汽车直接挡时的最大驱动力。

汽车爬坡时速度较低,可以忽略空气阻力,则

$$F_{t1\max} = mgf\cos\alpha_G + mg\sin\alpha_G \tag{1-46}$$

设 $\sin\alpha_G = t_a$,则 $\cos\alpha_G = \sqrt{1-t_a^2}$,式(1-46)变为

$$m^2g^2(1+f^2)t_a^2 - 2F_{t1\max}mgt_a + (F_{t1\max}^2 - m^2g^2f^2) = 0 \tag{1-47}$$

求解式(1-47)得:

$$t_a = \frac{F_{t1\max} \pm f\sqrt{m^2g^2(1+f^2) - F_{t1\max}^2}}{mg(1+f^2)} \tag{1-48}$$

汽车 I 挡最大爬坡度为

$$i_{\max} = \tan(\arcsin t_a) \tag{1-49}$$

图 1.30 是某四挡汽车的爬坡度图。

当发动机提供的最大驱动力大于地面附着力时,应按最大地面附着力确定汽车最大爬坡度。

对于前轮驱动汽车,汽车爬坡时行驶方程式为

$$F_{z1}\mu = mgf\cos\alpha_G + mg\sin\alpha_G \tag{1-50}$$

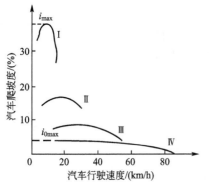

图 1.30 某四挡汽车的爬坡度图

式中，F_{z1} 为汽车前轮垂直载荷；μ 为地面附着系数。

汽车爬坡时前轮垂直载荷为

$$F_{z1}=\frac{mgb\cos\alpha_G - mgh_g\sin\alpha_G}{L} \quad (1-51)$$

由式(1-50)和式(1-51)可得前轮驱动汽车按地面附着力确定的最大爬坡度为

$$i_{\max}=\tan\alpha_G=\frac{\mu b - fL}{L+\mu h_g} \quad (1-52)$$

对于后轮驱动汽车，汽车爬坡时行驶方程式为

$$F_{z2}\mu = mgf\cos\alpha_G + mg\sin\alpha_G \quad (1-53)$$

式中，F_{z2} 为汽车后轮垂直载荷。

汽车爬坡时后轮垂直载荷为

$$F_{z2}=\frac{mga\cos\alpha + mgh_g\sin\alpha}{L} \quad (1-54)$$

由式(1-53)和式(1-54)可得后轮驱动汽车按地面附着力确定的最大爬坡度为

$$i_{\max}=\tan\alpha_G=\frac{\mu a - fL}{L-\mu h_g} \quad (1-55)$$

对于全轮驱动汽车，汽车爬坡时行驶方程式为

$$mg\mu\cos\alpha_G = mgf\cos\alpha_G + mg\sin\alpha_G \quad (1-56)$$

由式(1-56)可得全轮驱动汽车按地面附着力确定的最大爬坡度为

$$i_{\max}=\tan\alpha_G=\mu - f \quad (1-57)$$

1.3.2 汽车动力特性图

利用汽车驱动力-行驶阻力平衡图可以确定汽车的动力性，但不能用来直接评价不同种类汽车的动力性。因为汽车种类不同，其质量或外形有所不同，因此各行驶阻力也不同，也就是说即使驱动力相近的汽车，其动力性也不相近。所以表征汽车动力性的指标应该是一种既考虑驱动力，又包含汽车自重和空气阻力在内的综合性参数。

通常把汽车动力因数作为表征汽车动力特性的指标，汽车动力因数定义为

$$D=\frac{F_t - F_w}{mg}=\phi + \frac{\delta}{g}\frac{du}{dt} \quad (1-58)$$

式中，$\phi = f\cos\alpha_G + \sin\alpha_G$ 为道路阻力系数。

汽车动力因数是表示单位车重所具有的克服道路阻力和加速阻力的能力。不论汽车自重等参数有何不同，只要有相等的动力因数 D，便能克服同样的坡度和产生同样的加速度。

利用 F_t-u 和 F_w-u 的函数关系，根据式(1-58)计算出各挡动力因数 D 并做出 D-u 关系曲线，称为汽车动力特性图。再将汽车滚动阻力系数 f 随车速 u 变化关系曲线，以同样的比例尺画在动力特性图上，就可以方便地分析汽车动力特性。汽车动力特性图绘制流程如图 1.31 所示，汽车动力特性图如图 1.32 所示。

1. 汽车最高车速

汽车以最高车速行驶时，坡度阻力和加速阻力为零，汽车动力因数为

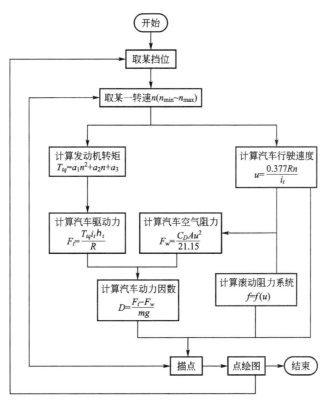

图 1.31 汽车动力特性图绘制流程

$$D = f \tag{1-59}$$

高速挡动力因数曲线与滚动阻力系数曲线交点处对应的车速为最高车速。

2. 汽车加速能力

评定汽车加速能力时，坡度阻力为零，则汽车动力因数为

$$D = f + \frac{\delta}{g}\frac{du}{dt} \tag{1-60}$$

汽车加速度为

$$\frac{du}{dt} = \frac{g}{\delta}(D-f) \tag{1-61}$$

因此，在汽车动力特性图上，D 曲线与 f 曲线之间距离的 g/δ 倍，就是汽车各挡的加速度。只要能确定汽车各挡位下的旋转质量换算系数，就可以绘制出汽车加速度图，然后换算成加速时间。

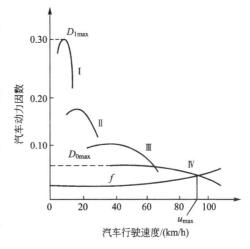

图 1.32 某四挡汽车动力特性图

3. 汽车爬坡能力

汽车在各挡爬最大坡度时，加速度为零，汽车动力因数为

$$D = \psi = f + i_G \tag{1-62}$$

因此，D 曲线与 f 曲线之间的距离，就是汽车各挡的爬坡能力。粗略估算时，$D_{Imax}-f$，就是汽车的最大爬坡度。实际上，汽车 I 挡所能爬上的坡度一般较大，因此，$\cos\alpha_G<1$，$\sin\alpha_G\neq i_G$，故 $i_{Gmax}=D_{Imax}-f$ 的偏差较大，此时为

$$D_{Imax}=f\cos\alpha_{Gmax}+\sin\alpha_{Gmax} \tag{1-63}$$

由式(1-63)得最大坡度角为

$$\alpha_{Gmax}=\arcsin\frac{D_{Imax}-f\sqrt{1-D_{Imax}^2+f^2}}{1+f^2} \tag{1-64}$$

汽车最大爬坡度为

$$i_{Gmax}=\tan\alpha_{Gmax} \tag{1-65}$$

由此可见，用汽车动力特性图求解汽车的动力性指标十分合适和方便，在汽车技术文件中常用动力特性来表征汽车的动力性。

汽车动力特性图上的几个重要参数如下。

(1) 汽车在水平良好路面上的最高车速 u_{max}。

(2) I 挡最大动力因数 D_{Imax}，它可粗略地代表汽车最大爬坡能力。

(3) 最高挡的最大动力因数 D_{0max}，它说明了汽车以最高挡行驶时的爬坡与加速能力，该值对汽车行驶的平均速度有很大影响。

各类汽车动力性参数范围见表1-4。

表1-4　各类汽车动力性参数范围

车辆类型			直接挡最大动力因数	I 挡最大动力因数	最高车速/(km/h)	比功率/(kW/t)
轿车	微型	排量小于0.9L	0.07～0.10	0.30～0.40	90～120	18～51.7
	普通级	0.9～2L	0.08～0.12	0.30～0.45	120～170	37～66
	中高级	2～4L	0.10～0.15	0.30～0.50	130～220	44～73.5
	高级	4L以上	0.14～0.20	0.30～0.50	140～190	52～110
货车	微型	总重小于2t	0.06～0.10	0.30～0.40	80～120	15～35
	轻型	2～6t	0.05～0.08	0.30～0.40	84～120	9.6～22
	中型	6～14t	0.05～0.06	0.30～0.35	75～110	7.4～12
	重型	14t以上	0.04～0.06	0.30～0.35	70～120	7.4～13
客车	微型	总重小于4t	0.05～0.08	0.30～0.35	80～120	15～23.5
	中、大型	4～19t	0.04～0.06	0.20～0.35	70～100	6.6～8.8
	铰接式	18t以上	0.03～0.04	0.12～0.15	55～85	3.7～8.1
矿用自卸车			0.03～0.05	0.30～0.50	54～70	4.4～5.9

1.3.3　汽车功率平衡图

利用汽车驱动力与行驶阻力的平衡关系和汽车的动力特性可以确定汽车动力性指标，但需要分析发动机特性对汽车动力性影响时，需要用到汽车的平衡功率。

汽车行驶时，发动机功率始终等于机械传动损失与全部运动阻力所消耗的功率，即

$$P_e=(P_f+P_w+P_i+P_j)/\eta_t \tag{1-66}$$

式中，P_e 为发动机功率；P_f 为滚动阻力功率；P_w 为空气阻力功率；P_i 为坡度阻力功率；P_j 为加速阻力功率。

汽车滚动阻力功率、空气阻力功率、坡度阻力功率及加速阻力功率的表达式分别为

$$P_f = mgfu\cos\alpha_G/3600$$
$$P_w = C_D A u^3/76140$$
$$P_i = mgu\sin\alpha_G/3600$$
$$P_j = \delta m u a_j/3600 \tag{1-67}$$

汽车的功率平衡关系也可以用图解法表示。以纵坐标表示功率，横坐标表示车速，将发动机功率 P_e、汽车经常遇到的阻力功率 $(P_f+P_w)/\eta_t$，对应于车速的关系曲线绘制在坐标图上，即可得到汽车功率平衡图。汽车功率平衡图绘制流程如图 1.33 所示，汽车功率平衡图如图 1.34 所示。

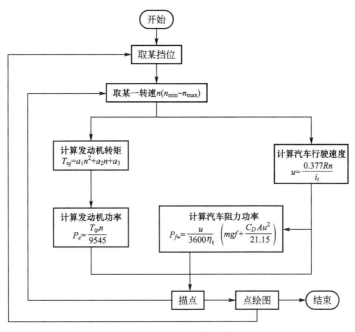

图 1.33 汽车功率平衡图绘制流程

1. **汽车最高车速**

汽车达最高车速时，加速阻力和坡度阻力为零，则发动机功率为

$$P_e = (P_f + P_w)/\eta_t \tag{1-68}$$

即功率平衡图中，发动机功率曲线（直接挡）与阻力功率曲线的交点对应的车速 u_{max} 为汽车最高车速，稍大于最高挡时发动机最大功率对应的车速 u_P。

2. **汽车加速能力**

评价汽车加速能力时，坡度阻力为零，则加速阻力功率为

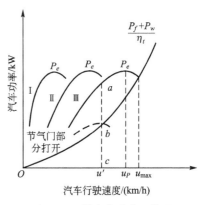

图 1.34 某汽车功率平衡图

$$P_j = \eta_t P_e - (P_f + P_w) \quad (1-69)$$

所以，不同车速时汽车的加速度为

$$a_j = \frac{3600}{\delta m u}[\eta_t P_e - (P_f + P_w)] \quad (1-70)$$

3. 汽车爬坡能力

评价汽车爬坡能力时，加速阻力为零，粗略计算求出汽车的爬坡度为

$$i_G = \frac{3600}{mgu}[\eta_t P_e - (P_f + P_w)] \quad (1-71)$$

功率平衡图上，各挡功率曲线表示汽车在该挡上不同车速时可能发出的功率。总阻力功率曲线表示在平直良好路上，以不同车速等速行驶时所需要的功率。两者间的功率差值称为后备功率，它可以用来使汽车加速、爬坡等。

利用功率平衡的方法求解动力性问题显得麻烦。但汽车的速度越高，遇到的阻力越大，克服阻力所消耗的功率就越大，因此，功率平衡是从能量转换角度研究汽车动力性的。

1.3.4 解析法求解汽车动力性

将式(1-37)代入式(1-7)，可得发动机转矩与速度的关系为

$$T_{tq} = A_1 u^2 + A_2 u + A_3 \quad (1-72)$$

式中，$A_1 = a_1\left(\dfrac{i_t}{0.377R}\right)^2$；$A_2 = a_2\dfrac{i_t}{0.377R}$；$A_3 = a_3$。

汽车动力因数为

$$\begin{aligned}
D &= \frac{F_t - F_w}{mg} = \frac{\dfrac{T_{tq} i_t \eta_t}{R} - \dfrac{C_D A}{21.15}u^2}{mg} \\
&= \frac{\left(\dfrac{i_t \eta_t}{R}A_1 - \dfrac{C_D A}{21.15}\right)u^2 + \dfrac{i_t \eta_t}{R}A_2 u + \dfrac{i_t \eta_t}{R}A_3}{mg} \\
&= B_1 u^2 + B_2 u + B_3
\end{aligned} \quad (1-73)$$

式中，$B_1 = \dfrac{i_t \eta_t}{mgR}A_1 - \dfrac{C_D A}{21.15 mg}$；$B_2 = \dfrac{i_t \eta_t}{mgR}A_2$；$B_3 = \dfrac{i_t \eta_t}{mgR}A_3$。

式(1-73)经简化可得汽车行驶平衡方程式。

$$D = f\cos\alpha_G + \sin\alpha_G + \frac{\delta}{g}\frac{du}{dt} \quad (1-74)$$

假设滚动阻力系数为

$$f = f_1 + f_2 u \quad (1-75)$$

式中，f_1、f_2 为待定常数。

则汽车行驶平衡方程式可表示为

$$B_1 u^2 + B_2 u + B_3 = f_1\cos\alpha_G + f_2 u\cos\alpha_G + \sin\alpha_G + \frac{\delta}{g}\frac{du}{dt} \quad (1-76)$$

1. 汽车最高车速

根据汽车最高车速定义，此时坡度角和加速度为零，而且传动系统中为直接挡或超速

挡，因此，式(1-76)可写成

$$B_1 u^2 + (B_2 - f_2)u + (B_3 - f_1) = 0 \tag{1-77}$$

汽车最高车速为

$$u_{max} = \frac{-(B_2 - f_2) - \sqrt{(B_2 - f_2)^2 - 4B_1(B_3 - f_1)}}{2B_1} \tag{1-78}$$

2. 汽车加速能力

汽车在水平路面加速时，坡度角为零，由式(1-76)得汽车加速度为

$$\frac{du}{dt} = \frac{g}{\delta}[B_1 u^2 + (B_2 - f_2)u + B_3 - f] \tag{1-79}$$

3. 汽车最大爬坡度

当汽车以稳定车速爬最大坡度时，一般用变速器第Ⅰ挡，由于此时车速很低，故 $f_1 \approx f_2$，且加速度为零，所以

$$D = B_1 u^2 + B_2 u + B_3 \tag{1-80}$$

两边求导，得

$$\frac{dD}{du} = 2B_1 u + B_2 \tag{1-81}$$

当 $\frac{dD}{du} = 0$ 时，D 取最大值，此时车速为 $u_0 = -\frac{B_2}{2B_1}$。

系数 B_1、B_2 与变速器挡位速比有关，当汽车以变速器Ⅰ挡爬最大坡度时，其动力因数为

$$D_{\text{I max}} = B_1 u_0^2 + B_2 u_0 + B_3 = \frac{4B_1 B_3 - B_2^2}{4B_1} \tag{1-82}$$

汽车最大爬坡角为

$$\alpha_{Gmax} = \arcsin \frac{D_{\text{I max}} - f_1 \sqrt{1 - D_{\text{I max}}^2 + f_1^2}}{1 + f_1^2} \tag{1-83}$$

汽车最大爬坡度为

$$i_{max} = \tan\alpha_{Gmax} \times 100\% \tag{1-84}$$

1.4 自动变速汽车的动力性

汽车自动变速器主要有3种型式，分别是液力自动变速器(AT)、机械无级自动变速器(CVT)和电控机械自动变速器(AMT)。目前轿车普遍使用的是液力自动变速器。液力自动变速器几乎成为自动变速器的代名词。本书介绍的自动变速汽车就是指装有液力自动变速器的汽车。4×2发动机前置后驱自动变速汽车传动系统如图1.35所示。

1. 液力自动变速器组成

液力自动变速器是由液力变矩器、齿轮变速机构和液压控制系统组成，通过液力传递和齿轮组合的方式来达到变速变矩，如图1.36所示。

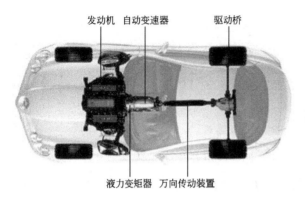

图1.35 4×2发动机前置后驱自动变速汽车传动系统

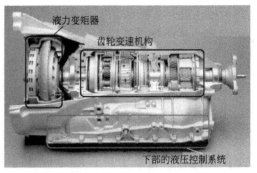

图1.36 液力自动变速器结构

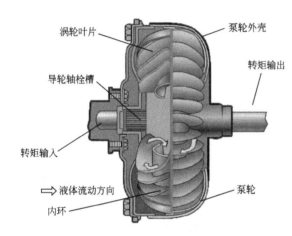

图1.37 液力变矩器结构

液力变矩器是液力自动变速器最重要的部件,由泵轮、涡轮和导轮等构件组成,如图1.37所示。它安装在曲轴后端,内部充满自动变速器油,依靠油液的循环流动将发动机的动力柔和地传给齿轮变速机构,并能随外界负荷的增加而降低输出转速,同时自动地增大输出转矩。

发动机动力通过液力变矩器输入到齿轮变速机构,与手动变速器不同的是,液力自动变速器的齿轮变速机构内有很多离合器和制动器,不同的离合器接合、制动器制动,使齿轮变速机构各元件进行不同的传动组合,从而得到不同的传动挡位。液压控制系统通过控制这些离合器和制动器工作,实现自动换挡。

液压控制系统内部有很多滑阀,根据驾驶人的意图和汽车的行驶状况,控制齿轮变速机构内部的离合器接合或制动器制动,实现升挡或降挡。

2. 液力自动变速器工作原理

液力变矩器利用液体的流动,把来自发动机的转矩增大后传给行星齿轮机构。同时,液压控制装置根据行驶需要(节气门开度、车速)来操作行星齿轮系统,使其获得相应的传动比和旋转方向,实现升挡、降挡、前进或倒退。转矩的增大、节气门开度和车速信号对液压控制装置的操纵、行星齿轮机构传动比和旋转方向的改变等,都是在液力变矩器内部自动进行的,不需要驾驶人操作,即进行自动换挡。该过程如图1.38所示。

3. 液力变矩器无因次特性

液力变矩器的变矩比为涡轮输出转矩和泵轮输入转矩之比,即

$$K = \frac{T_T}{T_P}$$

(1-85)

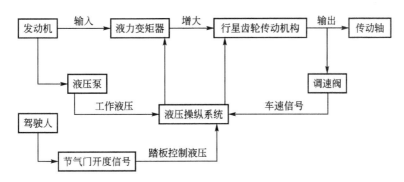

图 1.38 自动变速器工作原理框图

式中，K 为液力变矩器的变矩比；T_T 为涡轮输出转矩；T_P 为泵轮输入转矩。

液力变矩器的速比为涡轮转速与泵轮转速之比，即

$$i=\frac{n_T}{n_P} \tag{1-86}$$

式中，i 为液力变矩器的速比；n_T 为涡轮转速；n_P 为泵轮转速。

液力变矩器的效率为涡轮输出功率和泵轮输入功率之比，即

$$\eta=\frac{T_T n_T}{T_P n_P}=Ki \tag{1-87}$$

式中，η 为液力变矩器的效率。

泵轮转矩系数是泵轮转矩表达式中的比例常数，即

$$T_P=\lambda_P \rho g D^5 n_P^2 \tag{1-88}$$

式中，λ_P 为液力变矩器的转矩系数；ρ 为工作油的密度；D 为变矩器有效直径。

液力变矩器的无因次特性曲线如图 1.39 所示。无因次特性曲线又称原始特性曲线，同一系列所有变矩器的无因次特性曲线都是一样的，有了无因次特性曲线，就可以作该系列的任一变矩器的输出特性曲线，而不需要每一个都去做试验。

4. 液力变矩器的透过性

液力变矩器的透过性能是指液力变矩器涡轮轴上的转矩和转速变化时，是否影响泵轮轴上的转矩和转速也相应变化的能力。当液力变矩器运用到汽车动力传动系统中时，则是指负载变化时是否影响发动机转矩和转速也相应变化的能力。

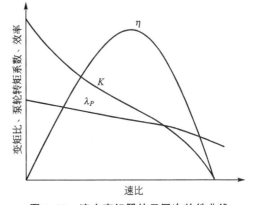

图 1.39 液力变矩器的无因次特性曲线

在任何速比下，泵轮转矩系数维持不变的液力变矩器称为非透过性变矩器。变矩器涡轮轴上的转矩和转速变化不会引起泵轮轴上的转矩和转速变化，即发动机的输入转矩和转速不会受到外载荷变化的影响。发动机工况的改变只受节气门开度控制，能够充分保护发动机。非透过性液力变矩器的泵轮转矩与转速的关系只是一条抛物线，如图 1.40 所示。它与发动机转矩曲线的交点就是发动机的工作转速。

泵轮转矩系数随速比变化的液力变矩器称为透过性变矩器。透过性液力变矩器的泵轮转矩曲线是一组曲线，如图1.41所示，这些曲线与发动机外特性曲线的交点，就是发动机的工作转速。例如，汽车起步时，涡轮转速 $n_T=0$，即速比 $i=0$，相应的泵轮转矩系数为 λ'_P，若节气门全开，发动机以 n'_P 运转。在加速过程中，汽车速度增加，涡轮转速 n_T 增加，速比 i 也加大，此时泵轮转矩系数减小到 λ''_P，则发动机转速为 n''_P；汽车速度再增加，涡轮转速和速比继续增加，泵轮转矩系数减小到 λ'''_P，相应的发动机转速为 n'''_P。因此，透过性变矩器扩展了发动机运转的转速范围和相应的转矩范围，在汽车起步时能够获得较大的转矩以快速起步，在正常行驶时，能使发动机处在较大功率的工况下，以利于提升汽车的经济性能。

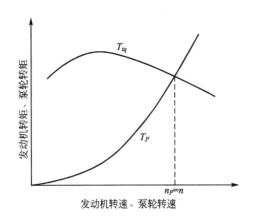

图1.40 非透过性液力变矩器的转矩曲线与发动机外特性

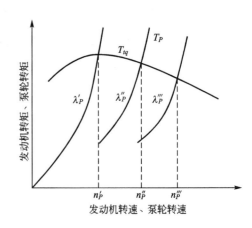

图1.41 透过性液力变矩器的转矩曲线与发动机外特性

液力变矩器的透过性可用透过度表示，其定义为

$$p=\frac{T_{P0}}{T_{Pc}}=\frac{\lambda_{P0}}{\lambda_{Pc}} \tag{1-89}$$

式中，p 为透过度；T_{P0} 和 λ_{P0} 分别为涡轮不转动时，泵轮的转矩和转矩系数；T_{Pc} 和 λ_{Pc} 分别为偶合工况，即变矩比 $K=1$ 时，泵轮的转矩和转矩系数。

若 $p=1\sim1.2$，则为非透过性液力变矩器；若 $p>1.2$，则为透过性液力变矩器。

5. 液力变矩器的输出特性

液力变矩器的输出特性是指节气门全开时，液力变矩器的输出转矩与输出转速的关系曲线。利用液力变矩器的转矩曲线与发动机外特性曲线的交点，确定发动机的工作转速，再根据变矩器无因次特性，便可求出液力变矩器的输出转矩与输出转速，如图1.42和图1.43所示。

非透过性液力变矩器的泵轮转矩和转速不随涡轮转速变化；透过性液力变矩器的泵轮转矩和转速随涡轮转速变化。

6. 自动变速汽车的动力性

自动变速汽车的驱动力为

$$F_t=\frac{T_T i' \eta_T}{R} \tag{1-90}$$

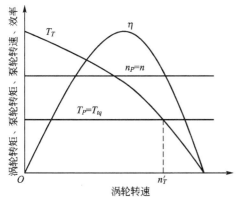
图 1.42 非透过性液力变矩器的输出特性

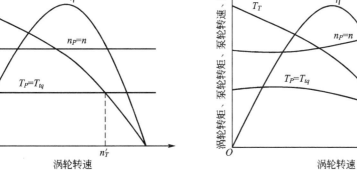
图 1.43 透过性液力变矩器的输出特性

式中，T_T 为涡轮输出转矩；i' 为液力变矩器后面传动装置的传动比；η_T 为液力变矩器后面传动装置的传动效率。

汽车行驶速度与涡轮转速之间的关系为

$$u = 0.377 \frac{Rn_T}{i'} \quad (1-91)$$

利用液力变矩器输出特性和式(1-90)、式(1-91)，就可绘制汽车的驱动力图。自动变速汽车驱动力-行驶阻力计算流程如图 1.44 所示。

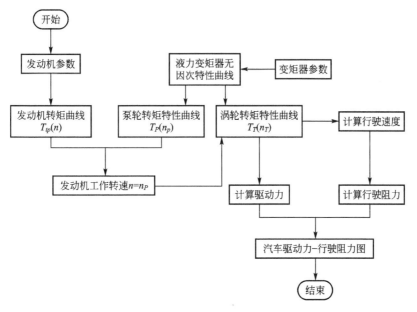

图 1.44 自动变速汽车驱动力-行驶阻力计算流程

确定了自动变速汽车的驱动力和换挡规律以后，其动力性评价指标的求解法就和手动变速汽车基本一样。

1.5 汽车动力性影响因素

汽车动力性影响因素主要有发动机性能参数、汽车结构参数和使用条件等。

1.5.1 发动机性能参数的影响

发动机对汽车动力性的影响因素主要有发动机最大功率、最大转矩和外特性曲线的形状。

1. 发动机最大功率

发动机功率越大，汽车的动力性越好。设计中发动机最大功率的选择必须保证汽车预期的最高车速。最高车速越高，要求的发动机功率越大，其后备功率也大，加速和爬坡能力必然较好。但发动机功率不宜过大，否则在常用条件下，发动机负荷率过低，油耗增加。

发动机最大功率与汽车总质量之比称为比功率或功率利用系数，它是衡量汽车动力性能的一个综合指标，一般来讲，对同类型汽车而言，比功率越大，汽车的动力性越好。例如，大众的宝来1.6L和宝来1.4T相比，汽车的外形和总质量等参数都差不多，但是，由于两款发动机的最大功率分别为77kW和96kW，比功率分别大约为0.059kW/kg和0.072kW/kg，所以导致两款汽车的最高车速存在较大的差距，分别是180km/h和200km/h。

小型车比功率的范围大概在0.04～0.07kW/kg；中型车比功率的范围大概在0.06～0.10kW/kg；高级车可以达到0.08～0.13kW/kg；跑车基本都可以达到0.10 kW/kg以上，保时捷911 Carrera Coupe的比功率高达0.16kW/kg。

2. 发动机最大转矩

在汽车传动系统传动比一定时，发动机的最大转矩越大，汽车动力因数也越大，汽车的加速能力和爬坡能力也越强。

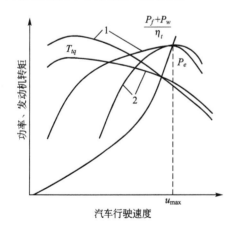

图1.45 发动机外特性曲线形状对汽车动力性的影响

3. 发动机外特性曲线的形状

发动机外特性曲线的形状对汽车动力性有明显的影响。如图1.45所示，虽然两台发动机的最大功率及其相对应的转速相同，所确定的最高车速也相同，但由于外特性曲线形状不同，显然外特性曲线1在相同的挡位下低速时有较大的后备功率，使汽车具有较好的加速能力和爬坡能力。从转矩曲线也可看出，外特性曲线1的转矩值随车速降低而增高的幅度较大，这样不仅可以提高汽车克服道路阻力和短期超负荷能力，而且可以减少换挡次数。

1.5.2 汽车结构因素的影响

汽车结构对动力性影响因素主要有传动系统的机械效率、主减速器传动比、变速器Ⅰ挡传动比和挡位数、汽车外形、汽车总质量、轮胎等。

1. 传动系统机械效率的影响

汽车传动系统的机械效率越高,传递功率损失越小,传至驱动轮的有效功率越大,汽车的动力性越好。因此,应尽可能提高汽车传动系统的机械效率。

2. 主减速器传动比的影响

传动系统总传动比是传动系统各部件传动比的乘积。普通汽车上没有分动器和副变速器,如果变速器的最高挡是直接挡,减速器传动比对汽车动力性的影响,可利用汽车在直接挡行驶时的功率平衡图来分析,如图 1.46 所示。

主减速器的传动比不同,汽车功率平衡图上发动机功率曲线的位置不同,与水平路面行驶阻力功率曲线的交点所确定的最高车速不同。当阻力功率曲线正好与发动机功率曲线交在其最大功率点时,所得的最高车速最大。因此,主减速器的传动比应选择到汽车的最高车速相当于发动机最大功率时的车速,这时最高车速最大。

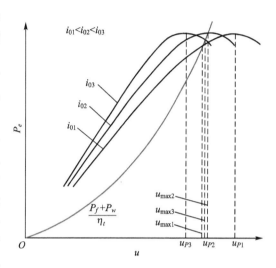

图 1.46 主减速器传动比对汽车动力性的影响

主减速器的传动比不同,汽车的后备功率也不同。传动比增大,发动机功率曲线左移,汽车的后备功率增大,动力性加强,但燃料经济性较差。传动比减小,发动机功率曲线右移,汽车的后备功率较小,但发动机功率利用率高,燃料经济性较好。

3. 变速器 I 挡传动比和挡位数的影响

变速器 I 挡传动比和挡位数对汽车动力性有显著的影响。变速器 I 挡传动比对汽车动力性影响最大,它直接影响汽车起步加速性能和最大爬坡能力,这是因为 I 挡传动比越大,该挡的最大驱动力和动力因数也就越大。

变速器挡位数增加时,发动机在接近最大功率工况下工作的机会增加,发动机的平均功率利用率高,后备功率增大,有利于提高汽车加速能力和爬坡能力,提高了汽车中速行驶时的动力性。如果挡位数增至无穷多时,相当于采用无级变速,其驱动力图为一双曲线,对汽车克服行驶阻力、提高平均行驶速度极为有利。

4. 汽车外形的影响

汽车的外形影响汽车的空气阻力系数,对汽车动力性也有影响。因为空气阻力和车速的二次方成正比,克服空气阻力所消耗的功率和车速的三次方成正比,因此汽车的外形是否为流线型对汽车的最高车速影响很大。流线型外形对高速汽车的动力性、经济性影响十分显著。但对汽车的爬坡能力和低速时的加速性能影响不大。

5. 汽车质量的影响

汽车总质量对汽车动力性影响很大。汽车在使用中,其总质量随载运货物和乘客的多少而变化。汽车总质量增加时，动力因数将随之下降，而道路阻力和加速阻力随之增大。故汽车的动力性将随汽车总质量的增加而变差，汽车的最高行驶速度和爬坡能力也下降。

汽车的自身质量对汽车动力性影响也大，对于具有相同额定载质量的不同车型，其自身质量较轻的总质量也较轻，因而动力性也较好。因此，对于额定载质量一定的汽车，在保证刚度与强度足够的前提下，应尽量减轻自身质量，以提高汽车的动力性。

6．轮胎尺寸与型式的影响

汽车的驱动力与滚动阻力及附着力都受轮胎的尺寸与型式的影响，故轮胎的选用与汽车动力性的关系十分密切。

汽车的驱动力与驱动轮的半径成反比，汽车的行驶速度与驱动轮半径成正比。但一般车轮半径是根据汽车类型选定的，在良好路面行驶的汽车，车轮半径有减小的趋势。轮胎尺寸减小，可减低汽车自身质量，在附着系数较大的良好路面上，可增大驱动力，同时也降低了汽车的质心高度，从而提高了汽车的行驶稳定性。轮胎花纹对附着性能也有显著影响，因而合理选用轮胎花纹与型式对汽车的动力性有重要意义。

1.5.3 汽车使用因素的影响

汽车的动力性还在不同程度上受到汽车的运行条件的影响，如道路、气候、海拔高度、驾驶技术、技术保养与调整、交通规则与运输组织等。

道路的附着系数大、滚动阻力系数小、弯道少，汽车的动力性就好。如果汽车行驶在坏路或无路的条件下，由于路面与轮胎间的附着系数减小，滚动阻力增加，而使汽车动力性变坏。在高原地区行驶的汽车，由于海拔高度高，气压低，空气含氧量低，发动机有效功率下降，汽车动力性降低。

若传动系统机件技术状况不良，在行驶中出现离合器打滑、分离不彻底，变速器自动脱挡，传动轴发响、抖动等故障，这都意味着会消耗能量，使汽车的动力性降低。

车轮定位的正确与否，对车轮的行驶阻力也有着显著的影响。轮胎气压不符合标准，轮胎形变增大将增加轮胎的滚动阻力。前、后桥与车架的相互位置若安装不正确，将会使汽车在行驶中不能维持直线行驶而跑偏，导致行驶阻力增加。

在汽车的使用过程中，应当加强保养维护，采用正确的驾驶方法，合理的运输组织，以充分发挥汽车的动力性，提高运输速度与运输生产率。

1.5.4 牵引力控制系统的影响

汽车在起步或急加速时，驱动轮有可能打滑，在冰雪等光滑路面上还会使方向失控而发生危险。牵引力控制系统(Traction Control System，TCS)不但可以提高汽车行驶稳定性，而且能够提高加速能力和爬坡能力，如图1.47所示。

牵引力控制系统的控制装置是一台计算机。利用计算机检测4个车轮的速度和转向盘转向角，当汽车加速时，如果检测到驱动轮和非驱动轮转速差过大，计算机立即判断驱动力过大，发出指令信号减少发动机的供油量，降低驱动力，从而减小驱动轮的滑转率。

各个厂家的牵引力控制系统功能都一样，只不过叫法不同。例如，奔驰汽车的为ASR，丰田汽车的为TRC，宝马汽车的为DTC，凯迪拉克汽车的为TCS等。

汽车动力性 第1章

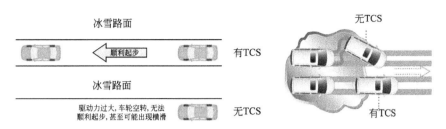

图1.47 牵引力控制系统对汽车动力性的影响

1.6 汽车动力性试验

汽车动力性试验分为路上试验和室内试验。

1.6.1 汽车动力性路上试验

汽车动力性路上试验主要是测定汽车最高车速、加速能力和最大爬坡度等评价指标。

道路试验应在混凝土或沥青路面的直线路段上进行。路面要求平整、干燥、清洁、坡度不大于0.1%，具有良好的附着系数。试验时，大气温度应在－10～30℃之间，风速不大于3m/s。

道路试验测试项目有最高车速试验、加速性能试验、最大爬陡坡试验、汽车滑行试验等。

汽车动力性测试分析系统如图1.48所示。

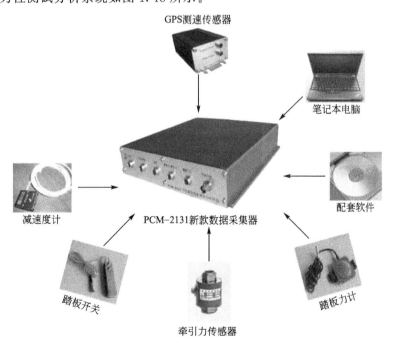

图1.48 汽车动力性测试分析系统

利用该测试系统,可进行汽车最低稳定车速试验、最高车速试验、原地起步加速试验、直接挡加速试验、滑行试验、汽车牵引试验等。

1. 最高车速试验

最高车速试验依据是 GB/T 12544—2012《汽车最高车速试验方法》。道路加速区应足够长,以保证汽车到达测量区前,能够稳定保持在最高车速;道路测量区长度应至少为 200m,并用标杆等做好标记。

为了减少道路坡度和风向(风速)等因素造成的影响,依次从试验道路的两个方向进行试验,并尽量使用道路的相同路径。

试验时测量试验单程所用的时间;注意试验中汽车行驶速度变化不应超过 2%;每个方向上的试验不少于 1 次,所用时间的变化不超过 3%。

试验最高车速为

$$u_{max} = \frac{L \times 3.6}{t} \tag{1-92}$$

式中,u_{max} 为行驶最高车速(km/h);L 为道路测量长度(m);t 为往返方向试验所测时间的算术平均值(s)。

由于试验道路的自身特性,汽车不能从两个方向达到其最高车速,则允许只从一个方向进行试验。连续 5 次重复进行行驶试验,考虑到风速,最高车速应按下式修正

$$u_{ti} = |u_i| \times 3.6 \tag{1-93}$$

$$u_{ri} = \frac{3.6L}{t} \tag{1-94}$$

$$u_i = u_{ri} \pm u_{ti} \times 0.6 \tag{1-95}$$

式中,如果风的水平分量与汽车行驶方向相反,则选择"+"号,否则选择"-"号;u_{ti} 为风速水平分量(km/h);u_i 为所测量的风速行驶方向水平分量(m/s);u_{ri} 为每次行驶的最高车速(km/h);t 为汽车行驶 L(m)长的距离所用的时间(s);u_i 为每次行驶修正后的最高车速(km/h)。

去掉 u_i 的两个极值,算出最高车速为:

$$u = \frac{1}{3} \sum_{1}^{3} u_i \tag{1-96}$$

2. 加速性能试验

汽车加速性能试验依据是 GB/T 12543—2009《汽车加速性能试验方法》。

1) 全油门起步加速性能试验

汽车由静止状态全油门(即节气门全开)加速到 100km/h,或者汽车由静止状态全油门加速通过 400m 的距离,记录所需时间。

对于手动变速器,汽车起步加速,应在车轮滑转最小的情况下使汽车达到最大加速性能。离合器的操纵及换挡时刻的选择应使加速性能发挥最大但不应超过发动机的额定转速。当汽车运动时触发记录装置。

对于自动变速器,在发动机怠速情况下,将变速器置于"D"位,汽车起步加速,应在车轮滑转最小的情况下使汽车达到最大加速性能,当汽车运动时触发记录装置。

2）全油门超越加速性能试验

汽车由 60km/h 全油门加速到 100km/h，记录行驶时间。

对于手动变速器，加速前，车速应控制在 58～60km/h 保持匀速行驶至少 2s，当车速达到 60km/h 时触发记录装置。变速器在试验过程中不应换挡。对于 4 挡或 5 挡手动变速器，挡位应置于最高挡或次高挡；对于 6 挡手动变速器，挡位应置于第 4 挡或第 5 挡；对于 3 挡手动变速器，挡位应置于最高挡。

对于自动变速器，变速器置于"D"位。允许在汽车变速控制器的控制下换挡。试验前，汽车加速到 58～60km/h 保持匀速行驶至少 2s，当车速达到 60km/h 时触发记录装置。

对于手自一体变速器，分别进行自动模式和手动模式下的加速性能试验。

如果最高车速的 90% 达不到 100km/h，应取最高车速的 90% 向下圆整到 5 的整数倍的车速作为试验终了车速。

试验应往返进行，每个方向至少进行 3 次。

计算所有有效试验数据的算术平均值、标准偏差和变化系数（标准偏差/算术平均值）。

$$\mu = \frac{\sum_{i=1}^{n} T_i}{n} \tag{1-97}$$

$$SD = \sqrt{\frac{\sum_{i=1}^{n}(\mu - T_i)^2}{n-1}} \tag{1-98}$$

$$k = \frac{SD}{\mu} \tag{1-99}$$

式中，μ 为算术平均值；i 为第 i 次试验；T_i 为第 i 次试验数据；n 为试验总次数；SD 为标准偏差；k 为变化系数。

对于全油门起步加速性能试验，变化系数不应大于 3%；全油门超越加速性能试验，变化系数不应超过 6%。

根据试验数据，绘制出速度-时间曲线和速度-行程曲线。

图 1.49 所示为汽车加速试验。

2012 款别克君威汽车装备了 2.4L SI-DI 发动机，其最大功率为 137kW，最大转矩为 240N·m，与之搭配的是第二代 S6 变速器，加速测试曲线如图 1.50 所示，0～100km/h 的加速时间为 9.67s。G 值曲线记录了加速度的变化，反映了动力衔接时的冲击。图 1.50 显示，新一代变速器换挡时 G 值曲线波动的时间短，这就意味着用更少的时间完成换挡动作。

图 1.49 汽车加速试验

3. 最大爬坡度试验

最大爬坡度试验依据是 GB/T 12539—1990《汽车爬陡坡试验方法》。

试验坡道坡度应接近试验车的最大爬坡度。坡道长不小于 25m，坡前应有 8～10m 的

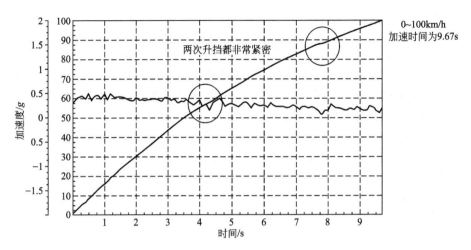

图 1.50　汽车的加速过程曲线

平直路段,坡度大于或等于 30% 的路面用水泥铺装,小于 30% 的坡道可用沥青铺装,在坡道中部设置 10m 的测速路段。允许以表面平整、坚实、坡度均匀的自然坡道代替。大于 40% 的纵坡必须设置安全保障装置。

试验时,汽车使用最低挡,将汽车停于接近坡道的平直路段上。起步后,将节气门全开进行爬坡。汽车所能爬上的最陡坡道的坡度,就是汽车的最大爬坡度。如果没有合适的坡度,坡度过大或过小,可以采用增减负荷或变换排挡的方法,折算出最大爬坡度。

$$\alpha_0 = \arcsin\left(\frac{G_a}{G} \frac{i_{g1}}{i_{ga}} \sin\alpha_a\right) \quad (1-100)$$

式中,α_0 为换算后的爬坡度;α_a 为试验时实际爬坡度;G 为汽车最大总质量的重力;G_a 为试验时的汽车重力;i_{g1} 为变速器 I 挡传动比;i_{ga} 为试验时变速器所用挡位的传动比。

图 1.51 所示为汽车爬坡试验。

图 1.51　汽车爬坡试验

4. 汽车滚动阻力与空气阻力测试

汽车的滚动阻力与空气阻力可以用滑行试验来测定。汽车滑行试验依据是 GB/T 12536—1990《汽车滑行试验方法》。

长约 1000 m 的试验路段两端立上标杆作为滑行区段,汽车在进入滑行区段前车速应稍大于 50 km/h。当车速为 50km/h 时，驾驶人将变速器置于空挡（松开离合器踏板），汽车开始滑行，直至汽车完全停住为止。试验时，记录滑行过程中的速度与时间的关系曲线，通过计算可以得到减速度与车速的关系曲线。在滑行过程中，驾驶人不得转动转向盘。试验至少往返各滑行一次，往返区段尽量重合。

滑行时汽车的滚动阻力与空气阻力之和为

$$F_f + F_w = m\frac{\mathrm{d}u}{\mathrm{d}t} - \frac{T_r}{r} \quad (1-101)$$

式中，T_r 为滑行时传动系统加于驱动轮的摩擦阻力矩。

若已知 T_r，则根据一定车速下的减速度值，便能确定在该车速下的 F_f 与 F_w 之和。由于低速时空气阻力 F_w 小，所以可利用低速时的减速度值，不计空气阻力，直接求出低速时的滚动阻力 F_f。

汽车定型试验需要在专用汽车试验场进行。图 1.52 所示为湖北襄樊汽车试验场。

图 1.52　湖北襄樊汽车试验场

1.6.2　汽车动力性室内试验

汽车动力性室内试验主要是测量驱动功率，是对在用汽车的动力性试验。试验依据是 GB/T 18276—2000《汽车动力性台架试验方法和评价指标》。

实验设备为汽车底盘测功机，滚筒直径应为 310~380mm，如图 1.53 所示。

图 1.53　汽车底盘测功机

在汽车底盘测功机上设定检测速度；试验汽车驱动轮置于底盘测功机转鼓上，驱动轮的中心应与转鼓的中心在同一垂直平面内；起动汽车，逐步加速并换挡至直接挡，使汽车以直接挡的最低车速稳定运转；将加速踏板踩到底，测定检测速度工况下的驱动轮输出功率；绘制驱动轮输出功率曲线。

另外，利用汽车底盘测功机还能进行汽车滚动阻力、传动效率和加速时间等试验。

1.7　电动汽车动力性

电动汽车动力性与燃油汽车动力性不同之处在于产生驱动力的动力源，燃油汽车动力源来源于发动机,电动汽车动力源来源于电动机。

1. 电动汽车动力传动系统

电动汽车动力传动系统形式取决于电动机的布置,主要有电动机前置前驱、电动机前置后驱、电动机后置后驱等,图 1.54 所示为电动机前置前驱电动汽车,它主要由电驱系统、动力电池组和控制系统组成。

2. 电动机外特性

电动汽车中牵引电动机的外特性曲线如图 1.55 所示。该特性曲线分为两个区域:恒转矩和恒功率工作区。恒转矩区域是从零转速到额定转速,电动机的输出转矩恒定,而功率随转速的提高线性增加;恒功率区域是从额定转速到最大转速,电动机的输出功率恒定,而转矩随转速的提高呈双曲线逐渐下降。

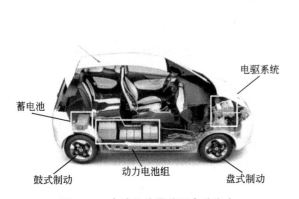

图 1.54 电动机前置前驱电动汽车

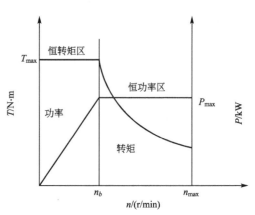

图 1.55 电动机的外特性曲线

电动机的输出转矩为

$$T_s = \begin{cases} T_{max} & n \leqslant n_b \\ \dfrac{9549 P_{max}}{n} & n > n_b \end{cases} \quad (1-102)$$

式中,T_{max} 为电动机最大转矩(N·m);P_{max} 为电动机最大功率(kW);n_b 为电动机额定转速(r/min)。

为了建立电动机外特性的数学模型,需在专门的电动汽车动力测功平台上测试电动机的外特性,然后采用最小二乘法原理对电动机外特性试验数据进行拟合,建立电动机外特性数学模型。电动机外特性数学模型是整车动力性仿真计算的重要依据,是把在电动汽车动力平台上测试的电动机转矩看成电动机转速的函数。数学模型为

$$T_s = \sum_{i=0}^{k} A_i n^i \quad (i = 0, 1, \cdots, k) \quad (1-103)$$

式中,A_i 为待拟合的各项系数;k 为多项式的阶数,一般取 3~5。

汽车行驶速度与牵引电动机转速之间的关系为

$$u = \frac{0.377 R n}{i_t} \quad (1-104)$$

式中,n 为电动机转速。

3. 电动汽车驱动力和行驶阻力

电动汽车在行驶过程中，动力电池储存的电能通过控制器输出给电动机，电动机输出功率，电动机产生的转矩经传动系统传到驱动轮上。

电动汽车的驱动力为

$$F_t = \frac{T_s i_t \eta_t}{R} \tag{1-105}$$

式中，T_s 为电动机转矩；i_t 为传动系统总传动比；η_t 为传动系统的机械效率；R 为车轮半径。

在恒功率区域，电动汽车驱动力是电动机转速的函数。

电动汽车的行驶阻力也包括滚动阻力、空气阻力、坡度阻力和加速阻力，其表达式和燃油汽车的一样。

4. 电动汽车动力性评价指标

电动汽车动力性评价指标和燃油汽车一样，也是最高车速、加速能力和爬坡能力。

当电动汽车达到最高车速时，电动机处于恒功率区域运行，汽车的驱动力与滚动阻力及空气阻力处于平衡状态。求出电动汽车驱动力与行驶阻力曲线的交点，得出最高车速。

同时，电动机调速所能达到的最高转速，决定驱动车轮后所能达到的最高车速，用式(1-104)校核，取两者之中的小者。

图 1.56 是某电动汽车驱动力-行驶阻力平衡图，最高车速为 127.5km/h。

电动汽车行驶加速度为

$$a_j = \frac{F_t - (F_f + F_w)}{\delta m} \tag{1-106}$$

电动汽车从静止起步全力加速至车速 u_a 的加速时间为

$$t = \int_0^{u_a} \frac{\delta m}{3.6[F_t - (F_f + F_w)]} du \tag{1-107}$$

图 1.57 是某电动汽车加速度图，最大加速度为 2.3m/s^2，0~100km/h 的加速时间为 18.7s。

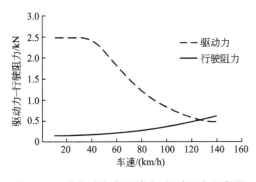

图 1.56 某电动汽车驱动力-行驶阻力平衡图

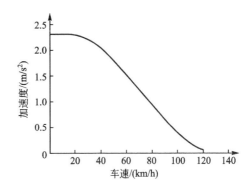

图 1.57 某电动汽车加速度图

电动汽车的爬坡能力与牵引电动机的外特性密切相关,电动汽车最大动力因数为

$$D_{\max}=\frac{F_t-F_w}{mg}=\frac{\dfrac{T_{s\max}i_t\eta_t}{R}-\dfrac{C_DAu^2}{21.15}}{mg} \qquad (1-108)$$

式中,$T_{s\max}$为牵引电动机最大输出转矩。

电动汽车最大爬坡度为

$$i_{\max}=\tan\left[\arcsin\frac{D_{\max}-f\sqrt{1-D_{\max}^2+f^2}}{1+f^2}\right] \qquad (1-109)$$

图1.58是某电动汽车爬坡度图,车速为20km/h时的最大爬坡度为24.5%。

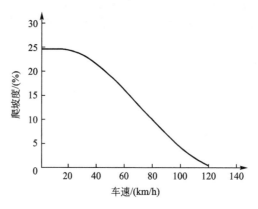

图1.58 某电动汽车爬坡度图

电动汽车牵引电动机的外特性特征是低速区恒转矩输出,高速区恒功率输出。电动机本身具有很宽的工作范围,基本不必通过多挡变速机构即可提供汽车正常行驶所需要的动力性能。因此绘制出来的电动汽车驱动力-行驶阻力平衡图、加速度图及爬坡度图比燃油汽车简单。

思考题

1. 汽车动力性评价指标有哪些?
2. 汽车动力性分析方法有哪些?
3. 影响汽车动力性因素有哪些?
4. 汽车动力性道路试验内容有哪些?
5. 如何建立电动汽车动力性指标模型?

第2章 汽车燃料经济性

教学目标

通过本章的学习,读者能够掌握汽车燃料经济性的评价指标和计算方法,分析汽车燃料经济性的影响因素,了解汽车燃料经济性试验,建立电动汽车能耗经济性评价指标模型。

教学要求

知识要点	能力要求	相关知识
汽车燃料经济性评价指标	掌握汽车燃料经济性评价指标,轻型汽车和重型商用车评价方法和燃料消耗的限值	汽车节能标准,汽车环保标准
汽车燃料经济性计算方法	掌握汽车等速、加速、减速、怠速等工况的燃料经济性计算方法,以及自动变速汽车的燃料经济性	汽车行驶阻力、发动机万有特性、液力变矩器等
汽车燃料经济性影响因素	分析发动机、汽车结构和使用因素对汽车燃料经济性的影响	发动机、汽车轻量化
汽车燃料经济性试验	了解汽车燃料经济性试验内容和方法	汽车燃料经济性道路试验和台架试验
电动汽车能耗经济性	建立电动汽车能耗经济性指标模型	电动汽车行驶原理

汽车理论

导入案例

目前,很多汽车生产企业都宣称自己的产品是同级别里最省油的,但往往消费者的感觉与宣传的有差距。图2.1所示为4种小型汽车在城市工况和山区工况进行的汽车燃料消耗对比试验。那么如何评价汽车燃料经济性的好坏?燃料消耗与哪些因素有关?这些是汽车拥有者所关心的问题,通过本章的学习读者可以得到答案。

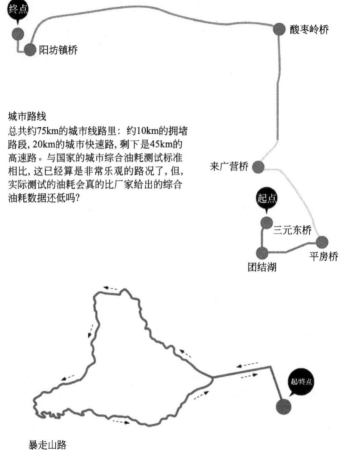

城市路线
总共约75km的城市线路里:约10km的拥堵路段,20km的城市快速路,剩下是45km的高速路。与国家的城市综合油耗测试标准相比,这已经算是非常乐观的路况了,但,实际测试的油耗会真的比厂家给出的综合油耗数据还低吗?

暴走山路
这段山路,既有无数的弯道,又有巨大的海拔高度落差,这些车在这样极限的路上经过极限的驾驶,到底会有怎样的油耗表现,相信你也像我一样好奇吧。

图2.1 汽车燃料消耗试验

汽车燃料经济性是汽车的重要性能，是汽车拥有者最关心的指标之一。提高汽车燃料经济性是汽车工业可持续发展永恒的主题，也是汽车制造商和消费者追求的主要目标。

汽车燃料经济性是指汽车在一定使用条件下，以最小的燃料消耗量完成一定行驶里程数的能力。燃料经济性好，可以降低汽车的使用费用，减少对石油的依赖性，节省石油资源；同时，也能够降低发动机产生的 CO_2（温室效应气体）的排放量，起到防止地球变暖的作用。

2.1 汽车燃料经济性评价指标

汽车燃料经济性常用一定运行工况下汽车行驶百公里的燃料消耗量或一定燃料量能使汽车行驶的里程来评价。在我国，汽车燃料经济性指标的单位为 L/100km，即汽车行驶 100km 所消耗的燃料升数。其数值越大，汽车燃料经济性越差。而美国对于这一指标的单位则是 MPG 或 miles/USgal，指的是每加仑燃料能行驶的英里数。这个数值越大，汽车的燃料经济性越好。

GB/T 27999—2014《乘用车燃料消耗量评价方法及指标》中，燃料消耗量包括 3 种，即车型燃料消耗量、平均燃料消耗量和企业平均燃料消耗量。

车型燃料消耗量是指汽车按有关规定试验、计算并确定的某一车型的综合燃料消耗量；平均燃料消耗量是指按车型对应车辆数量加权计算得出的一组车辆的平均燃料消耗量；企业平均燃料消耗量是指企业某年度生产或进口的乘用车车型燃料消耗量按当年度对应生产或进口量加权计算得出的平均燃料消耗量。

企业在某年度的企业平均燃料消耗量用该企业各车型的燃料消耗量与对应的年度生产或进口量乘积之和除以该企业乘用车年度生产或进口总量计算得出，即

$$\text{CAFC} = \frac{\sum_{1}^{N} FC_i \times V_i}{\sum_{1}^{N} V_i \times W_i} \tag{2-1}$$

式中，CAFC 为企业平均燃料消耗量（L/100km）；i 为乘用车车型序号；FC_i 为第 i 个车型的燃料消耗量（L/100km）；V_i 为第 i 个车型的年度生产或进口量；W_i 为第 i 个车型对应的倍数；N 为车型数量。

W_i 的取值分三种情况。

第一种情况：对纯电动乘用车、燃料电池乘用车和纯电动驱动模式综合工况续驶里程达到 50km 及以上的插电式混合动力乘用车，按式(2-1)计算企业平均燃料消耗量时，其生产或进口量应乘以下列倍数。

（1）2016—2017 年，按 5 倍计算，即 $W_i = 5$。
（2）2018—2019 年，按 3 倍计算，即 $W_i = 3$。
（3）2020 年，按 2 倍计算，即 $W_i = 2$。

第二种情况：除第一种情况规定的车辆外，如车型燃料消耗量不大于 2.8L/100km，按式(2-1)计算企业平均燃料消耗量时，其生产或进口量应乘以下列倍数。

（1）2016—2017 年，按 3.5 倍计算，即 $W_i = 3.5$。
（2）2018—2019 年，按 2.5 倍计算，即 $W_i = 2.5$。

(3) 2020年，按1.5倍计算，即$W_i = 1.5$。

第三种情况：除第一种情况和第二种情况规定的车辆外，按式(2-1)计算企业平均燃料消耗量时，$W_i = 1$。

企业平均燃料消耗量目标值是指企业在某年度生产或进口的乘用车车型燃料消耗量目标值按当年对应生产或进口量加权计算得出的平均燃料消耗量，即

$$T_{CAFC} = \frac{\sum_1^N T_i \times V_i}{\sum_1^N V_i} \quad (2-2)$$

式中，T_{CAFC}为企业平均燃料消耗量目标值（L/100km）；T_i为第i个车型对应的燃料消耗量目标值（L/100km）。

自2016年起，各企业平均燃料消耗量与企业平均燃料消耗量目标值的比值具有以下要求：2016年不大于134%；2017年不大于128%；2018年不大于120%；2019年不大于110%；2020年及以后不大于100%。

例如，某车企某年计划生产100万辆乘用车，其中生产A型车30万辆，其燃料消耗量目标值为5.1L/100km，实际燃料消耗为7.0L/100km；生产B型车30万辆，其燃料消耗量目标值为5.5L/100km，实际燃料消耗为7.2L/100km；生产C型车40万辆，其燃料消耗量目标值为6.1L/100km，实际燃料消耗为8L/100km。那么，企业平均燃料消耗量为

$$CAFC = \frac{30 \times 7.0 + 30 \times 7.2 + 40 \times 8}{30 + 30 + 40} = 7.46$$

企业平均燃料消耗量目标值为

$$T_{CAFC} = \frac{30 \times 5.1 + 30 \times 5.5 + 40 \times 6.1}{30 + 30 + 40} = 5.62$$

企业平均燃料消耗量与目标值之比为132.7%，2016年满足要求，但2017年超出国家的最高限额比值。

下面无特殊说明，燃料消耗量主要是指车型燃料消耗量。

2.1.1 等速行驶百公里燃料消耗量

等速行驶百公里燃料消耗量是常用的一种评价指标，是指汽车在一定载荷下，以最高挡在水平良好路面上等速行驶100km的燃料消耗量。试验时，常测出每隔10km/h或20km/h的速度间隔的等速百公里燃料消耗量，然后在图上连成曲线，称为等速百公里燃料消耗量曲线，用它来评价汽车的燃料经济性。

图2.2所示为搭载1.6L发动机某国产轿车的等速百公里燃料消耗量曲线，图中实线为测量曲线，虚线是预测曲线。可以看出，当车速为90km/h时，燃料消耗量最低，为6L/100km，说明该轿车的经济车速是90 km/h；当车速为120 km/h时，燃料消耗量为7.5L/100km；当车速为5km/h，即怠速行驶时，燃料消耗量为21L/100km。

等速行驶百公里燃料消耗量可以用于比较相同排量汽车的燃料经济性，也可用于分析不同部件(如发动机、传动系统等)装在同一种汽车上对其燃料经济性的影响。

2.1.2 综合燃料经济性

等速行驶工况并没有完全地反映汽车的实际运行状况，特别是在市区道路行驶中所频

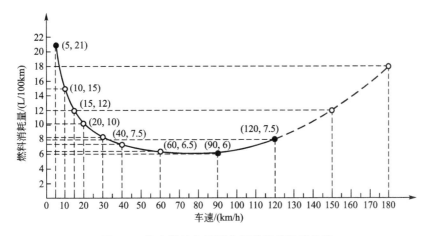

图 2.2 汽车等速行驶百公里燃料消耗量曲线

繁出现的加速、减速、怠速、停车等行驶工况。所以在对实际行驶的汽车进行跟踪测试统计的基础上,各国也都制定了一些相应的典型循环试验工况来模拟汽车实际的运行状况,并以其百公里燃料消耗量来评定其相应行驶工况下的燃料经济性。

1. 轻型汽车综合燃料经济性

轻型汽车是指最大总质量不超过 3500kg 的 M1、M2 和 N1 类汽车。M1 类汽车是指包括驾驶人座位在内座位数不超过 9 座的载客汽车；M2 类汽车是指包括驾驶人座位在内座位数超过 9 座且最大设计总质量不超过 5000kg 的载客汽车；N1 类汽车是指最大设计总质量不超过 3500kg 的载货汽车。

GB 18352.3—2005《轻型汽车污染物排放限值及测量方法(中国Ⅲ、Ⅳ阶段)》和 GB 18352.5—2013《轻型汽车污染物排放限值及测量方法(中国第五阶段)》中规定了轻型汽车在底盘测功机上的试验运转循环工况(NDEC),如图 2.3 所示,它由 1 部(市区运转循环)和 2 部(市郊运转循环)组成。图 2.3 中 BS 代表采样开始,ES 代表采样结束。

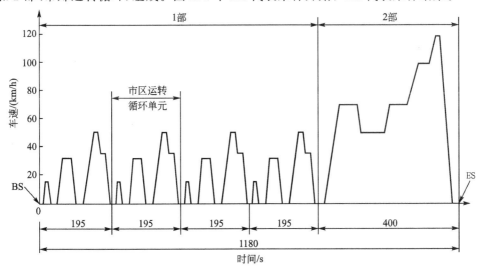

图 2.3 轻型汽车试验用运转循环

轻型汽车在底盘测功机上运转循环1部循环单元见表2-1和图2.4。

表 2-1 轻型汽车运转循环1部十五工况试验参数

工况	运转次序	加速度/(m/s²)	速度/(km/h)	每次时间 操作/s	每次时间 工况/s	累计时间/s	手动换挡时所使用的挡位
1	1. 急速	—	—	11	11	11	6s·PM+5s·K₁
2	2. 加速	1.04	0→15	4	4	15	1
3	3. 等速	—	15	8	8	23	1
4	4. 减速	−0.69	15→10	2	5	25	1
	5. 减速/离合器脱开	−0.92	10→0	3		28	K₁
5	6. 急速	—	—	21	21	49	16s·PM+5s·K₁
6	7. 加速	0.83	0→15	5	12	54	1
	8. 换挡	—	—	2		56	—
	9. 加速	0.94	15→32	5		61	2
7	10. 等速	—	32	24	24	85	2
8	11. 减速	−0.75	32→10	8	11	93	2
	12. 减速/离合器脱开	−0.92	10→0	3		96	K₂
9	13. 急速	—	—	21	21	117	16s·PM+5s·K₁
10	14. 加速	0.83	0→15	5	26	122	1
	15. 换挡	—	—	2		124	—
	16. 加速	0.62	15→35	9		133	2
	17. 换挡	—	—	2		135	—
	18. 加速	0.52	35→50	8		143	3
11	19. 等速	—	50	12	12	155	3
12	20. 减速	−0.52	50→35	8	8	163	3
13	21. 等速	—	35	13	13	176	3
14	22. 换挡	—	—	2	12	178	—
	23. 减速	−0.86	35→10	7		185	2
	24. 减速/离合器脱开	−0.92	10→0	3		188	K₂
15	25. 急速	—	—	7	7	195	7s·PM

注：PM代表变速器在空挡，离合器接合；K₁(或K₂)代表变速器挂Ⅰ挡(或Ⅱ挡)，离合器脱开。如汽车装备自动变速器，驾驶人可根据工况自行选择合适的挡位。

轻型汽车运转循环1部试验期间有效行驶时间为195s，其中急速时间为60s，占30.8%；急速、减速、离合器脱开时间为9s，占4.6%；换挡时间为8s，占4.1%；加速时间为36s，占18.5%；等速时间为57s，占29.2%；减速时间为25s，占12.8%。平均车速为19km/h，每个循环理论行驶距离为1.013km，4个循环的当量距离是4.052m。

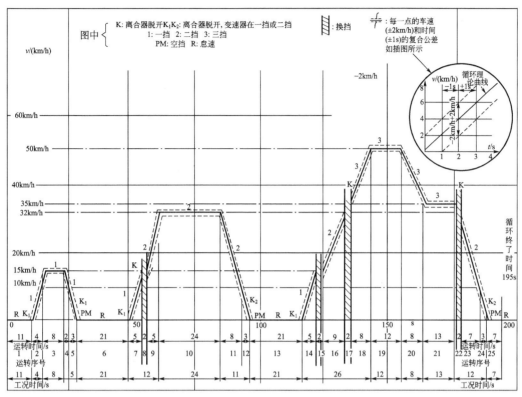

图 2.4 轻型汽车运转循环 1 部试验曲线

轻型汽车在底盘测功机上运转循环 2 部循环单元见表 2-2 和图 2.5。

表 2-2 轻型汽车运转循环 2 部十三工况试验参数

工况	运转次序	加速度/(m/s²)	速度/(km/h)	每次时间 操作/s	每次时间 工况/s	累计时间/s	手动换挡时所使用的挡位
1	1. 怠速	—	—	20	20	20	K_1
	2. 加速	0.83	0→15	5		25	1
	3. 换挡			2		27	—
	4. 加速	0.62	15→35	9		36	2
2	5. 换挡	—		2	41	38	
	6. 加速	0.52	35→50	8		46	3
	7. 换挡			2		48	
	8. 加速	0.43	50→70	13		61	4
3	9. 等速	0	70	50	50	111	5
4	10. 减速	−0.69	70→50	8	8	119	4s·5+4s·4
5	11. 等速	—	50	69	69	188	4
6	12. 加速	0.43	50→70	13	13	201	4

(续)

工况	运转次序	加速度/(m/s²)	速度/(km/h)	每次时间 操作/s	每次时间 工况/s	累计时间/s	手动换挡时所使用的挡位
7	13. 等速	—	70	50	50	251	5
8	14. 加速	0.24	70→100	35	35	286	5
9	15. 等速	—	100	30	30	316	5
10	16. 加速	0.28	100→120	20	20	336	5
11	17. 等速	—	120	10	10	346	5
12	18. 减速	−0.69	120→80	16		362	5
12	19. 减速	−1.04	80→50	8	34	370	5
12	20. 减速/离合器脱开	−1.39	50→0	10		380	K_5
13	21. 急速	—	—	20	20	400	PM

注:PM 代表变速器置空挡,离合器接合;K_1 或 K_5 分别代表变速器置Ⅰ挡或Ⅴ挡,离合器脱开。如果汽车装有多于 5 挡的变速器,使用附加挡位时应与制造厂推荐的相一致。

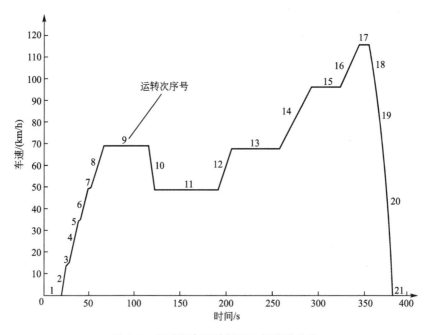

图 2.5 轻型汽车运转循环 2 部试验曲线

轻型汽车运转循环 2 部试验期间有效行驶时间为 400s,其中急速时间为 40s,占 10.0%;减速、离合器脱开时间为 10s,占 2.5%;换挡时间为 6s,占 1.5%;加速时间为 103s,占 25.8%;等速时间为 209s,占 52.2%;减速时间为 32s,占 8.0%。平均车速为 62.6km/h,每个循环理论行驶距离为 6.955km,最高车速为 120km/h,最大加速度为 0.833m/s²,最大减速度为 −1.389m/s²。

根据试验分别测定汽车在市区工况、市郊工况及全行程(包括市区工况和市郊工况)的二氧化碳(CO_2)、一氧化碳(CO)和碳氢化合物(HC)排放量,采用碳平衡法计算得出市区工况、市郊工况和综合工况汽车燃料消耗量。

对于装备汽油机的汽车,其燃料消耗量为

$$Q = \frac{0.1154}{\rho}(0.866 \times M_{HC} + 0.429 \times M_{CO} + 0.273 \times M_{CO_2}) \quad (2-3)$$

对于装备柴油机的汽车,其燃料消耗量为

$$Q = \frac{0.1155}{\rho}(0.866 \times M_{HC} + 0.429 \times M_{CO} + 0.273 \times M_{CO_2}) \quad (2-4)$$

式中,Q为汽车燃料消耗量(L/100km);M_{HC}为测得的HC排放量(g/km);M_{CO}为测得的CO排放量(g/km);M_{CO_2}为测得的CO_2排放量(g/km);ρ为288K(15℃)下试验燃料的密度(kg/L)。

轻型汽车综合燃料消耗量为

$$Q_{综合} = Q_{市区} \times S_{市区} + Q_{市郊} \times (1 - S_{市区}) \quad (2-5)$$

式中,$Q_{综合}$为轻型汽车综合燃料消耗量(L/100km);$Q_{市区}$为市区部分平均燃料消耗量(L/100km);$Q_{市郊}$为市郊部分平均燃料消耗量(L/100km);$S_{市区}$为市区里程分配比例系数(%)。

图2.6所示为官方公布的7种中型轿车综合燃料消耗量。图2.7所示为官方公布的7种紧凑型轿车综合燃料消耗量。两图对比可以看出,紧凑型轿车综合燃料消耗量要比中型轿车综合燃料消耗量少,这与发动机配置有很大关系。另外,像别克君威、凯越等美国车型,燃料消耗量较大,这与它们的整备质量大有关。

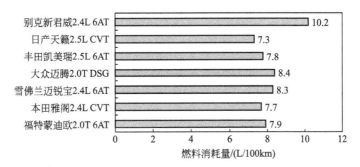

图2.6 中型轿车的综合燃料消耗量

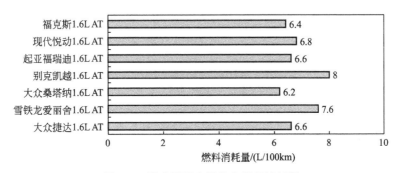

图2.7 紧凑型轿车的综合燃料消耗量

已获得汽车产品生产许可、列入"车辆生产企业及产品公告"或已获得汽车产品进口许可的中华人民共和国境内的汽车生产企业和进口汽车经销商,应按照GB 22757—2008

《轻型汽车燃料消耗量标识》要求，对其进口或新生产并在中国境内销售的、能够燃用汽油或柴油燃料的、最大设计总质量不超过 3.5t 的乘用车和轻型商用车辆的燃料消耗量要进行标识，如图 2.8 所示。这个《标识》对产品的技术状态有较为真实的反映，可以给消费者提供比较客观、系统的信息，让他们在辨别产品性能时有一个更客观的标准，对车辆的燃料经济性有一个比较全面的了解。

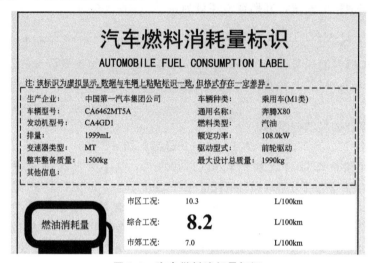

图 2.8　汽车燃料消耗量标识

2. 重型商用车综合燃料经济性

重型商用车是指最大设计总质量大于 3500kg 的燃用汽油和柴油的商用车辆。

GB/T 27840—2011《重型商用车燃料消耗量测量方法》规定了重型商用车的测试循环。重型商用车 C-WTVC 循环由市区、公路和高速工况组成，如图 2.9 所示。C-WTVC 循环是以世界重型商用车辆瞬态循环（World Transient Vehicle Cycle，WTVC）为基础，调整加速度和减速度形成的驾驶循环。

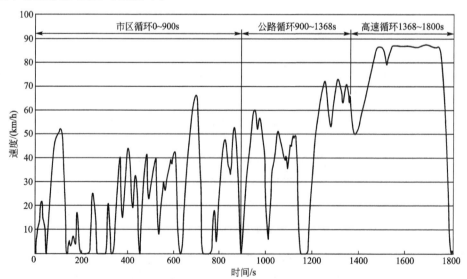

图 2.9　重型商用车 C-WTVC 循环曲线

重型商用车 C-WTVC 循环数据统计特征见表 2-3。

表 2-3 重型商用车 C-WTVC 循环数据统计特征

工况	运行时间/s	怠速时间/s	运行距离/km	最高车速/(km/h)	平均车速/(km/h)	最大加速度/(m/s²)	最大减速度/(m/s²)	里程比例/(%)
市区部分	900	150	5.730	66.2	22.895	0.917	1.033	27.94
公路部分	468	30	5.687	73.5	43.746	0.833	1.000	27.73
高速部分	432	6	9.093	87.8	75.772	0.389	0.967	44.33
C-WTVC 循环	1800	186	20.510	87.8	40.997	0.917	1.033	100.0

重型商用车燃料消耗量计算方法有 3 种，即碳平衡法、质量法和容积法。

采用碳平衡法确定重型商用车燃料消耗量的计算公式，与轻型汽车燃料消耗量计算公式一样，即同式(2-3)和式(2-4)。

采用质量法确定汽车燃料消耗量的计算公式为

$$Q_m = \frac{M_{FC}}{S \times \rho_g} \times 100 \quad (2-6)$$

式中，Q_m 为质量法确定的汽车燃料消耗量(L/100km)；M_{FC} 为汽车燃料消耗量(质量)测量值(kg)；S 为试验期间汽车的实际行驶距离(km)；ρ_g 为基准温度 20℃下的燃料密度(kg/L)。

采用容积法确定汽车燃料消耗量的计算公式为

$$Q_V = \frac{V_L \times [1 + \alpha_r \times (T_0 - T_F)]}{S} \times 100 \quad (2-7)$$

式中，Q_V 为容积法确定的汽车燃料消耗量(L/100km)；V_L 为汽车燃料消耗量(体积)测量值(L)；α_r 为燃料容积膨胀系数(10^{-3}/℃)；T_0 为基准温度(20℃)；T_F 为燃料平均温度(℃)。

重型商用车综合燃料消耗量为

$$Q_{综合} = Q_{市区} \times S_{市区} + Q_{公路} \times S_{公路} + Q_{高速} \times S_{高速} \quad (2-8)$$

式中，$Q_{综合}$ 为一个完整的 C-WTVC 循环的汽车综合燃料消耗量(L/100km)；$Q_{市区}$ 为市区部分汽车平均燃料消耗量(L/100km)；$Q_{公路}$ 为公路部分汽车平均燃料消耗量(L/100km)；$Q_{高速}$ 为高速部分汽车平均燃料消耗量(L/100km)；$S_{市区}$ 为市区里程分配比例系数(%)；$S_{公路}$ 为公路里程分配比例系数(%)；$S_{高速}$ 为高速里程分配比例系数(%)。

重型商用车里程分配比例见表 2-4。

表 2-4 重型商用车里程分配比例

车辆类型	最大设计总质量 GCW、GVW/kg	市区比例/(%)	公路比例/(%)	高速比例/(%)
半挂牵引车	9000＜GCW≤27000	0	40	60
	GCW＞27000	0	10	90
自卸汽车	GVW＞35000	0	100	0
货车（不含自卸汽车）	3500＜GVW≤55000	40	40	20
	5500＜GVW≤12500	10	60	30
	12500＜GVW≤25000	10	40	50
	GVW＞25000	10	30	60

(续)

车辆类型	最大设计总质量 GCW、GVW/kg	市区比例/(%)	公路比例/(%)	高速比例/(%)
城市客车	GVW>35000	100	0	0
客车 (不含城市客车)	3500<GVW≤55000	50	25	25
	5500<GVW≤125000	20	30	50
	GVW>125000	10	20	70

2.1.3 汽车燃料消耗限值

随着汽车工业发展和汽车保有量的快速增长,汽车节能标准不断升级,目的是减少汽车燃料消耗量,缓解燃料供求矛盾,促进汽车产业技术进步和优化升级。

为了提高汽车燃料经济性,世界各国都制定了燃料消耗限值,如图2.10所示。可以看出,目前我国汽车的燃料消耗限值处于中间水平,与欧盟和日本还存在较大差距,但这种差距正在逐渐缩小。到2020年,我国汽车平均燃料消耗限值要达到5L/100km,日本是4.9L/100km,欧盟是接近4.0L/100km。

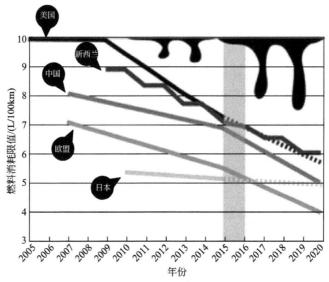

图2.10 不同国家和地区汽车燃料消耗限值水平走势

汽车燃料消耗量与汽车整备质量和发动机排量有很大关系,为了比较各国汽车的燃料消耗量,必须建立统一的汽车燃料消耗量评价方法。目前,中国、欧盟及日本的燃料消耗量标准都是基于车重,燃料消耗量标准随着车重增加而降低;美国标准是基于脚印面积(四车轮之间的面积),燃料消耗量标准随着车身变大而降低。

1. 乘用车燃料消耗限值

目前,中国乘用车节能标准分为4个阶段,如图2.11所示。

第Ⅰ阶段:GB 19578—2004《乘用车燃料消耗量限值》,于2005年开始实施。
第Ⅱ阶段:GB 19578—2004《乘用车燃料消耗量限值》,于2008年开始实施。
第Ⅲ阶段:GB 27999—2011《乘用车燃料消耗量评价方法及指标》,于2012年开始实施。

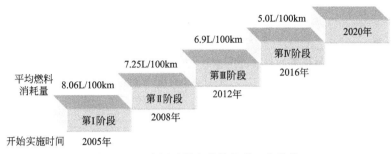

图 2.11 中国乘用车节能标准 4 个阶段

第Ⅳ阶段：GB 19578—2014《乘用车燃料消耗量限值》，对新认证车，执行日期为 2016 年 1 月 1 日；对在生产车，执行日期为 2018 年 1 月 1 日。

中国乘用车平均燃料消耗量第Ⅰ阶段为 8.06L/100km，第Ⅱ阶段为 7.25L/100km，第Ⅲ阶段为 6.9L/100km，第Ⅵ阶段为 5.0L/100km。到 2020 年，基本达到德国、日本等汽车发达国家的乘用车燃料消耗量水平。

GB 19578—2014《乘用车燃料消耗量限值》和 GB 27999—2014《乘用车燃料消耗量评价方法及指标》规定了第Ⅳ阶段乘用车燃料消耗量限值和目标值，见表 2-5。

表 2-5 第Ⅳ阶段乘用车燃料消耗量限值和目标值

整车整备质量 CM/kg	燃料消耗量限值/(L/100km)		燃料消耗量目标值/(L/100km)	
	车型 1	车型 2	车型 1	车型 2
CM≤750	5.2	5.6	4.3	4.5
750＜CM≤865	5.5	5.9	4.3	4.5
865＜CM≤980	5.8	6.2	4.3	4.5
980＜CM≤1090	6.1	6.5	4.5	4.7
1090＜CM≤1205	6.5	6.8	4.7	4.9
1205＜CM≤1320	6.9	7.2	4.9	5.1
1320＜CM≤1430	7.3	7.6	5.1	5.3
1430＜CM≤1540	7.7	8.0	5.3	5.5
1540＜CM≤1660	8.1	8.4	5.5	5.7
1660＜CM≤1770	8.5	8.8	5.7	5.9
1770＜CM≤1880	8.9	9.2	5.9	6.1
1880＜CM≤2000	9.3	9.6	6.2	6.4
2000＜CM≤2110	9.7	10.1	6.4	6.6
2110＜CM≤2280	10.1	10.6	6.6	6.8
2280＜CM≤2510	10.8	11.2	7.0	7.2
2510＜CM	11.5	11.9	7.3	7.5

注：车型 1 是指装有手动挡变速器且具有 3 排以下座椅的车辆；车型 2 是指除车型 1 以外的车辆。

2. 轻型商用车燃料消耗限值

轻型商用车是指最大设计车速大于或等于 50km/h 的 N1 类和最大设计总质量不超过 3500kg 的 M2 类车辆。

GB 20997—2007《轻型商用车辆燃料消耗量限值》中规定了各类轻型商用车辆的燃料消耗量限值。N1 类车辆燃料消耗限值见表 2-6，总质量不超过 3500kg 的 M2 类车辆燃料消耗限值见表 2-7。

表 2-6 N1 类车辆燃料消耗限值

最大设计总质量 M/kg	汽油车		柴油车	
	发动机排量 V/L	限值/(L/100km)	发动机排量 V/L	限值/(L/100km)
M≤2000	全部	7.8	全部	7.0
2000<M≤2500	V≤1.5	8.1	V≤2.5	8.0
	1.5<V≤2.0	9.0	2.5<V≤3.0	8.5
	2.0<V≤2.5	10.4	V>3.0	9.5
	V>2.5	12.5	—	—
2500<M≤3000	V≤2.0	9.0	V≤2.5	9.0
	2.0<V≤2.5	10.8	2.5<V≤3.0	9.5
	V>2.5	12.6	V>3.0	10.5
M>3000	V≤2.5	11.3	V≤2.5	10.0
	2.5<V≤3.0	12.6	2.5<V≤3.0	10.5
	V>3.0	14.0	3.0<V≤4.0	11.0
	—	—	V>4.0	11.5

表 2-7 总质量不超过 3500kg 的 M2 类车辆燃料消耗限值

最大设计总质量 M/kg	汽油车		柴油车	
	发动机排量 V/L	限值/(L/100km)	发动机排量 V/L	限值/(L/100km)
M≤3000	V≤2.0	9.7	V≤2.5	8.5
	2.0<V≤2.5	11.0	V>2.5	9.5
	2.5<V≤3.0	12.2	—	—
	V>3.0	13.1	—	—
M>3000	V≤2.5	11.3	V≤3.0	10.5
	2.5<V≤3.0	12.6	V>3.0	11.5
	V>3.0	14.0	—	—

3. 重型商用车燃料消耗限值

GB/T 30510—2014《重型商用车辆燃料消耗量限值》中规定了各类重型汽车的燃料消耗量限值。重型载货汽车燃料消耗限值见表 2-8。

表 2-8 重型载货汽车燃料消耗限值

最大设计总质量 M/kg	燃料消耗限值/(L/100km)	最大设计总质量 M/kg	燃料消耗限值/(L/100km)
3500<M≤4500	13.0①	12500<M≤16000	28.0
4500<M≤5500	13.0①	16000<M≤20000	31.5

续表

最大设计总质量 M/kg	燃料消耗限值/(L/100km)	最大设计总质量 M/kg	燃料消耗限值/(L/100km)
$5500<M\leqslant 7000$	16.0	$20000<M\leqslant 25000$	37.5
$7000<M\leqslant 8500$	19.0①	$25000<M\leqslant 31000$	43.0
$8500<M\leqslant 10500$	21.5①	$31000<M$	45.5
$10500<M\leqslant 12500$	25.0①		

① 汽油车限值是表中相应限值乘以1.2。

半挂牵引车综合工况燃料消耗限值见表2-9。

表2-9 半挂牵引车燃料消耗限值

最大设计总质量 M/kg	燃料消耗限值/(L/100km)	最大设计总质量 M/kg	燃料消耗限值/(L/100km)
$M\leqslant 18000$	33.0	$40000<M\leqslant 43000$	42.0
$18000<M\leqslant 27000$	36.0	$43000<M\leqslant 46000$	45.0
$27000<M\leqslant 35000$	38.0	$46000<M\leqslant 49000$	47.0
$35000<M\leqslant 40000$	40.0	$49000<M$	48.0

客车综合工况燃料消耗限值见表2-10。

表2-10 客车综合工况燃料消耗量限值

最大设计总质量 M/kg	燃料消耗限值/(L/100km)	最大设计总质量 M/kg	燃料消耗限值/(L/100km)
$3500<M\leqslant 4500$	12.5①	$14500<M\leqslant 16500$	22.5
$4500<M\leqslant 5500$	13.5①	$16500<M\leqslant 18000$	24.0
$5500<M\leqslant 7000$	15.0①	$18000<M\leqslant 22000$	25.0
$7000<M\leqslant 8500$	16.5	$22000<M\leqslant 25000$	27.5
$8500<M\leqslant 10500$	18.5	$25000<M$	29.5
$10500<M\leqslant 12500$	20.0		
$12500<M\leqslant 14500$	21.5		

① 汽油车限值是表中相应限值乘以1.2，求得的数值圆整至小数点后一位。

自卸汽车综合工况燃料消耗限值见表2-11。

表2-11 自卸汽车综合工况燃料消耗限值

最大设计总质量 M/kg	燃料消耗限值/(L/100km)	最大设计总质量 M/kg	燃料消耗限值/(L/100km)
$3500<M\leqslant 4500$	15.0	$12500<M\leqslant 16000$	28.0
$4500<M\leqslant 5500$	16.0	$16000<M\leqslant 20000$	34.0
$5500<M\leqslant 7000$	17.5	$20000<M\leqslant 25000$	43.5

(续)

最大设计 总质量 M/kg	燃料消耗限值/ (L/100km)	最大设计 总质量 M/kg	燃料消耗限值/ (L/100km)
$7000<M\leqslant8500$	20.5	$25000<M\leqslant31000$	47.0
$8500<M\leqslant10500$	23.0	$31000<M$	49.0
$10500<M\leqslant12500$	25.5		

城市客车综合工况燃料消耗限值见表 2-12。

表 2-12 城市客车综合工况燃料消耗限值

最大设计 总质量 M/kg	燃料消耗限值/ (L/100km)	最大设计 总质量 M/kg	燃料消耗限值/ (L/100km)
$3500<M\leqslant4500$	14.0	$12500<M\leqslant14500$	30.5
$4500<M\leqslant5500$	15.5	$14500<M\leqslant16500$	34.0
$5500<M\leqslant7000$	17.5	$16500<M\leqslant18000$	37.5
$7000<M\leqslant8500$	19.5	$18000<M\leqslant22000$	41.0
$8500<M\leqslant10500$	22.5	$22000<M\leqslant25000$	45.5
$10500<M\leqslant12500$	26.0	$25000<M$	49.0

需要特别说明的是，任何实验室试验和道路试验都不能完全模拟所有驾驶人的实际驾驶状态，由于气候条件、道路状况、交通拥挤程度及驾驶习惯的差异，实际燃料消耗量总会与试验数据存在一定的差异。

2.2 汽车燃料经济性计算方法

在汽车设计与开发工作中，常需要根据发动机台架试验得到的万有特性曲线图和汽车功率平衡图，对汽车燃料经济性进行估算。

1. 等速行驶工况的汽车燃料消耗量

假设汽车行驶速度为 u，则在此速度下的发动机转速为

$$n=\frac{i_t u}{0.377R} \tag{2-9}$$

汽车在水平路面等速行驶时，滚动阻力功率、空气阻力功率与发动机功率的关系为

$$P_e=\frac{1}{\eta_t}\left(\frac{mgfu}{3600}+\frac{C_D A u^3}{76140}\right) \tag{2-10}$$

发动机转矩为

$$M_e=9549\frac{P_e}{n} \tag{2-11}$$

发动机万有特性曲线是汽车燃料经济性计算的基础。发动机的万有特性描述的是发动

机的燃料消耗率与转速、转矩之间的关系，是转速和转矩的二维函数，如图 2.12 所示。

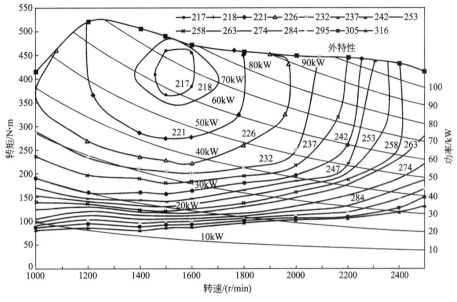

图 2.12 汽车发动机万有特性曲线

根据发动机的转矩和转速，在万有特性图上利用插值法可以确定此时的燃料消耗率，从而计算出以该车速等速行驶时单位时间内的燃料消耗量为

$$Q_t = \frac{P_e b}{367.1 \rho g} \tag{2-12}$$

式中，Q_t 为等速行驶单位时间内的燃料消耗量(mL/s)；b 为燃料消耗率 [g/(kW·h)]；ρ 为燃料的密度(kg/L)。

等速行驶 S(m)行程的燃料消耗量(mL)为

$$Q = \frac{P_e b S}{102 u \rho g} \tag{2-13}$$

折算成等速百公里燃料消耗量(L/100km)为

$$Q_s = \frac{P_e b}{1.02 u \rho g} \tag{2-14}$$

2. 等加速行驶工况的汽车燃料消耗量

汽车加速行驶时，发动机需要克服滚动阻力、空气阻力和加速阻力所消耗的功率，即

$$P_e = \frac{1}{\eta_t} \left(\frac{mgfu}{3600} + \frac{C_D A u^3}{76140} + \frac{\delta m u a_j}{3600} \right) \tag{2-15}$$

式中，a_j 为汽车加(减)速度。

汽车加速行驶的燃料消耗量可以看作由若干个等速行驶工况燃料消耗量的累加而成。计算由速度 u_1 以等加速度行驶至 u_2 的燃料消耗量，如图 2.13 所示。把加速过程分为 n 个区间，若按速度每增加 1km/h 为一个小区间，每个区间的燃料消耗量可根据平均的单位时间燃料消耗量与行驶时间的乘积来求得。各区间起始或终了的速度所对应时刻的单位时间燃料消耗量可由式(2-12)求得。

汽车行驶速度每增加 1km/h 所需的时间(s)为

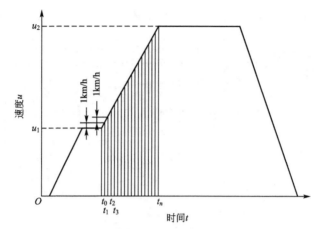

图 2.13 汽车等加速过程的燃料消耗量计算

$$\Delta t = \frac{1}{3.6a_j} \quad (2-16)$$

汽车从初速度 u_1 加速至 u_1+1 的燃料消耗量(mL)为

$$Q_1 = \frac{1}{2}(Q_{t0} + Q_{t1})\Delta t \quad (2-17)$$

式中，Q_{t0} 为行驶速度 u_1 时，即 t_0 时刻的单位时间燃料消耗量(mL/s)；Q_{t1} 为行驶速度 u_1+1 时，即 t_1 时刻的单位时间燃料消耗量(mL/s)。

由此类推，整个加速过程的燃料消耗量(mL/s)为

$$Q_a = \frac{1}{2}(Q_{t0} + Q_{tn})\Delta t + \sum_{i=1}^{n-1} Q_{ti}\Delta t \quad (2-18)$$

式中，Q_{ti} 为 t_i 时刻的单位时间燃料消耗量(mL/s)。

加速区段内汽车行驶的距离(m)为

$$S_a = \frac{u_2^2 - u_1^2}{25.92a_j} \quad (2-19)$$

3. 等减速行驶工况的汽车燃料消耗量

汽车减速行驶时，松开加速踏板(节气门关至最小位置)并进行轻微制动，发动机处于强制怠速状态，其燃料消耗量为正常怠速油耗。因此，减速工况燃料消耗量等于减速行驶时间与怠速油耗的乘积。减速时间(s)为

$$t = \frac{u_2 - u_3}{3.6a_j} \quad (2-20)$$

式中，u_2、u_3 分别为起始和减速终了的车速(km/h)。

减速过程燃料消耗量(mL)为

$$Q_d = \frac{u_2 - u_3}{3.6a_j} Q_i \quad (2-21)$$

式中，Q_i 为怠速燃料消耗率(mL/s)。

减速区段内汽车行驶的距离(m)为

$$S_d = \frac{u_2^2 - u_3^2}{25.92a_j} \quad (2-22)$$

4. 怠速停车时的汽车燃料消耗量

若怠速停车时间为 $t_s(\text{s})$，则燃料消耗量(mL)为

$$Q_{id} = Q_i t_s \tag{2-23}$$

5. 整个循环工况的汽车百公里燃料消耗量

对于由等速、等加速、等减速、怠速停车等行驶工况组成的循环，其整个试验循环工况的百公里燃料消耗量(L/100km)为

$$Q_s = \frac{\sum Q}{S} \times 100 \tag{2-24}$$

式中，$\sum Q$ 为所有过程燃料消耗量之和(mL/s)；S 为整个循环行驶的距离(m)。

整个循环工况的汽车百公里燃料消耗量计算流程图如图 2.14 所示。

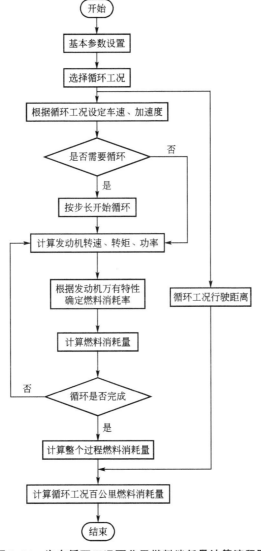

图 2.14　汽车循环工况百公里燃料消耗量计算流程图

6. 自动变速汽车的燃料消耗量

对于装有液力自动变速器的汽车，其燃料消耗量的计算与手动变速器汽车有些差异。它不仅与发动机的特性有关，而且还与液力变矩器的无因次特性及泵轮转矩曲线有关。

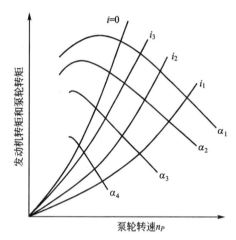

图 2.15 发动机与液力变矩器共同工作的输入特性曲线

图 2.15 所示为发动机与液力变矩器共同工作的输入特性曲线，其中发动机转矩 $T_{tq}=f(n,\alpha)$，泵轮转矩 $T_P=f(\lambda_P,n_P)$，α_1、α_2、α_3、α_4 代表不同的节气门开度；$i=0$、i_1、i_2、i_3 代表不同的速比。

涡轮转矩和转速分别为

$$T_T = KT_P \quad (2-25)$$
$$n_T = in_P \quad (2-26)$$

汽车的行驶速度与涡轮转速之间的关系见式(1-91)。

汽车等速行驶时克服行驶阻力所需要的转矩为

$$T_c = \frac{(F_f+F_w)R}{\eta_T i_t} \quad (2-27)$$

绘制不同节气门开度下的涡轮转矩曲线和转速曲线，以及不同道路上的克服行驶阻力需要的转矩曲线，如图 2.16 所示。T_T 与 T_c 曲线的交点决定了汽车在一定道路阻力系数下的汽车行驶速度与发动机节气门开度，并由所得速度在 $n_P=f(n_T)$ 曲线上确定泵轮转速 n_P。

发动机小时燃料消耗量 $Q_t=f(n,\alpha)$ 曲线如图 2.17 所示，根据已经确定的发动机节气门开度和泵轮转速，就可以求出相对应的小时燃料消耗量 Q_t。

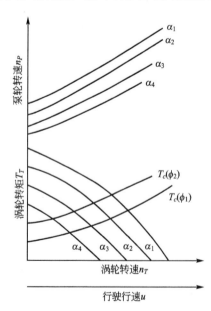

图 2.16 液力变矩器输出特性

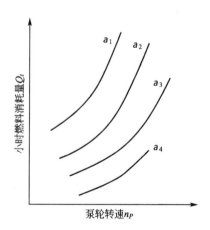

图 2.17 发动机小时燃料消耗量

汽车百公里燃料消耗量(L/100km)为

$$Q_s = \frac{Q_t}{u} \times 100 \qquad (2-28)$$

2.3 汽车燃料经济性影响因素

汽车等速百公里燃料消耗量式(2-14)可简化为

$$Q_s = \frac{CFb}{\eta_t} \qquad (2-29)$$

式中，$C=\frac{1}{3672\rho g}$为常数；$F=F_f+F_w$为行驶阻力。

从式(2-29)可以看出，汽车等速百公里燃料消耗量与行驶阻力、燃料消耗率成正比，与传动系统效率成反比。

影响汽车燃料消耗量的因素众多，需要找出主要因素。图 2.18 所示为典型乘用车的燃料能量消耗情况。

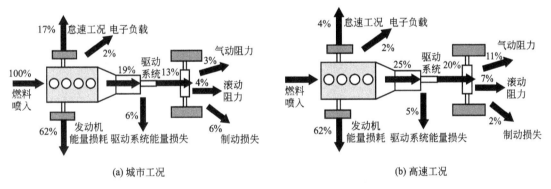

图 2.18 典型乘用车的燃料能量消耗示意图

从图 2.18 可以看出，发动机怠速工况和发动机能量损耗两项占全部燃料能量损失的 73%～79%，风阻损耗、滚动阻力、制动损失、传动损耗和车上负载导致的能量损耗，其总和占整体燃料能量损失的 21%～27%，因此，降低燃料消耗量是汽车的一项综合性指标，实现汽车节约燃料的途径不仅仅是单纯的减小发动机的排量，更多的是依靠整车整体技术水平的均衡提升。

影响汽车燃料经济性的主要因素有发动机、传动系统、行驶阻力和使用因素等。

1. 发动机

发动机是影响汽车燃料经济性的最主要因素，消耗在发动机上的能量损失约占整体燃料能量的 2/3。

(1) 发动机类型。不同类型发动机的经济性有很大差异。柴油机的热效率比汽油机高，特别是在部分负荷工作时，柴油机的有效燃料消耗率较低，这一点对车用发动机尤为有利，因为车用发动机经常在部分负荷下工作。柴油车在欧洲市场占到 50%，部分国家甚至到 70%。另外，电控燃油喷射发动机在各种工况下均能精确控制混合气浓度，保证各缸供应的混合气均匀，燃料燃烧完全，故其燃料经济性比传统发动机好，可优先使用。

（2）排量。发动机排量影响汽车燃料消耗量，一般来说，排量大，燃料消耗大，但汽车燃料消耗量还受其他因素影响，不能说所有汽车的燃料消耗量都与排量成正比。图2.19所示为速腾系列和奥迪系列不同排量汽车的平均燃料消耗量。

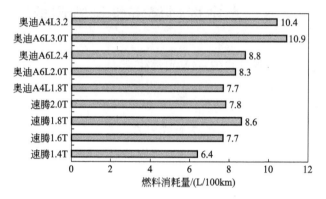

图2.19　发动机排量对汽车燃料消耗量的影响

（3）压缩比。柴油发动机的压缩比一般在12～22之间，压缩比的变化对其燃料经济性的影响不是很大。但对于汽油发动机，压缩比较低，一般在6～11之间，压缩比的变化对汽油发动机的热效率影响非常明显，压缩比越高，热效率越高，其燃料消耗就越低。在汽油发动机不爆燃的前提下，提高压缩比是降低汽油发动机燃料消耗的重要途径。英国曾对14种发动机进行试验，在7.5～9.5范围内，发动机压缩比每增加一个单位，燃料消耗减小4%～12%，平均为7%。目前，市场上小排量发动机的压缩比通常在10左右。例如，长安之星和五菱荣光都搭载排量为1.2L的发动机，但长安之星搭载的发动机压缩比是11，五菱荣光搭载的发动机压缩比是9.8，结果长安之星汽车的平均燃料消耗量是6.5L/100km，五菱荣光汽车的平均燃料消耗量是7.5L/100km。

对于在用汽油发动机而言，提高压缩比要充分考虑原发动机结构强度的限制和燃烧方面的限制。大幅度提高压缩比势必导致最大燃烧压力的猛升，则对发动机的寿命和可靠性等有影响；同时对汽油的辛烷值要求也要相应提高，否则气缸压缩终点的压力和温度升高很多，将引起爆燃、表面点火等不正常燃烧的发生。对于新设计的汽油发动机，除考虑上述因素外，还要考虑提高压缩比会引起发动机排气中的氮氧化物和碳氢化合物增加。

（4）涡轮增压技术。涡轮增压技术是利用发动机运转产生的废气驱动空气压缩机，提高发动机进气量，从而提升发动机功率与转矩，如图2.20所示。涡轮增压发动机依靠涡轮增压器为发动机增加约10倍的进气量，从而增加发动机的输出功率与转矩。在不增大发动机排量的情况下，可显著地增加发动机的输出功率和大幅度提高转矩，提高燃料经济性并降低尾气排放。数据显示，使用涡轮增压技术可以帮助汽油和柴油车辆在不降低性能的前提下分别节油20%和40%。涡轮增压车型将成为未来车市的主流，在没有更环保的替代燃料出现及更节能的发动机量产的情况下，涡轮增压发动机代表着未来一段时间的发展方向。

（5）缸内直喷燃烧技术。缸内直喷燃烧技术是指将高压喷油嘴设置在进排气门之间，高压燃油直接注入燃烧室平顺高效地燃烧，如图2.21所示。缸内直喷是通过均匀燃烧和分层燃烧实现高负荷和低负荷下的燃料消耗降低，动力明显提升，缸内直喷将成为未来汽油机的发展趋势。

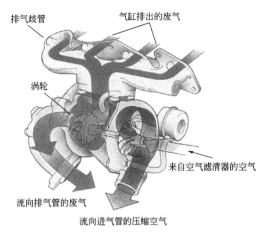

图 2.20　发动机涡轮增压技术

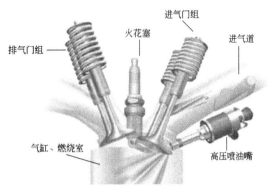

图 2.21　发动机缸内直喷燃烧技术

（6）多气门结构。同等发动机排量情况下，气门越多，进排气效率越好。排量较大、功率较大的发动机要采用多气门技术，如图 2.22 所示。最简单的多气门技术是三气门结构，即在一进一排的二气门结构基础上再加上一个进气门。近年来，世界各大汽车公司新开发的轿车大多采用四气门结构。四气门配气机构中，每个气缸各有两个进气门和两个排气门。四气门结构能大幅度提高发动机的吸气、排气效率，降低燃料消耗率。当然，大众汽车多采用五气门技术。达到或超过六气门不仅使配气结构过于复杂，还会导致发动机寿命缩短，效率下降。因此，四气门技术目前使用最为普遍。

(a) 四气门

(b) 五气门

图 2.22　多气门技术

（7）发动机自动启停技术。发动机自动启停技术就是指汽车在行驶过程中临时停车（如等红灯或交通堵塞）的时候，发动机自动熄火，当需要继续前进的时候，系统自动重启发动机的一套系统。具体使用方法是：对于手动挡汽车，当遇到红灯或塞车时，驾驶人制动使汽车停下来后，将挡位换入空挡并完全释放离合器踏板，这时控制系统会自动将发动机熄火，节省了怠速运转浪费的燃料；当绿灯放行后，驾驶人踩下离合器踏板，发动机则自动重新启动，挂入挡位后即可前行。对于自动挡汽车，操作更为简单，驾驶人只要施加制动使汽车停止，发动机则自动熄火；在释放制动后，驾驶人加油，发动机将自动启动。

图 2.23 为德国博世公司提供的发动机自动启停系统，它由增强型起动机、增强型电

池、可控发电机、集成启动/停止协调程序的发动机 ECU、传感器等组成。增强型起动机能快速、安静地自动恢复发动机运转，可降低启动时油耗。这种启停系统零件少，安装方便，而且系统的部件与传统部件尺寸保持一致，因此可直接配备至各种车辆上。

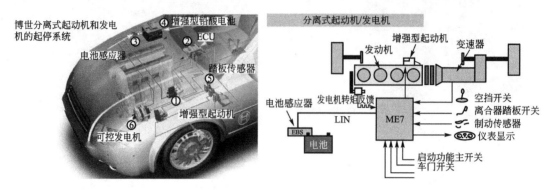

图 2.23 发动机自动启停系统

宝马、大众、奥迪、沃尔沃、奔驰、雪铁龙等主要汽车生产商都已经推出装备自动启停系统的车辆作为节油路径之一，相关研究显示，根据驾驶环境和系统的设计不同，仅靠启停系统能使车辆的燃料消耗下降3%～10%。图2.24所示为国内某汽车通过在十五工况下进行对比，开启启停系统时的燃料消耗量与关闭启停系统时的燃料消耗量相比，有2%～3%的降低。自动启停系统在新车上的装备率将逐渐增加。

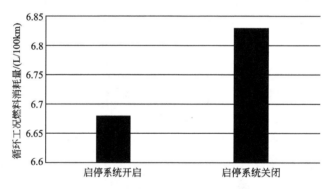

图 2.24 启停系统对汽车燃料消耗量的影响

2. 汽车传动系统

变速器挡位、自动变速器类型、传动系统效率等对汽车的燃料经济性有重要影响。

(1) 变速器挡位。变速器挡位越多，汽车换挡越平顺，并且增加了发动机在经济工况下运行的概率，有利于提高燃料经济性。发动机负荷特性决定了在相同负荷时转速越低燃料消耗率越小。在一定条件下，传动系统传动比小，汽车燃料经济性越高，因此，汽车经济行驶都在高挡位，现代汽车越来越多的使用5挡或5挡以上变速器，自动变速器出现了7挡和8挡变速器。这是因为挡位数的增加可以使得发动机和变速器匹配得更合理，可以降低燃料消耗。通过对比试验，一辆汽车安装8挡自动变速器与安装4挡变速器相比，降低燃料消耗可以达到16%，同时排放出来的污染物也能相应地减少。手动变速器的挡位数也不断增加，重型汽车变速器从9挡到12挡甚至出现16挡，主要也是为了节能。

(2) 自动变速器。目前在轿车上使用的自动变速器主要有 3 种,即液力机械自动变速器(AT)、无级自动变速器(CVT)和电控机械式自动变速器(AMT)。液力自动变速器技术已十分成熟,应用最广泛。为了提高汽车的燃料经济性,液力自动变速器挡位数不断增加,例如,德国采埃孚(ZF)集团研制的 8 速自动液力变速器,通过更加密集的齿比、更高效的换挡执行机构、液力变矩器控制尺寸、变速器箱结构调整及质量的优化设计等一系列的措施,使得 8 速自动变速器能够在尺寸体积与 6 速变速器相当的情况下,比 6 速变速器燃料消耗降低了 6%。而且,ZF 8AT 虽然比 6 速变速器多了两个挡位,但设计得相当紧凑,因此可以轻松应用在各种尺寸的纵置发动机车型上,如 SUV 车型奥迪 Q5 2.0L、克莱斯勒 300C 3.0L 等。

无级自动变速器的变速比不是间断的点,而是一系列连续的值,从而实现了良好的经济性、动力性和驾驶平顺性,而且降低了排放和成本。例如,奥迪 A6L 2.8AT,综合工况燃料消耗量是 10.5L/100km,而奥迪 A6L 2.8CVT,综合工况燃料消耗量是 9.3L/100km,降低了 11.4%。从 2013 年开始,国内将 CVT 技术应用于汽车的品牌及产品日趋增加,如奥迪汽车、东南汽车、奇瑞汽车、江淮汽车、长城汽车、比亚迪汽车、东风日产汽车等都有使用 CVT 技术的车型。CVT 将是自动变速器的发展方向。

电控机械式自动变速器是在传统的手动齿轮式变速器基础上改进而来的,它是糅合了 AT(自动)和 MT(手动)两者优点的机电液一体化自动变速器,电控机械式自动变速器既具有液力自动变速器自动变速的优点,又保留了原手动变速器齿轮传动的效率高、成本低、结构简单、易制造的长处。目前,国内市场销售的装配电控机械式自动变速器车型主要是小型或微型车,如奇瑞 QQ、A1、瑞麒 M1,长安奔奔 Mini,哈飞路宝,江淮同悦,昌河铃木北斗星等。

(3) 传动系统效率。传动系统效率越高,动力传递过程中的能量损失就越小,汽车的燃料经济性就越好。图 2.25 所示某汽车传动系统效率对其燃料消耗量的影响。

(4) 主减速器传动比。主减速器的主要作用是减小转速,增大转矩,从而获得较大驱动力。一般来说,主减速比越大,加速性能和爬坡能力就越强,但代价是最高车速和燃料经济性的降低。反之,主减速比越小,加速能力和爬坡

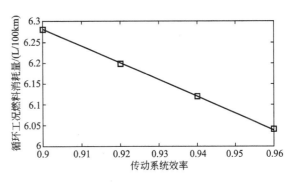

图 2.25 传动系统效率对汽车燃料消耗量的影响

能力相对越弱,但却能够获得较高的最高车速和良好的燃料经济性。因此,主减速比不仅和发动机功率、变速器传动比有直接关系,更是和汽车的类型与使用方向息息相关。主减速器传动比的选择应综合考虑汽车动力性、燃料经济性和排放性的要求。

3. 汽车行驶阻力

直接影响汽车燃料消耗水平的外部阻力因素主要有 3 个,即汽车总质量、空气阻力和滚动阻力。

(1) 汽车总质量。汽车的滚动阻力和坡度阻力正比于汽车总质量,即减少汽车总质量

会使汽车行驶时的行驶阻力下降,从而使燃料消耗量下降。实验证明,若汽车总质量降低10%,燃料效率可提高 6%～8%;汽车整备质量每减少 100kg,百公里燃料消耗可降低0.3～0.6L;汽车质量降低 1%,燃料消耗可降低 0.7%。

降低汽车总质量的主要措施是汽车轻量化。汽车轻量化是一个完整的概念,是指汽车在保持原有的行驶安全性、耐撞性、抗振性及舒适性等性能不降低,且汽车本身造价合理的前提下,有目标地降低汽车自身的质量。汽车轻量化是设计、材料和先进的加工制造技术的优势集成。汽车轻量化实际上是汽车性能提高、质量降低、结构优化、价格合理四方面相结合的一个系统工程。

汽车轻量化材料分为金属材料和非金属材料。轻量化金属材料主要有高强度钢、铝合金、镁合金、钛合金等;非金属材料包括高分子材料、陶瓷材料、复合材料等。

汽车设计轻量化也就是结构优化设计,即通过采用先进的优化设计方法和技术手段,在满足结构强度、刚度、模态、碰撞安全性、疲劳寿命、NVH(噪声、振动和平顺性)、生产成本等诸多方面的性能要求,以及相关的法律、法规、标准的前提下,通过优化结构参数,提高材料的利用率,去除零部件冗余部分,同时又使部件薄壁化、中空化、小型化、复合化以减轻质量,实现轻量化。

图 2.26 所示为某汽车车身结构件采用以塑代钢和轻量化优化技术,可实现单车累计减重 60kg 以上。

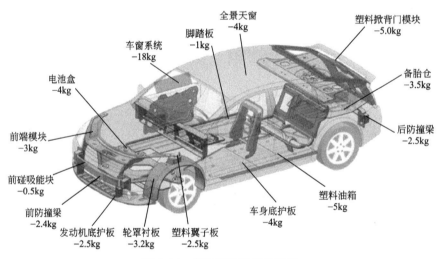

图 2.26 汽车设计轻量化实例

(2) 空气阻力。为克服空气阻力而消耗的发动机功率与汽车行驶速度的三次方成正比,汽车速度不高时,空气阻力对汽车的燃料消耗影响不大,但当车速超过 5km/h 时,空气阻力对汽车燃料经济性的影响逐步明显。减少空气阻力主要通过减少汽车的空气阻力系数来实现,汽车制造厂通过整车的风洞试验研究使汽车外形接近最优化。

(3) 滚动阻力。汽车的滚动阻力与路面状况、行驶车速、轮胎结构等有关。在汽车总质量一定的情况下,汽车行驶的滚动阻力主要取决于滚动阻力系数。不同路面的滚动阻力系数相差很大。

在路面条件一定的情况下,滚动阻力系数主要与轮胎结构、气压等有关。图 2.27 所示为轮胎扁平率、行驶速度对滚动阻力系数的影响;图 2.28 所示为 185/70R14 88H 轮胎气压对滚动阻力系数的影响,其中轮胎载荷为350kg,速度为80km/h。目前,各大轮胎企业都在竞相开发低滚动阻力轮胎。

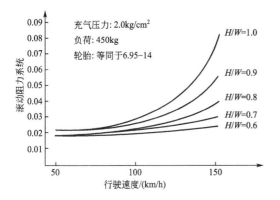

图 2.27 汽车行驶速度对滚动阻力的影响　　图 2.28 轮胎气压对滚动阻力的影响

4. 使用因素

行驶车速、挡位选择、维修保养等使用因素对汽车实际燃料消耗影响较大。

汽车行驶过程中,需要根据道路状况、天气条件和车辆状况等调整行驶速度,汽车的燃料消耗量随车速的不同而变化,车辆长期高于或低于经济车速行驶,燃料消耗量将增加3%～7%,因此,车速控制是驾驶过程中实现节约燃料的重要环节。

汽车正常装载在平坦沥青路面上分别使用3挡、4挡和5挡等速行驶,等速燃料消耗试验数据曲线如图2.29所示。由图可知,在4挡、5挡下都存在一个经济车速区间,汽车如果尽可能地保持在经济车速区间行驶会更节约燃料。此外,驾驶人选择经济车速行驶后,应控制好预期的速度,不要使加速踏板位置来回变化,否则也会导致汽车燃料的增加。

换挡变速是行车中的常见操作,虽然车辆在不同挡位下都能行驶,但其燃料消耗量差别很大,选择合适的行驶挡位和换挡时机对提高汽车的燃料经济性至关重要。汽油车在40km/h、60km/h、80km/h和100km/h不同的速度下,驾驶人分别使用4挡和5挡进行等速行驶的燃料消耗试验,试验结果如图2.30所示。由图可以看出,使用5挡行驶比4挡燃料消耗要低。也就是说,为了节省燃料消耗,行车中应及早换入高速挡,并在条件允许时尽量使用高速挡行驶。

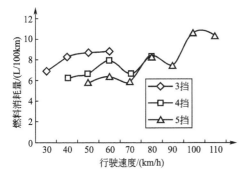 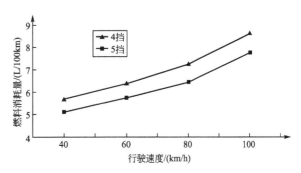

图 2.29 挡位选择对汽车燃料消耗量的影响　　图 2.30 换挡对汽车燃料消耗量的影响

汽车行驶时还须根据行驶速度和路况选择最佳的换挡时机变换挡位，做到高挡不缓行，低挡不高速，否则，超前或滞后换挡都会增加燃料消耗。研究表明，汽车各挡位都会对应一个经济车速区间，在此车速区间内及时换挡会更节约燃料。

汽车随着使用时间的增长，其性能也在逐步发生变化，应定期对汽车进行维修保养。汽车的技术状况差、故障多，对汽车的燃料消耗影响很大。有研究表明，汽车的技术故障对燃料消耗的影响见表2-13。

表2-13 汽车的技术故障对燃料消耗的影响

汽车技术故障	燃料消耗增加/(%)	汽车技术故障	燃料消耗增加/(%)
空气滤清器部分堵塞	5	车轮定位不准	5～12
喷油正时相差2°	5～10	行车制动器拖滞	8～20
4孔喷油器1个喷油孔堵塞	10～20	驻车制动器发卡	5～15
气缸压缩压力低	4～6	轮胎气压低	6～12
离合器打滑	28～29	左右轴距差超过5mm	5～10

汽车节约燃料是一个大的系统工程，它包括汽车技术、辅助设施与维修、汽车运用等，工作涉及科研、制造、维修、使用、公路、管理等许多行业及部门，必须依靠各方面的协同努力，才能有效降低汽车能耗，保护大气环境。

2.4 汽车燃料经济性试验

汽车类型不同，汽车燃料经济性试验内容和方法也略有不同。

乘用车燃料经济性试验依据是GB/T 12545.1—2008《汽车燃料消耗量试验方法 第1部分：乘用车燃料消耗量试验方法》，适用车型是最大设计总质量不超过3500kg的M1和N1类车辆。

1. 乘用车等速行驶燃料消耗量试验

乘用车等速行驶燃料消耗量试验既可在底盘测功机上进行，也可在道路上进行。

车辆试验质量为整车装备质量加上180kg，当车辆的50%载质量大于180kg时，则车辆试验质量为车辆整备质量加上50%的载质量(包括测量人员和仪器的质量)。

1) 道路试验

测量路段的长度应至少为2km，可以是封闭的环形路(测量路程必须为完整的环行路)，也可以是平直路(试验在两个方向上进行)。

试验道路应保证车辆按规定等速稳定行驶，路面应保持良好状态，在试验道路上任意的两点之间的纵向坡度不应超过2%。

试验按规定速度等速行驶，速度误差尽量控制在±0.5km/h以内，否则需要进行修正。采用质量法或容积法确定燃料消耗量。

采用质量法确定燃料消耗量(L/100km)的计算公式见式(2-6)；采用容积法确定燃料消耗量(L/100km)的计算公式见式(2-7)。

图2.31所示为某小型汽车在作等速行驶燃料消耗量试验，测量仪器主要是油耗仪、

测速仪等。图 2.32 所示为试验结果。

图 2.31　汽车等速燃料消耗道路试验

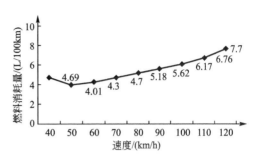

图 2.32　汽车等速燃料消耗量试验结果

2）底盘测功机试验

按适当的试验速度和规定的试验质量设定测功机参数，以达到总的道路行驶阻力；测量距离不少于 2km；试验时，速度变化幅度不大于 0.5km/h；至少应进行 4 次测量。

测定每次试验的燃料消耗量，根据式(2-6)或式(2-7)计算等速行驶百公里燃料消耗量。

图 2.33 所示为在底盘测功机上测量某微型客车的燃料消耗量，被测汽车驱动轮放置在 48 寸的转鼓上，用转鼓表面代替路面，测试时汽车驱动轮带动转鼓—测功机旋转，测功机吸收汽车驱动轮转矩，使汽车驱动轮受到的阻力等效于等速工况下在道路试验中受到的阻力，风机的风速跟踪车速。测试车速从 20~100km/h，以 10km/h 递增的 9 个车速下分别测试空载和满载工况下的等速百公里燃料消耗量，如图 2.34 所示。

图 2.33　微型客车燃料消耗量的测试

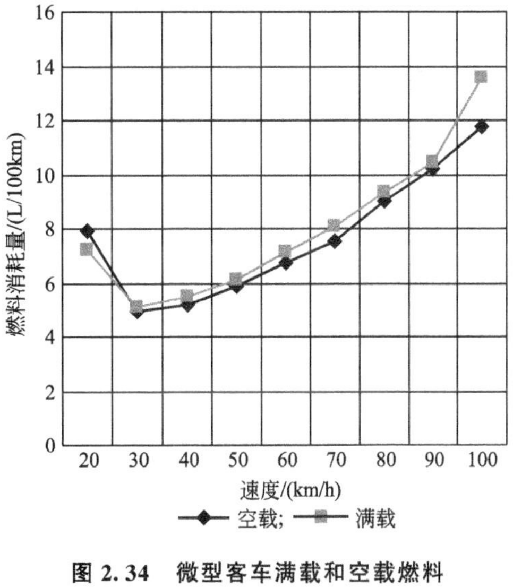

图 2.34　微型客车满载和空载燃料消耗量对比试验

2. 乘用车循环综合燃料消耗量试验

乘用车循环综合燃料消耗量试验在汽车底盘测功机上进行。

设定汽车底盘测功机的载荷和惯量，分别按照标准中十五工况和十三工况要求，对 HC、CO、CO_2 的排放量进行测量和计算。

气态污染物排放量计算公式为

$$M_i = \frac{V_{\min} \rho_i C_i \times 10^{-6}}{S} \quad (2-30)$$

式中，M_i 为污染物 i 的排放量(g/km)；$V_{\min}$ 为校正至标准状态(273.2K 和 101.33kPa)的稀释排气体积(L/次)；ρ_i 为标准状态(273.2K 和 101.33kPa)下污染物 i 的密度(g/L)；C_i 为稀释排气中污染物 i 的浓度，并按稀释空气中污染物 i 的含量进行校正(mg/L)；S 为试验循环期间的行驶距离(km)。

对于装备汽油机的车辆，百公里燃料消耗量计算公式见式(2-3)；对于装备柴油机的车辆，百公里燃料消耗量计算公式见式(2-4)；循环综合燃料消耗量计算公式见式(2-5)。

3. 轻型汽车燃料消耗量试验

轻型汽车燃料消耗量试验依据是 GB/T 19233—2008《轻型汽车燃料消耗量试验方法》，适用车型是最高车速大于或等于 50km/h 的 M1、N1 类和最大设计总质量不超过 3500kg 的 M2 类车辆。

轻型汽车燃料消耗量试验在底盘测功机上进行，通过测定汽车在模拟市区和市郊工况循环下 HC、CO 和 CO_2 的排放量，用碳平衡法计算燃料消耗量。

轻型汽车燃料消耗量试验循环和方法与乘用车类似，在此不重复介绍。

4. 重型商用车燃料消耗量试验

重型商用车燃料消耗量试验依据是 GB/T 27840—2011《重型商用车燃料消耗量试验方法》，适用车型是最大设计总质量大于 3500kg 的燃用汽油和柴油的商用车辆。

重型商用车燃料消耗量试验在底盘测功机上进行，通过测定汽车在 C-WTVC 循环下的污染物排放量或燃料消耗量，用碳平衡法或质量法、容积法计算燃料消耗量。

2.5 电动汽车经济性

电动汽车与燃油汽车在驱动系统、动力源方面存在着质的差别，由此导致这两种车辆在经济性评价指标、评价方法上存在着很大的差异。动力电池作为电动汽车唯一的动力源，能量储存密度不能达到燃油的水平，致使车辆续驶里程短，因此降低能量消耗率、提高能耗经济性对电动汽车更加重要。

1. 电动汽车经济性评价指标

电动汽车能耗经济性评价常用的指标是以一定的车速或循环行驶工况为基础，以车辆行驶一定里程的能量消耗量来衡量，主要有续驶里程和单位里程能量消耗率。

续驶里程是电动汽车电池组充满电后可连续行驶的里程，可以分为等速续驶里程和循环工况续驶里程。此项指标对于综合评价电动汽车电池组、电动机及传动效率、电动汽车实用性具有积极意义。但此指标与电动汽车电池组装车容量及电池水平有关，在不同车型和装配不同容量电池组的同种车型间不具有可比性。即使装配相同容量同种电池的同一车型，续驶里程也受到电池组状态、天气、环境因素等使用条件的影响而有一定的波动。

单位里程能量消耗率又可分为单位里程电网交流电能量消耗率和电池组直流电能量消耗

率，其中交流电能量消耗率受到不同类型充电设备的效率影响；直流电能量消耗率仅以车载电池组的能量状态作为标准，脱离了充电机的影响，可以比较直接地反映电动汽车的实际性能。

交流电能量消耗率是指电动汽车经过规定的试验循环后对动力蓄电池重新充电至试验前的容量，从电网上得到的电能除以行驶里程所得的值，即

$$E = \frac{W}{S} \tag{2-31}$$

式中，E 为电动汽车能量消耗率（W·h/km）；W 为蓄电池在充电期间来自电网的能量（W·h）；S 为试验期间电动汽车所能行驶的总距离，即续驶里程（km）。

循环工况续驶里程是指充满电后，基于一定的运动工况需求进行行驶，其所能实现的最大的行驶里程。运动工况主要有 NEDC 循环工况和 60km/h 工况。

电动汽车 NEDC 循环工况由 4 个市区循环和 1 个市郊循环组成，理论试验距离为 11.022km，试验时间为 1180s，如图 2.35 所示，图中①代表市区循环，②代表市郊循环，③代表基本的市区循环。

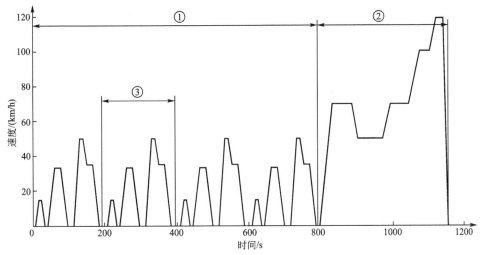

图 2.35 电动汽车 NEDC 循环工况

市区基本循环如图 2.36 所示。

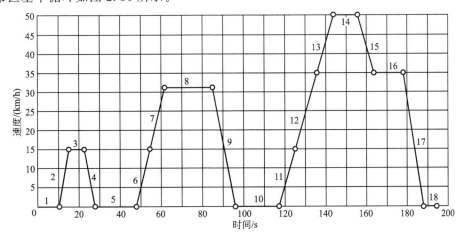

图 2.36 市区基本循环图

市区基本循环试验参数见表2-14。

表2-14 市区基本循环试验参数

运转次序	操作状态	工况序号	加速度/(m/s²)	速度/(km/h)	操作时间/s	工况时间/s	累计时间/s
1	停车	1	0.00	0	11	11	11
2	加速	2	1.04	0→15	4	4	15
3	等速	3	0.00	15	8	8	23
4	减速	4	−0.83	15→0	5	5	28
5	停车	5	0.00	0	21	21	49
6	加速	6	0.69	0→15	6	12	55
7	加速		0.79	15→32	6		61
8	等速	7	0.00	32	24	24	85
9	减速	8	−0.81	32→0	11	11	96
10	停车	9	0.00	0	21	21	117
11	加速	10	0.69	0→15	6	26	123
12	加速		0.51	15→35	11		134
13	加速		0.46	35→50	9		143
14	等速	11	0.00	50	12	12	155
15	减速	12	−0.52	50→35	8	8	163
16	等速	13	0.00	35	15	15	178
17	减速	14	−0.97	35→0	10	10	188
18	停车	15	0.00	0	7	7	195

一个基本市区循环时间是195s，其中停车60s，占30.77%；加速42s，占21.54%；等速59s，占30.26%；减速34s，占17.44%。一个基本城市循环的理论行驶距离是1017m；平均车速为18.77km/h。

市郊循环如图2.37所示。

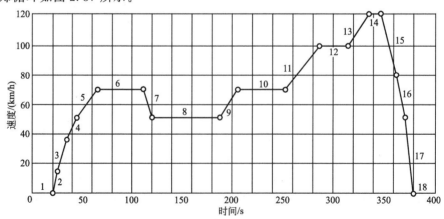

图2.37 市郊循环工况

市郊循环试验参数见表 2-15。

表 2-15 市郊循环试验参数

运转次序	操作状态	工况序号	加速度/(m/s²)	速度/(km/h)	操作时间/s	工况时间/s	累计时间/s
1	停车	1	0.00	0	20	20	20
2	加速	2	0.69	0→15	6	41	26
3	加速		0.51	15→35	11		37
4	加速		0.42	35→50	10		47
5	加速		0.40	50→70	14		61
6	等速	3	0.00	70	50	50	111
7	减速	4	−0.69	70→50	8	8	119
8	等速	5	0.00	50	69	69	188
9	加速	6	0.43	50→70	13	13	201
10	等速	7	0.00	70	50	50	251
11	加速	8	0.24	70→100	35	35	286
12	等速	9	0.00	100	30	30	316
13	加速	10	0.28	100→120	20	20	336
14	等速	11	0.00	120	10	10	346
15	减速	12	−0.69	120→80	16	34	362
16	减速		−1.04	80→50	8		370
17	减速		−1.39	50→0	10		380
18	停车	13	0.00	0	20	20	400

一个市郊循环时间是 400s，其中停车 40s，占 10%；加速 109s，占 27.25%；等速 209s，占 52.25%；减速 42s，占 10.50%。一个市郊循环的理论行驶距离是 6956m；平均车速为 62.60km/h。

2. 电动汽车经济性计算方法

交流电能量消耗率评价指标不仅与电动汽车本身经济性有关，还受电网、充电设备等影响，因此，也可以选择以动力电池组的直流电能量消耗率作为评价指标。

电动汽车单位里程能量消耗率为

$$E_p = \frac{\int_0^{t_0} P_e \mathrm{d}t}{S} \tag{2-32}$$

式中，E_p 为电动汽车单位里程能量消耗率（kW·h/km）；P_e 为汽车工况行驶的功率需求（kW）；t_0 为工况行驶时间（h）；S 为工况行驶的距离（km）。

对于加速工况，汽车行驶功率需求为

$$P_j = \frac{u(t)}{3600\eta_t}\left[mgf + mgi + \frac{C_DAu^2(t)}{21.15} + \delta ma_j\right] \tag{2-33}$$

式中，P_j 为汽车加速行驶的功率需求(kW)；$u(t)$ 为汽车行驶速度(km/h)；m 为汽车质量(kg)；f 为滚动阻力系数；i 为坡度；C_D 为空气阻力系数；A 为迎风面积(m^2)；δ 为旋转质量换算系数；a_j 为加(减)速度(m/s^2)。

汽车行驶速度为

$$u(t) = u_0 + 3.6a_jt \tag{2-34}$$

式中，u_0 为加速起始速度(km/h)。

汽车加速工况行驶的距离(km)为

$$S_j = \frac{u_j^2 - u_0^2}{25920a_j} \tag{2-35}$$

式中，u_j 为加速终了速度(km/h)。

汽车加速时间为

$$t_0 = \frac{u_j - u_0}{3.6a_j} \tag{2-36}$$

将式(2-33)~式(2-36)代入式(2-32)，可得电动汽车加速工况单位里程能量消耗量。

$$E_j = \frac{1}{\eta_t}\left[\frac{C_DA}{2\times21.15}(u_j^2 + u_0^2) + (mgf + mgi + \delta ma_j)\right] \tag{2-37}$$

可以看出，在加速工况，电动汽车单位里程能量消耗率是加速段起止速度平方和的函数，在平均速度相同的情况下，加速段起止速度平方和小的能耗低。提高起始速度，增加速度间隔单位里程能耗都将增加。

对于等速工况，汽车行驶功率需求为

$$P_d = \frac{u}{3600\eta_t}\left[mgf + mgi + \frac{C_DAu^2}{21.15}\right] \tag{2-38}$$

汽车等速行驶距离为

$$S_d = \frac{ut}{3600} \tag{2-39}$$

将式(2-38)、式(2-39)代入式(2-32)，可得电动汽车等速工况单位里程能量消耗量。

$$E_d = \frac{1}{\eta_t}\left(\frac{C_DAu^2}{21.15} + mgf + mgi\right) \tag{2-40}$$

可以看出，在等速工况，电动汽车单位里程能量消耗率是速度平方的函数，提高行驶速度，单位里程能耗都将增加。

对于减速工况，电动汽车减速行驶包含两种情况，一种是滑行减速或无再生制动功能下的制动减速，此时电动机处于关断状态，电能输出为零，电动汽车单位里程能量消耗率为零。另一种是有再生制动功能下的制动减速，此时车轮拖动电动机，电动机处于发电机工作状态。电动汽车能量消耗为负，即动力电池处于充电工作状态。

对于驻车工况，电动机处于关断状态，电动汽车单位里程能量消耗率为零。

因此，电动汽车能量消耗主要发生在加速和等速运行工况，减速和驻车阶段能量消耗可忽略不计。

汽车减速工况行驶的距离(km)为

$$S_b = \frac{u_{b0}^2 - u_{bj}^2}{25920 a_j} \qquad (2-41)$$

式中，u_{b0}为减速初速度(km/h)；u_{bj}为减速终了速度(km/h)。

电动汽车整个循环的能量消耗率为

$$E = \frac{\sum E_i S_i}{\sum S_i} \qquad (2-42)$$

式中，E_i为某一工况下的单位里程能量消耗率(kW·h/km)；S_i为某一工况下的行驶里程(km)；E整个循环各个工况下的能量消耗量之和(kW·h/km)。

3. 电动汽车续驶里程

汽车在良好的水平路面上一次充电后等速行驶直至消耗掉全部携带的电能为止所行驶的里程，称为等速行驶的续驶里程。它是电动汽车的经济性指标之一。

汽车以速度u等速行驶时所需的电动机功率P为

$$P = \frac{u}{3600 \eta_t} \left(mgf + \frac{C_D A u^3}{21.15} \right) \qquad (2-43)$$

电池携带的额定总能量为

$$W_0 = Q_m U_e = G_e q \qquad (2-44)$$

式中，Q_m为电池的额定容量(Ah)；U_e为电池的端电压(V)；G_e为电动汽车携带的电池总质量(kg)；q为电池的比能量(Wh/kg)。

等速行驶续驶里程为

$$S_0 = \frac{W_0 u}{P} \eta_e \qquad (2-45)$$

式中，η_e为电池的放电效率。

多工况续驶里程为

$$S = \sum_{i=1}^{k} S_i \qquad (2-46)$$

式中，S_i为每个状态行驶距离(km)；k为车辆能够完成的状态总数。

电动汽车续驶里程的影响因素较为复杂，其中最主要的因素是车载能源问题。续驶里程与电动汽车在行驶过程中所消耗的能量密切相关，影响因素主要来自电动汽车行驶的外部条件和电动汽车本身的结构条件。

1) 滚动阻力系数对续驶里程的影响

轮胎的滚动阻力系数越小，续驶里程越大。所以降低轮胎滚动阻力系数可明显增加电动汽车的续驶里程。特别是对低速、整车质量较大的电动汽车，尤其如此。因此，采用滚动阻力系数小的子午线轮胎，增大轮胎气压等是增加电动汽车续驶里程的重要途径。

2) 空气阻力系数对续驶里程的影响

空气阻力系数越小，续驶里程越大；车速越大，空气阻力系数对电动汽车续驶里程的影响越明显。通过对电动汽车进行流线型设计，底部做成光滑表面，同时取消散热器罩等措施，可以降低空气阻力系数。

3) 机械效率对续驶里程的影响

提高电动汽车动力传动系统的机械效率,能有效地增加电动汽车的续驶里程。电动汽车整车质量越小,行驶速度越低,机械效率对续驶里程的影响越大。

4) 整车质量对续驶里程的影响

整车质量越大,续驶里程越小;并且不同车速时,续驶里程也不相同。为了降低整车总质量,可通过采用轻质材料的方法实现。

5) 蓄电池参数对电动汽车续驶里程的影响

蓄电池参数包括很多,这里主要从蓄电池的放电深度、电池比能量、电池箱串联电池个数、电池箱并联电池组数、蓄电池的自行放电等几个方面分析。

(1) 蓄电池的放电深度。蓄电池的放电深度越大,电动汽车的续驶里程就越大;同时,车速和负荷对续驶里程的影响也很明显。

(2) 电池比能量。当电动汽车携带的电池总量一定时,电池参数中电池的比能量对续驶里程影响最大,可见提高电池的比能量对提高电动汽车续驶里程意义重大。

(3) 电池箱串联电池个数。增加每个电池箱串联电池的个数,电动汽车的续驶里程明显增加。这主要是一方面由于增加了电池的数量,可以增加电池组的总能量储备,另一方面由于电池组的电压增高,在电池放电效率相同的情况下,减小了电池的放电电流,可以增加电池组的有效容量。在增加电池数量的同时,也增加了电动汽车的总质量,从而增加了电动汽车的能量消耗,降低了电动汽车的续驶里程。但每个电池箱电池数量的增加,会增加电池组的电压,电动汽车的动力性会得到提高。因此,电动汽车动力传动系统的匹配应兼顾电动汽车的续驶里程和动力性。

(4) 电池箱并联电池组数。在保持电池组总电压的情况下,增加并联电池箱的数量可显著增加电动汽车的续驶里程。这主要是一方面增加了电池的数量,可增加电池组的总能量储备,另一方面由于并联支路的增加,在各并联支路电池箱不超过额定放电电流的情况下,可以增加电池组总的放电电流,从而增加电池组的额定容量。增加电池箱并联数量,可提高电池组的放电功率,电动汽车的动力性会显著提高。因此,增加电池箱并联数量可提高电动汽车的动力性和续驶里程。但是,随着电池数量的增加,电池质量占整车质量的比例和电动汽车的总质量也将增大,这将增加电动汽车的能量消耗,降低电动汽车的续驶里程。

(5) 自行放电率。蓄电池的自行放电率是指在电池的存放期间容量的下降率,即蓄电池无负荷时自身放电使容量损失的速度。显然,自放电率越大,电池在存放期间的容量的损失就越多,能量的无用损耗越多,相应的电动汽车的续驶里程也就越短。

6) 续驶里程其他影响因素的分析

(1) 行驶工况。行驶工况对电动汽车的续驶里程影响很大。对于恒速行驶,电流随车速的增加而增加,每公里消耗的电能随车速的升高而增加,电池的放电容量则随车速的升高而减小,故其续驶里程随行驶车速的升高而减少。

(2) 行驶环境。在车辆条件相同的情况下,电动汽车行驶的道路情况与环境气候对电动汽车行驶的续驶里程有很大影响。如气温的高低一方面对电池的有效容量有很大影响,另一方面也会影响电动汽车的总效率(电动机效率、机械传动效率和电器元件的效率等)和通风、冷却、空调所消耗的能量。另外,风力的方向与大小、道路的种类(摩擦系数、坡度、平整性)及交通拥挤状况都会使车辆的能量消耗增加或减少,从而使电动汽车的续驶里程有显著的差别。

（3）辅助系统和低电压电器系统。电动汽车上制动系统的空气压缩机、转向系统的油泵需辅助电动机驱动，其他还有照明、音响、空调、通风、取暖等电器都需要消耗电池的能量。辅助系统和低电压系统的功率越大，消耗的电能就越大，电动汽车的续驶里程就越小，动力性能也会受到影响。

由此可见，影响电动汽车续驶里程的因素众多，在实际设计中，尽可能综合考虑各种因素的影响，提高电动汽车的续驶里程。

图 2.38 所示为电动汽车等速百公里能耗经济特性曲线及续驶里程与车速关系曲线。可以看出，百公里能耗随着车速的提高而增加，续驶里程随着车速的提高而减少，低速行驶及能耗少时有助于增加电动汽车的续驶里程。在车速为 60km/h 和 80km/h 时，百公里能耗测试结果分别为 9.96kW·h 和 11.85kW·h，但前者的续驶里程为 223km 高于后者的 185km。

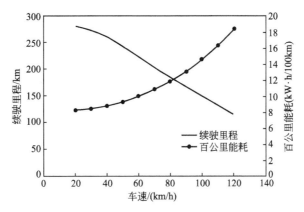

图 2.38 电动汽车等速百公里能耗和续驶里程与车速关系

1. 汽车燃料经济性评价指标有哪些？
2. 如何计算循环工况汽车燃料消耗量？
3. 影响汽车燃料经济性的因素有哪些？
4. 汽车燃料经济性试验内容有哪些？
5. 如何建立电动汽车燃料经济性指标模型？

第 3 章 汽车排放性

教学目标

通过本章的学习，读者能够掌握汽车排放性的评价指标，分析汽车排放性的影响因素，了解汽车排放控制途径和汽车排放性试验。

教学要求

知识要点	能力要求	相关知识
汽车排放性评价指标	掌握汽油车和柴油车的排放性评价指标，了解轻型汽车的排放限值	汽车节能标准，汽车排放标准
汽车排放性影响因素	分析燃料类型和质量、发动机和使用因素对汽车排放性的影响	汽油标准，柴油标准，发动机特性等
汽车排放控制途径	了解机前排放控制、机内排放控制和机外排放控制的途径和方法	汽车排气净化
汽车排放性试验	了解轻型汽车排放性试验内容和方法	GB 18352.3—2005《轻型汽车污染物排放限值及测量方法(中国Ⅲ、Ⅳ阶段)》 GB 18352.5—2013《轻型汽车污染物排放限值及测量方法（中国第五阶段)》

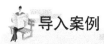

导入案例

2012年，全国汽车一氧化碳(CO)排放量为2865.5万t，碳氢化合物(HC)排放量为345.2万t，氮氧化物(NO_x)排放量为582.9万t，颗粒物(PM)排放量为59.2万t。汽车尾气排放已经成为中国大中城市空气污染主要来源，是造成灰霾、光化学烟雾污染的重要原因，直接威胁群众健康，如图3.1所示。那么如何评价汽车的排放？影响汽车排放的因素有哪些？如何控制和减少汽车排放？通过本章的学习可以得到这些问题的答案。

图 3.1　汽车排放污染

汽车排放是指从废气中排出的一氧化碳(CO)、碳氢化合物(HC)、氮氧化物(NO_x)和颗粒物(PM)等有害物质，这些一次污染物还会通过大气化学反应生成光化学烟雾、酸沉降等二次污染物。随着汽车保有量的急剧增加，汽车排放对环境造成了越来越大的破坏，对人类健康造成了越来越大的损害。为了保护环境和人类健康，世界各国通过制定越来越严格的排放标准来限制汽车排放。

3.1　汽车排放性评价指标

汽车排放性评价指标与排放标准有关。不同阶段实施的排放标准不同，其评价指标也有差异。目前国内实施的是国Ⅳ排放标准，个别城市或地区开始实施国Ⅴ排放标准。

汽车排放性评价指标一般采用循环工况下汽车单位行驶里程的主要污染物排放总量来表示。

3.1.1　汽油车排放性评价指标

汽油车排放的特点是一氧化碳、碳氢化合物排放量高，而颗粒物排放量低，氮氧化合物排放与柴油车基本相同。

1. 基于国Ⅳ排放标准的评价指标

基于国Ⅳ排放标准的评价指标主要有一氧化碳、碳氢化合物和氮氧化合物的单位行驶里程排放量。

循环工况下CO的单位行驶里程排放量为

$$Q_{CO} = \frac{\sum Q_{COi}}{S} \qquad (3-1)$$

式中，Q_{CO} 为循环工况下 CO 的单位行驶里程排放量(g/km)；$\sum Q_{COi}$ 为整个行驶过程中 CO 的排放量总和(g)；S 为整个循环工况行驶的距离(km)。

循环工况下 HC 的单位行驶里程排放量为

$$Q_{HC} = \frac{\sum Q_{HCi}}{S} \qquad (3-2)$$

式中，Q_{HC} 为循环工况下 HC 的单位行驶里程排放量(g/km)；$\sum Q_{HCi}$ 为整个行驶过程中 HC 的排放量总和(g)。

循环工况下 NO_x 的单位行驶里程排放量为

$$Q_{NO_x} = \frac{\sum Q_{NO_xi}}{S} \qquad (3-3)$$

式中，Q_{NO_x} 为循环工况下 NO_x 的单位行驶里程排放量(g/km)；$\sum Q_{NO_xi}$ 为整个行驶过程中 NO_x 的排放量总和(g)。

汽油车循环工况下污染物单位里程总排放量为各污染物单位里程排放量总和，即

$$Q_w = Q_{CO} + Q_{HC} + Q_{NO_x} \qquad (3-4)$$

式中，Q_w 为循环工况下污染物单位里程总排放量(g/km)。

2. 基于国 Ⅴ 排放标准的评价指标

国 Ⅴ 排放标准比国 Ⅳ 排放标准更加严格，除国 Ⅳ 排放标准的评价指标外，增加了非甲烷碳氢化合物(NMHC)和颗粒物的限制，对碳氢化合物(HC)的评价改为对总碳氢化合物(THC)的评价。

循环工况下 THC 的单位行驶里程排放量为

$$Q_{THC} = \frac{\sum Q_{THCi}}{S} \qquad (3-5)$$

式中，Q_{THC} 为循环工况下 THC 的单位行驶里程排放量(g/km)；$\sum Q_{THCi}$ 为整个行驶过程中 THC 的排放量总和(g)。

循环工况下 NMHC 的单位行驶里程排放量为

$$Q_{NMHC} = \frac{\sum Q_{NMHCi}}{S} \qquad (3-6)$$

式中，Q_{NMHC} 为循环工况下 NMHC 的单位行驶里程排放量(g/km)；$\sum Q_{NMHCi}$ 为整个行驶过程中 NMHC 的排放量总和(g)。

循环工况下 PM 的单位行驶里程排放量为

$$Q_{PM} = \frac{\sum Q_{PMi}}{S} \qquad (3-7)$$

式中，Q_{PM} 为循环工况下 PM 的单位行驶里程排放量(g/km)；$\sum Q_{PMi}$ 为整个行驶过程中 PM 的排放量总和(g)。

汽油车循环工况下污染物单位里程总排放量为各污染物单位里程排放量总和，即

$$Q_w = Q_{CO} + Q_{THC} + Q_{NMHC} + Q_{NO_x} + Q_{PM} \qquad (3-8)$$

3.1.2 柴油车排放性评价指标

柴油车排放特点是颗粒物和氮氧化物排放量多,而一氧化碳和碳氢化合物排放量少。我国现阶段柴油车的排气污染较为严重,特别是颗粒物排放对人体的危害很大。

1. 基于国Ⅳ排放标准的评价指标

在国Ⅳ排放标准中,对柴油车排放污染物的限制主要有一氧化碳、氮氧化物、碳氢化合物和氮氧化物之和及颗粒物。

循环工况下 CO、NO_x、PM 的单位行驶里程排放量计算公式分别见式(3-1)、式(3-3)和式(3-7)。

循环工况下 $HC+NO_x$ 的单位行驶里程排放量为

$$Q_{HC+NO_x} = \frac{\sum Q_{(HC+NO_x)i}}{S} \quad (3-9)$$

式中,Q_{HC+NO_x} 为循环工况下 $HC+NO_x$ 的单位行驶里程排放量(g/km);$\sum Q_{(HC+NO_x)i}$ 为整个行驶过程中 $HC+NO_x$ 的排放量总和(g)。

汽油车循环工况下污染物单位里程总排放量为各污染物单位里程排放量总和,即

$$Q_w = Q_{CO} + Q_{NO_x} + Q_{HC+NO_x} + Q_{PM} \quad (3-10)$$

2. 基于国Ⅴ排放标准的评价指标

国Ⅴ排放标准与国Ⅳ排放标准相比,除国Ⅳ排放标准的评价指标外,增加了颗粒物个数(PN)的限制。

循环工况下 PN 的单位行驶里程排放量为

$$Q_{PN} = \frac{\sum Q_{PNi}}{S} \quad (3-11)$$

式中,Q_{PN} 为循环工况下 PN 的单位行驶里程排放量(个/km);$\sum Q_{PNi}$ 为整个行驶过程中 PN 的排放量总和(个)。

3.1.3 汽车排放限值

1. 轻型汽车排放限值

为了抑制汽车排放有害物质的产生,并促使相关厂商注重产品技术的改进,已有许多国家制定了相关汽车环保排放标准,国际主流的有欧、美、日三大体系,中国汽车排放标准借鉴了应用最为广泛的欧洲标准。

中国轻型汽车排放标准分为5个阶段,如图3.2所示,对 $HC+NO_x$ 限值要求越来越严格。

第Ⅰ阶段:GB 18352.1—2001《轻型汽车污染物排放限值及测量方法(Ⅰ)》,等同于欧Ⅰ,于2001年开始实施。

第Ⅱ阶段:GB 18352.2—2001《轻型汽车污染物排放限值及测量方法(Ⅱ)》,等同于欧Ⅱ,于2004年开始实施。

第Ⅲ阶段:GB 18352.3—2005《轻型汽车污染物排放限值及测量方法(中国Ⅲ、Ⅳ阶段)》,部分等同于欧Ⅲ,于2007年开始实施。

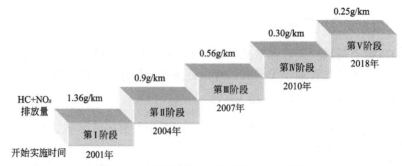

图 3.2 中国轻型汽车排放标准 5 个阶段

第Ⅳ阶段：GB 18352.3—2005《轻型汽车污染物排放限值及测量方法（中国Ⅲ、Ⅳ阶段）》，部分等同于欧Ⅳ，于 2010 年开始实施。

第Ⅴ阶段：GB 18352.5—2013《轻型汽车污染物排放限值及测量方法（中国第Ⅴ阶段）》，部分等同于欧Ⅴ和欧Ⅵ，将于 2018 年 1 月 1 日实施。

第Ⅰ和第Ⅱ阶段的汽车排放限值见表 3-1；第Ⅲ和第Ⅳ阶段的汽车排放限值见表 3-2；第Ⅴ阶段的汽车排放限值见表 3-3。

表 3-1　第Ⅰ和第Ⅱ阶段的汽车排放限值　　（单位：g/km）

阶段	车辆类型	基准质量 RM/kg	限值						
			CO		$HC+NO_x$			PM	
			PI	CI	PI	CI-FZ	CI-Z	CI-FZ	CI-Z
Ⅰ	第一类车	全部	2.72		0.97	1.36		0.14	0.20
	第二类车	$RM \leqslant 1250$	2.72		0.97	1.36		0.14	0.20
		$1250 < RM \leqslant 1700$	5.17		1.40	1.96		0.19	0.27
		$RM > 1700$	6.90		1.70	2.38		0.25	0.35
Ⅱ	第一类车	全部	2.2	1.0	0.5	0.7	0.9	0.08	0.10
	第二类车	$RM \leqslant 1250$	2.2	1.0	0.5	0.7	0.9	0.08	0.10
		$1250 < RM \leqslant 1700$	4.0	1.25	0.6	1.0	1.3	0.12	0.14
		$RM > 1700$	5.0	1.5	0.7	1.2	1.6	0.17	0.20

表 3-2　第Ⅲ和第Ⅳ阶段的汽车排放限值　　（单位：g/km）

阶段	车辆类型	基准质量 RM/kg	限值						
			CO		HC	NO_x		$HC+NO_x$	PM
			PI	CI	PI	PI	CI	CI	CI
Ⅲ	第一类车	全部	2.30	0.64	0.20	0.15	0.50	0.56	0.050
	第二类车	$RM \leqslant 1305$	2.30	0.64	0.20	0.15	0.50	0.56	0.050
		$1305 < RM \leqslant 1760$	4.17	0.80	0.25	0.18	0.65	0.72	0.070
		$RM > 1760$	5.22	0.95	0.29	0.21	0.78	0.86	0.100

(续)

阶段	车辆类型	基准质量 RM/kg	限值						
			CO		HC	NO_x		$HC+NO_x$	PM
			PI	CI	PI	PI	CI	CI	CI
Ⅳ	第一类车	全部	1.00	0.50	0.10	0.08	0.25	0.30	0.025
	第二类车	$RM \leqslant 1250$	1.00	0.50	0.10	0.08	0.25	0.30	0.025
		$1250 < RM \leqslant 1700$	1.81	0.63	0.13	0.10	0.33	0.39	0.040
		$RM > 1700$	2.27	0.74	0.16	0.11	0.39	0.46	0.060

表 3-3 第 Ⅴ 阶段的汽车排放限值

车辆类型	基准质量 RM/kg	限值								
		CO	THC	NMHC	NO_x		$THC+NO_x$	PM		PN
		g/km								个/km
		PI	CI	PI	PI	PI	CI	CI	PI	CI	CI
第一类车	全部	1.00	0.50	0.100	0.068	0.060	0.180	0.230	0.0045	0.0045	6×10^{11}
第二类车	$RM \leqslant 1305$	1.00	0.50	0.100	0.068	0.060	0.180	0.230	0.0045	0.0045	6×10^{11}
	$1305 < RM \leqslant 1760$	1.81	0.63	0.130	0.090	0.075	0.235	0.295	0.0045	0.0045	6×10^{11}
	$RM > 1760$	2.27	0.74	0.160	0.108	0.082	0.280	0.350	0.0045	0.0045	6×10^{11}

表 3-1~表 3-3 中,第一类车是指包括驾驶座位在内座位数不超过 6 座且最大总质量不超过 2500kg 的载客汽车;第二类车是指除第一类车以外的其他所有汽车;基准质量是指汽车整备质量加上 100kg;PI 代表点燃式发动机,主要是汽油机;CI 代表压燃式发动机,主要是柴油机;CI-FZ 代表非直喷压燃式发动机;CI-Z 代表直喷压燃式发动机。

欧洲排放标准最严格,欧洲对本地生产及进口汽车的污染物排放量,特别是氮氧化物和颗粒物排放量的控制将日益严格。

欧 Ⅴ 标准已于 2009 年 9 月 1 日开始实施。根据这一标准,柴油轿车的 CO 排放量不应超过 500mg/km;NO_x 排放量不应超过 180mg/km,比欧 Ⅳ 标准规定的排放量减少了 28%;颗粒物排放量则比欧 Ⅳ 标准规定的减少了 80%,所有柴油轿车必须配备颗粒物滤网。汽油轿车的 CO 排放量不应超过 5g/km;NO_x 排放量不应超过 60mg/km。

相对于欧 Ⅴ 标准,于 2014 年 9 月实施的欧 Ⅵ 标准更加严格。根据欧 Ⅵ 标准,柴油轿车的 NO_x 排放量不应超过 80mg/km,与欧 Ⅴ 标准相比,欧 Ⅵ 标准对人体健康的益处将增加 60%~90%。

2. 重型汽油车排放限值

重型汽油车是指总质量大于 3500kg 且搭载汽油机的车辆。根据 GB 14762—2008《重型车用汽油发动机与汽车排气污染物排放限值及测量方法(中国Ⅲ、Ⅳ阶段)》中规定的试验程序,测得的一氧化碳、总碳氢化合物和氮氧化物的比质量,通过劣化系数校正后,都不应超过表3-4的限值。

表3-4 重型汽油车排放限值

阶段	一氧化碳比质量(CO)/[g/(kW·h)]	总碳氢比质量(THC)/[g/(kW·h)]	氮氧化物比质量(NO$_x$)/[g/(kW·h)]
Ⅲ	9.7	0.41	0.98
Ⅳ	9.7	0.29	0.70

3. 重型柴油车排放限值

重型汽油车是指总质量大于3500kg且搭载柴油机的车辆。

根据GB 17691—2005《车用压燃式、气体燃料点燃式发动机与汽车排气污染物排放限值及测量方法(中国Ⅲ、Ⅳ、Ⅴ阶段)》中规定的试验程序，稳态循环(ESC)试验测得的一氧化碳、碳氢化合物、氮氧化物和颗粒物的比质量，以及负荷烟度(ELR)试验得到的不透光烟度，都不应超过表3-5的限值。

表3-5 重型柴油车稳态循环试验和负荷烟度试验排放限值

阶段	CO/[g/(kW·h)]	HC/[g/(kW·h)]	NO$_x$/[g/(kW·h)]	PM/[g/(kW·h)]	烟度/m^{-1}
Ⅲ	2.1	0.66	5.0	0.10	0.8
Ⅳ	1.5	0.46	3.5	0.02	0.5
Ⅴ	1.5	0.46	2.0	0.02	0.5

对于需要进行瞬态循环(ETC)附加试验的柴油车，其一氧化碳、非甲烷碳氢化合物(NMHC)、氮氧化物和颗粒物的比质量，都不应超过表3-6的限值。

表3-6 重型柴油车瞬态循环试验排放限值

阶段	CO/[g/(kW·h)]	NMHC/[g/(kW·h)]	NO$_x$/[g/(kW·h)]	PM/[g/(kW·h)]
Ⅲ	5.45	0.78	5.0	0.16
Ⅳ	4.0	0.55	3.5	0.03
Ⅴ	4.0	0.55	2.0	0.03

3.2 汽车排放性影响因素

影响汽车排放的因素很多，包括使用的燃料、发动机本身特性、使用条件等。

3.2.1 燃料类型和质量对汽车排放的影响

1. 燃料类型对汽车排放的影响

汽车使用的燃料不同，其排放水平也不同。汽车正常使用的燃料主要有汽油、柴油、液化石油气(LPG)和压缩天然气(CNG)等。

国际能源机构 IEA 曾组织美国、芬兰、加拿大等国家在芬兰技术研究中心使用不同的燃料对 14 辆汽车按照美国联邦测试规程(FTP 工况法)，在底盘测功机评价了不同燃料下的汽车排放水平，见表 3-7。可以看出，在使用汽油作为燃料时，如果未安装催化净化装置，CO、HC、NO_x 的排放水平都比较高，安装催化净化装置后，CO、HC、NO_x 排放水平显著下降。汽车使用压缩天然气和液化石油气时的 NO_x 排放量明显低于使用汽油和柴油。因此，国内一些城市的公交车和出租车，都使用了压缩天然气或液化石油气，以减少对城市的污染。

表 3-7 不同燃料下的汽车排放水平　　　　　　　　(单位：g/km)

燃料	CO(min/max)	HC(min/max)	NO_x(min/max)
汽油(无催化净化剂)	5.32/12.6	1.06/1.48	1.93/3.35
汽油	0.86/2.08	0.08/0.10	0.20/0.43
柴油	0.08/0.40	0.05/0.14	0.40/0.94
LPG	0.71/1.07	0.09/0.14	0.10/0.21
CNG	0.32/0.48	0.21/0.61	0.06/0.19

据环境保护部 2013 年颁布的《中国机动车污染防治年报》，2012 年，全国汽油车 CO 排放量为 2366.9 万 t，HC 排放量为 241.3 万 t，NO_x 排放量为 166.1 万 t，其排放量分别占汽车排放总量的 82.6%、69.9% 和 28.5%；柴油车 CO 排放量为 421.2 万 t，HC 排放量为 93.9 万 t，NO_x 排放量为 397.0 万 t，PM 排放量为 59.2 万 t，其排放量分别占汽车排放总量的 14.7%、27.2%、68.1% 和 99% 以上；燃气汽车 CO 排放量为 77.4 万 t，HC 排放量为 10.0 万 t，NO_x 排放量为 19.8 万 t，其排放量分别占汽车排放总量的 2.7%、2.9% 和 3.4%。

不同燃料类型汽车的污染物排放量分担率如图 3.3 所示。

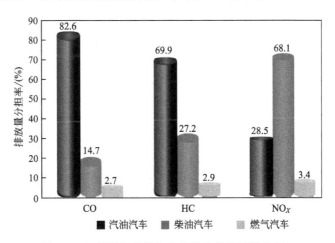

图 3.3　不同燃料类型汽车的污染物排放量分担率

全国汽油车 CO 和 HC 排放量明显高于柴油车，超过汽车排放总量的 70%；而柴油车排放的 NO_x 接近汽车排放总量的 70%，PM 超过 90%。

2. 燃油质量的影响

燃油对汽车排放的影响是由燃油中各组分综合作用产生的结果。汽车排放污染物的水平与市售燃油质量有密切关系。长期以来，欧美和日本等发达国家在制定和实施汽车排放标准时始终将车和油视为一个系统，强调同步实施燃油和汽车排放标准，实现"车、油、路"的同时升级。

为进一步减少汽车污染物排放，改善大气质量，国家出台了一系列政策措施和标准严格规范燃油质量。2014年1月1日开始施行新版 GB 17930—2013《车用汽油》标准，标准对汽油中的烯烃含量及硫含量做了更加严格的限制。同时，2013年2月7日起施行新版 GB 19147—2013《车用柴油（Ⅴ）》标准，大幅度降低硫含量。表 3-8 和表 3-9 比较了排放标准和燃油标准对燃油主要组分的要求。可以看出，两个标准对个别燃油组分的要求是有差别的。

表 3-8 试验用基准汽油和市售汽油的主要指标

燃油组分	排放标准 GB 18352.3—2005			汽油标准 GB 17930—2013		
	国Ⅲ阶段	国Ⅳ阶段	国Ⅴ阶段	国Ⅲ阶段	国Ⅳ阶段	国Ⅴ阶段
研究法辛烷值（RON）	≥93	≥95	≥95	≥93	≥93	≥95
硫含量/(mg/kg)	100～150	≤50	10	≤150	≤50	≤10
烯烃含量（%，体积分数）	≤30	≤10	25	≤30	≤28	≤24
芳烃含量（%，体积分数）	≤40	29～35	35	≤40	≤40	≤40

表 3-9 试验用基准柴油和市售柴油的主要指标

燃油组分	排放标准 GB 18352.3—2005			柴油标准 GB 19147—2013		
	国Ⅲ阶段	国Ⅳ阶段	国Ⅴ阶段	国Ⅲ阶段	国Ⅳ阶段	国Ⅴ阶段
十六烷值	≥51	52～54	≥51	≥49	≥49	≥51
硫含量/(mg/kg)	≤350	≤50	10	≤350	≤50	≤10
多环芳香烃（%，质量分数）	≤11	3～6	11	≤11	≤11	≤11

分别对国Ⅲ基准汽油和市售 93 号汽油、国Ⅲ基准柴油和市售 0 号柴油进行排放对比试验，结果表明，使用 93 号汽油的排气污染物浓度较基准汽油有显著的提高，NEDC 循环工况下，排气污染物 CO、THC、NO_x 分别提高了 30.30%、27.69% 和 23.53%，如图 3.4 所示。

汽油组分对产生排气污染物的影响主要源于芳烃、饱和烃和烯烃、硫等杂质含量的不同。本次试验所用基准汽油与市售汽油的主要差异为辛烷值、烯烃含量和硫含量不同。许多研究结果表明，低烯烃含量、低硫含量和适当的芳烃含量都有利于降低排放污染物浓度。

使用市售柴油的排气污染物浓度较基准柴油也均有显著的提高，NEDC 循环工况下，排气污染物 CO、THC、NO_x、THC+NO_x 及颗粒物 PM 分别提高了 47.66%、45.34%、8.21%、18.53% 和 30.20%，如图 3.5 所示。

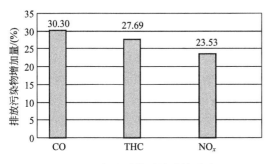
图 3.4 汽油质量对排放的影响

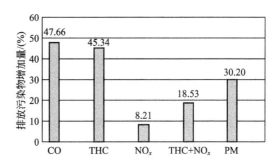
图 3.5 柴油质量对排放的影响

两种柴油的主要差异为十六烷值和硫含量，试验结果的差异性是柴油组分对汽车影响的综合因素造成的。研究表明，提高十六烷值可以减少 CO、HC、NO_x 的排放量；降低硫含量可以降低排气中有毒气体和颗粒物的排放；而减少芳烃含量也可降低颗粒物及多环芳烃等有毒物质的排放。

国 V 汽油标准将于 2018 年 1 月 1 日在全国范围内实施。国 V 汽油标准与国 IV 汽油标准相比较，降低了硫含量、锰含量、烯烃含量的指标限值。硫含量是车用汽油中最关键的环保指标，为进一步提高汽车尾气净化系统的能力，硫含量指标限值由第 IV 阶段的 50mg/kg 降为 10mg/kg，降低了 80%；考虑到锰对人体健康不利的潜在风险和对汽车排放控制系统产生的不利影响，从对健康和环境负责角度出发，采取预防原则，将锰含量指标限值由第 IV 阶段的 8mg/L 降低为 2mg/L，并禁止人为加入含锰添加剂；为进一步降低汽油蒸发排放造成的光化学污染，减少汽车发动机进气系统沉积物，烯烃含量由第 IV 阶段的 28% 降低到 24%。国 V 汽油牌号由 90 号、93 号、97 号分别调整为 89 号、92 号、95 号。

从国 IV 到国 V，汽车污染排放量将大幅减少，在用车的总体排放污染物可减少 10%~15%，而新车的氮氧化物排放量则可减少 25% 左右。国家标准委测算，国 V 标准实施后，预计在用车每年可减排氮氧化物约 30 万 t，新车 5 年累计可减排氮氧化物约 9 万 t。

要保障我国汽车排放标准实施的良好效果，提高油品质量是关键因素。

3.2.2 发动机对汽车排放的影响

发动机的一些设计参数和运行参数都与排放污染物的排出量有很大关系，为了降低发动机排放污染物，必须了解这些因素对排放污染物生成的影响。

1. 空燃比

空燃比是指可燃混合气中空气质量与燃油质量之比，是发动机运转时的一个重要参数，它对尾气排放、发动机的动力性和经济性都有很大的影响。空燃比大于理论值的混合气叫作稀混合气，气多油少，燃烧完全，油耗低，污染小，但功率较小。空燃比小于理论值的混合气叫作浓混合气，气少油多，功率较大，空燃比为 16 时油耗最低，在 18 左右污染源浓度最低。因此，为了降低燃料消耗减少污染，应当尽量使用空燃比大的稀混合气，只在需要时才提供浓混合气。

2. 喷油速率及喷油提前角

喷油速率和喷油提前角是供油系统的两个主要参数，它们也是影响污染物排放的主导因素之一。这两个参数的变动，可能只降低某种污染物的排放量，却使另一种增加，即在这一过程中，改变这两个参数虽然降低了有害排放物的量，但是会使发动机的经济性及动力性下降。

(1) 喷油速率。喷油速率是指喷油器在单位时间内喷入燃烧室内的燃油量。喷油速率的变化对 CO、HC 和 NO_x 都有一定的影响。若提高喷油速率，减少喷油的持续时间，并可在喷油终点时推迟喷油，这样不仅降低 NO_x 的排放量，而且保证了发动机的动力性和燃油经济性。但是，如果喷油速率过高，会导致 HC 的排放量增加。这里所说的喷油速率增加并不是指整个过程的喷油速率的提高。初期的喷油速率不能过高，用以抑制着火后期混合气的生成量，降低初期的燃烧速率，从而降低发动机内的温度和抑制 NO_x 的生成；中期急速喷油，即通过高喷油压力和高喷油速率来加速扩散燃烧速度，这样可避免低的喷油压力和雾化质量变差带来的不完全燃烧和微粒排放的增加。

(2) 喷油提前角。喷油提前角对柴油机的 CO、HC 和 NO_x 排放的影响较大，减小喷油提前角，可降低这些污染物的排放量，但是，喷油提前角过小会使柴油机燃烧效率下降，导致 HC 和炭烟增加。

除了喷油速率和喷油提前角，供油系统的参数还有很多，如喷油压力、喷口直径、喷孔数目等。它们对污染物的排放量都有一定的影响，比如，在喷油速率和压力等因素不变时，增加喷口的直径或是减少喷孔的数目，都可以降低 NO_x 的排放量。

3. 点火提前角

在空燃比一定的情况下，点火提前角对 CO 的排放浓度影响不大，但对 HC 和 NO_x 的影响较大。延迟点火时刻，可降低燃烧最高温度，因而 NO_x 的排放量减少；同时，由于燃烧时间较长，促进氧化作用，使 HC 减少。但是延迟点火会引起功率下降和过热等问题，必须对点火提前角进行控制。在急速和减速时减小点火提前角，以减少 CO 和 HC 的生成量；中、高速时则加大点火提前角，以保证功率；发动机过热时，将点火提前角加到最大值，使转速上升，加强冷却作用直至恢复到正常温度为止。

4. 配气相位

配气相位特别是气门重叠时间对 HC 和 NO_x 的排放量影响很大。试验表明：气门重叠时间长，排气彻底，进气充足，气缸内温度低，NO_x 排放量将减少，而 HC 的增加量并不多；当气门重叠时间短时，HC 将减少，而 NO_x 却增加较多。

5. 涡轮增压

涡轮增压技术通过额外增加进气，提高了燃烧室内的压力，促进了燃油的充分燃烧，有助于减少汽车废气排放。试验研究结果表明，涡轮增压汽车的 CO 排放量约为非涡轮增压汽车的 45%；涡轮增压汽车的 NO_x 排放量只有非涡轮增压汽车的 37%；而涡轮增压汽车的 HC 排放量不足非涡轮增压汽车的 8%。

6. 发动机运转状态

汽油机的运转状态分为稳定运转状态和非稳定运转状态。稳定运转状态是指发动机的零部件、冷却液及润滑油的温度趋于平衡，发动机在恒定的转速和负荷下运转；相反，非稳定运转状态是指发动机在实际运行中，零部件、冷却液及润滑油的温度不可能恒定不变，发动机的转速和负荷也需要随时调整以适应不同的外界条件。

在稳定运转状态下影响污染物排放的主要因素是转速和负荷。转速对排放的影响较为复杂，因为转速的变化，将引起充气系数、点火提前角、混合气形成、空燃比等因素的变化。但是，当转速增加时，汽油机内的温度升高，利于燃料的燃烧，减低 CO 和 HC 的排放。但是汽油机怠速时，由于转速低、汽油雾化差、混合气很浓，CO 和 HC 的排放浓度较高；同样，随着负荷的增加对污染物排放的影响较小。

在非稳定运转状态下影响污染物的排放主要因素是冷启动、加速、减速等。冷启动时，汽油机不仅转速及温度低，而且过量空气系数小于1，致使汽油机内混合气过浓，从而导致 CO 排放浓度较高；加速时，发动机部分负荷迅速增加，使发动机内的混合气过浓，从而增加了废气的排放量；减速时，发动机由于汽车倒拖，在汽油机内，处于怠速状态，即污染物的排放量增加。

3.2.3 使用因素对汽车排放的影响

汽车使用因素包括运行环境、运行工况、汽车类型、技术状况等。

1. 运行环境的影响

汽车尾气排放程度与运行的环境有着密切的关系，当汽车行驶在高原地区时，由于海拔高度较高，气压较低，进气量不足，造成燃油混合气不均，燃油混合气得不到充分燃烧，使 CO、HC 的排放量增加。同时汽车尾气排放受大气温度的影响，低温条件下，燃料的流动性和雾化性能变差，混合气较浓，燃油混合气得不到充分的燃烧，使污染物排放浓度增加。高温条件下运行时，由于空气密度变小，而燃油的密度几乎不变，燃油系统容易产生气阻现象，混合气得不到充分燃烧，排出的 CO 将增加。

2. 运行工况的影响

汽车在城市道路运行时由于道路状况的变化，运行工况需要经常发生变化。通过实验研究发现，在污染物的排放过程中，起主导作用的是汽车的加速过程，它对污染物的分担率都在 30% 以上，个别甚至超过了 70%。这是因为汽车在加速过程中需要发动机输出功率较大，随着进气量和供油量的增大，混合气浓度增加，空燃比发生了很大变化，而且由于燃烧的不稳定，燃烧不完全，许多未燃烧的燃料直接从排气管排出，使得 CO 和 HC 排放量较大。与此同时，由于燃烧室内二氧化碳和氮气充足，而且气缸内温度的迅速增加，为 NO_x 的生成创造了有利条件，因此，加速阶段也是 NO_x 排放量较大的过程。

怠速状态下，发动机空转，缸内燃烧不完全，造成 CO 和 HC 排放量较高；与此同时，由于缸内温度较低，故 NO_x 的排放量较低。

匀速行驶燃烧较为稳定，而且缸内混合气浓度在化学当量空燃比附近，后处理效率较高，排放较低。在驾驶汽车时保持匀速行驶状态有利于减少汽车尾气排放，汽车低速行驶时会造成污染物排放量增加。研究表明，车速每增减 5 km/h，CO 和 HC 排放量在 15%~20% 变化。

3. 汽车类型的影响

汽车类型对排放影响较大。2012 年，全国客车 CO 排放量为 1838.6 万 t，HC 排放量为 197.8 万 t，NO_x 排放量为 189.4 万 t，PM 排放量为 12.7 万 t，其排放量分别占汽车排放总量的 64.2%、57.4%、32.5% 和 21.4%。进一步分析表明，微型客车的 CO、HC、NO_x 排放量分别为 135.4 万 t、14.2 万 t 和 5.9 万 t；小型客车的 CO、HC、NO_x 和 PM 排放量分别为 1316.3 万 t、130.4 万 t、53.5 万 t 和 1.8 万 t；中型客车的 CO、HC、NO_x 和 PM 排放量分别为 118.7 万 t、15.7 万 t、22.6 万 t 和 0.6 万 t；大型客车的 CO、HC、NO_x 和 PM 排放量分别为 268.2 万 t、37.5 万 t、107.4 万 t 和 10.3 万 t。

2012 年，全国货车 CO 排放量为 1026.9 万 t，HC 排放量为 147.4 万 t，NO_x 排放量为 393.5 万 t，PM 排放量为 46.5 万 t，其排放量分别占汽车排放总量的 35.8%、42.6%、67.5% 和 78.6%。进一步分析表明，微型货车的 CO、HC、NO_x 和 PM 排放量分别为 18.7 万 t、1.9 万 t、1.1 万 t 和 0.1 万 t；轻型货车的 CO、HC、NO_x 和 PM 排放量分别为 258.4 万 t、29.9 万 t、27.8 万 t 和 5.6 万 t；中型货车的 CO、HC、NO_x 和 PM 排放量分别为 162.2 万 t、27.7 万 t、77.0 万 t 和 4.9 万 t；重型货车的 CO、HC、NO_x 和 PM 排放量分别为 587.6 万 t、87.9 万 t、287.6 万 t 和 35.9 万 t。

按车型划分的 CO、HC、NO_x 和 PM 排放量分担率如图 3.6～图 3.9 所示。

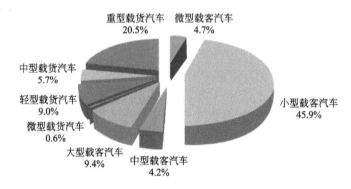

图 3.6　各类型汽车的 CO 排放量分担率

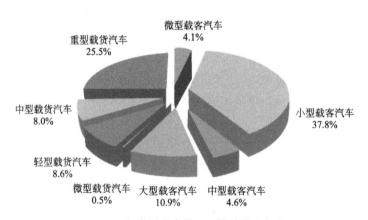

图 3.7　各类型汽车的 HC 排放量分担率

可以看出，全国客车 CO 和 HC 排放量明显高于货车，其中，轻型客车贡献率最大；而货车排放的 NO_x 和 PM 明显高于客车，其中重型货车是主要贡献者。

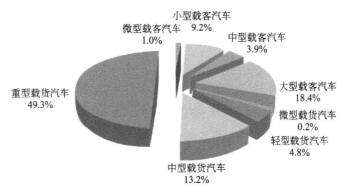

图 3.8　各类型汽车的 NO_x 排放量分担率

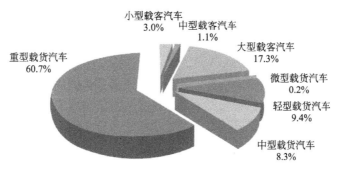

图 3.9　各类型汽车的 PM 排放量分担率

4. 汽车技术状态的影响

汽车随着使用时间的增加,技术状况逐渐变坏,导致汽车的排气污染增加,比较典型的是"黄标车"。2012 年,全国"黄标车"CO 排放量为 1503.1 万 t,占汽车排放量的 52.5%,机动车排放量的 43.3%;HC 排放量为 196.1 万 t,占汽车排放量的 56.8%,机动车排放量的 44.8%;NO_x 排放量为 339.0 万 t,占汽车排放量的 58.2%,机动车排放量的 53.0%;PM 排放量为 48.5 万 t,占汽车排放量的 81.9%,机动车排放量的 78.0%。2012 年全国"黄标车"污染物排放分担率如图 3.10 所示。

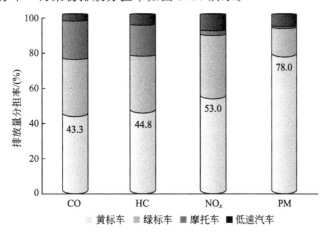

图 3.10　2012 年全国"黄标车"污染物排放分担率

2012年,全国"黄标车"保有量仅占汽车保有量的13.4%,但其排放的CO、HC、NO_x和PM分别占52.5%、56.8%、58.2%和81.9%。因此,"黄标车"污染治理是我国机动车污染防治的重点。

3.3 汽车排放控制途径

汽车排放控制可以分为机前控制、机内净化和机外后处理技术。

3.3.1 机前控制

机前控制主要是通过提高燃油品质和排放标准、使用替代燃料、发展新能源汽车等,减少污染物的生产和排放。

1. 提高燃油品质

目前,国内在用汽车排放污染所面临的并不是发动机性能问题,而是燃油质量跟不上发动机的技术发展问题,因此,强化燃油质量研究,是解决当前我国发动机与燃油之间矛盾的当务之急。如果汽车使用了不符合标准的燃油,会造车燃料消耗和尾气排放增加,还会损坏汽车排放车载诊断控制系统。

提高排放标准是控制汽车排放最有效的办法。2012年,占汽车保有量7.8%的国Ⅰ前标准汽车,其排放的4种主要污染物占排放总量的35%以上;而占保有量61.6%的国Ⅲ及以上标准汽车,其排放量还不到排放总量的30%。不同排放标准汽车的污染物排放量分担率如图3.11所示。

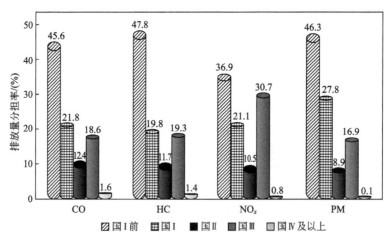

图3.11 不同排放标准汽车的污染物排放量分担率

2. 使用代用燃料

使用代用燃料是目前降低汽车排放的一条重要途径。代用燃料必须是储量或原料丰富,能满足汽车的大量需求;能量密度高,保证汽车有足够的续驶里程;污染环境少;价格低廉,比使用汽油或柴油更经济;使用安全,运输、储存方便。目前,汽车使用最多的代用燃料有醇类(甲醇、乙醇)、液化石油气和天然气。这些代用燃料对汽车的改动不大，并且有一定的使用经验，技术比较成熟。

3. 发展新能源汽车

新能源汽车主要以纯电动汽车、混合动力电动汽车、燃料电池电动汽车为主，目前面临的主要问题是提高蓄电池的性能和驱动技术及电动汽车的安全性。从目前市场形势来看，混合动力汽车和纯电动汽车已经开始进入产业化阶段，国家和地方政府制定各种优惠政策，鼓励和使用新能源汽车。为了解决能源紧张和环境污染问题，国家制定了《节能与新能源汽车产业发展规划(2012—2020年)》来推动我国新能源汽车产业的发展，通过节能与新能源汽车技术创新工程的实施，能够有效地减少汽车排放污染，对促进大气环境质量的可持续发展具有重要的意义。

电动汽车以蓄电池为驱动，在运行时几乎没有尾气排放。但电动汽车消耗的电能，如果来自燃煤发电，则火电厂由此增加的废气排放属于电动汽车间接排放的废气。如果要真正实现零排放，电动汽车的电能应来自太阳能、风能等清洁能源。

3.3.2 机内净化技术

目前，机内净化技术比较成熟，如电子控制燃油喷射系统、可变气门正时技术、废气再循环技术等。

1. 汽油机机内净化技术

汽油机机内净化技术主要是通过采用电子控制燃油喷射系统、改善燃烧状况和废气再循环系统等，减少污染物的生成和排放。

(1) 电子控制燃油喷射系统。电子控制汽油喷射系统利用各种传感器检测发动机的各种工作状态，经微机的判断、计算，使发动机在不同的工况下，均能获得合适空燃比的混合气。因为混合气浓度时刻与发动机工况相适应，燃油混合气燃烧完全，所以发动机排放的污染物浓度就低。目前，我国汽油发动机100%采用电子控制燃油喷射系统，其中绝大多数是多点电喷汽油车。而目前比较前沿的汽油机缸内直喷技术，也已经开始应用于高档轿车上。

(2) 可变气门正时技术。发动机可变气门正时技术原理是根据发动机的运行情况，调整进气或排气的量和气门开合时间、角度，使进入的空气量达到最佳，提高燃烧效率，减小燃料消耗，降低废气排放。可变气门正时可分为连续可变气门正时和不连续可变气门正时，进气可变气门正时和排气可变气门正时。国际著名汽车公司都有自己的可变气门正时技术。

(3) 进气系统改进。通过进气运动形成尽可能均匀的混合气，其对冷起动的排放控制，具有特别重要的意义。比如，采用可变进气管、螺旋进气道等措施，加强进气涡流和压缩涡流，可使燃料和空气充分混合，燃烧良好，降低有害排放。此外，增压技术可提高发动机的功率，降低排放和油耗，将成为未来低排放车用汽油机重要的技术手段。

(4) 燃烧系统优化。不同的燃烧室形状，会使汽油发动机性能有很大差别。燃烧室设计的重要原则是面容比要小，即尽可能紧凑；火花塞尽可能布置在燃烧室中央，以缩短火焰传播距离。结构紧凑的燃烧室，可直接使汽油发动机的热效率提高，CO和HC的排放降低；结合调整推迟点火提前角，也可同时降低NO_x的排放。同时采用高能点火系统、增加火花塞个数、延长火花持续时间等措施达到强化燃烧、加速燃烧以减少HC排放及节油的目的。

(5) 废气再循环技术(EGR)。废气再循环技术是把发动机排出的部分废气回送到进气管,并与新鲜混合气一起再次进入气缸。由于废气中含有大量的CO_2,而CO_2不能燃烧却吸收大量的热,使气缸中混合气的燃烧温度降低,从而抑制NO_x的生成量。废气再循环技术可降低40%~60%的NO_x生成量。

2. 柴油机机内净化技术

柴油机机内净化技术的核心是对燃烧过程进行优化,通过改进柴油机结构参数或者增加附加装置来改善燃烧性能,进而达到减少废气排放的目的。

(1) 提高喷油压力和减小喷孔直径。提高喷油压力和减小喷孔直径可明显地降低PM的排放。为了避免高压喷射导致的NO_x排放的增加,要求适当降低空气涡流运动,提高压缩比和采用可变定时燃油喷射与其相适应。高压喷油系统需要和燃烧室良好配合,以避免过多燃油喷射到气缸的冷表面,减少HC和PM中有机可溶物的排放;同时减少喷嘴压力室容积或采用无压力室喷油嘴,能使PM和HC排放大大减少;通过燃油喷射率的优化,如采用双弹簧喷油器,可降低PM和NO_x的排放。

(2) 进气系统的优化。对进气系统进行优化设计,主要目的是在提高充气效率的同时,合理组织进气涡流,以利于混合气的形成,提高燃烧速率,并尽量减少NO_x的生成。

(3) 进气涡流的优化。提高涡流比可使燃烧加速并且完全,其结果可导致缸内最高燃烧压力与温度的升高,从而使NO_x的排放明显增加;若减少进气涡流的强度虽然可减少NO_x的排放,但势必会牺牲柴油机的动力性和经济性。因此,可采用可变涡流进气道技术使涡流比在0.2~2.5变化,以兼顾柴油机在整个工况范围内各个方面的性能。但采用可变涡流进气道技术存在着结构复杂和成本较高的问题,因而限制了该技术的推广。

(4) 改进供给系统。采用电控喷油泵、电控喷嘴、电子调速器、可变涡流系统、多气门和中央配置喷油器等措施,既可改善柴油机性能,又可降低柴油机污染物排放,尤其是颗粒物PM的排放。

(5) 防止机油窜入燃烧室。由于柴油机排放的颗粒物主要是由窜入燃烧室的机油不完全燃烧造成的,所以应尽可能地减少窜机油量。防止和减少机油窜入燃烧室,应通过加强机体刚度,改善气缸盖与机体的连接,减少气缸工作面的变形,改善活塞、活塞环和气缸表面的设计,加强机油控制,减少从气门推杆泄漏机油等措施来实现。

(6) 增压中冷技术。柴油机采用进气增压技术(EGR)后,由于压缩温度升高,在动力性与经济性提高的同时,NO_x的排量也必然增加。但增压柴油机在采用中冷技术以后,增压空气在进入气缸以前被冷却,在一定程度上可以抑制NO_x的排放。废气涡轮增压提高了气缸内平均有效压力、过量空气系数和整个循环的平均温度,可使柴油机颗粒物的排放量降低50%左右,并减少CO和CH的排放。利用中冷技术,NO_x的排放量可降低60%~70%。目前,柴油机增压中冷技术在中型柴油机上应用日益广泛,小型柴油机上也逐渐采用。一些新研制的轿车柴油机上也开始采用。废气涡轮增压中冷技术的应用大大提高了汽车柴油机的动力性,改善了燃料经济性,并且还在降低汽车排放有害物、减少温室效应气体CO_2、保护环境等方面起到了重要作用。为使汽车柴油机满足更高排放法规的要求,必须采用电控可变喷嘴涡轮增压器。随着涡轮增压器技术和其他先进发动机技术的进一步发展,柴油机将会成为真正的低能耗、高环保性的汽车动力。

3.3.3 机外后处理技术

机外后处理技术主要是指发动机燃烧生成的废气排出发动机排气门后,但还未排入大气环境之前所采取的控制技术。

1. 汽油机机外后处理技术

汽油机机外后处理技术主要有三元催化转换器、曲轴箱强制通风系统和燃油蒸发排放控制系统等。

(1) 三元催化转换器。目前,安装三元催化转换器是排放控制中最为有效的方法。三元催化转换器不仅能促使 CO、HC 的氧化反应,而且能促使 NO_x 的还原反应,能同时实现 3 种有害成分的净化。

(2) 曲轴箱强制通风系统。曲轴箱强制通风系统已成为汽油机的基本配置。一般情况下,窜气量相当于气缸总排气量的 0.5%～1.0%。因窜气中含有大量未燃、不完全燃烧的 HC 和少量的 CO 等有害物,把曲轴箱排放物吸入进气管,在气缸中烧掉,可有效降低排放。

(3) 燃油蒸发排放控制系统。油箱中的燃油因受到外界热源的热辐射及从喷油器带回大量热量的回油的加热,如不加以控制,产生的 HC 量可超过 HC 总排放的 20%。燃油蒸发排放控制系统由炭罐、炭罐清洗阀和相关的管路构成。通过炭罐收集燃油蒸气,根据工况控制流量,将排放物经清洗阀导入进气管。这套系统解决了燃油蒸发排放的问题。

2. 柴油机机外后处理技术

柴油机机外后处理技术主要有柴油氧化催化器、柴油颗粒过滤器和颗粒氧化催化器等。

(1) 柴油氧化催化器(DOC)。柴油氧化催化器是安装在发动机排气管路中,通过氧化反应,将发动机排气中 CO 和 HC 转化成无害的 H_2O 和 CO_2 的装置。柴油氧化催化器也可以通过氧化吸附在碳颗粒上的 HC 来降低柴油颗粒物排放的质量。

(2) 柴油颗粒过滤器(DPF)。柴油颗粒过滤器是一种陶瓷件,用来从发动机尾气中捕捉颗粒物质。当发动机尾气处于高温时,这些被捕捉的颗粒在颗粒过滤器中被燃烧掉,生成 CO_2 排放到空气中。在发动机排气温度低的情况下,需要增加催化器来实现再生。

柴油颗粒过滤器的分类方法有两种:一是按再生种类,通常分为被动再生过滤器和主动再生过滤器。被动再生过滤器工作时不需要任何能量输入,只需要从发动机排出来的尾气所携带的热量即可。主动再生过滤器需要一个附加系统来往尾气中增加能量以提高尾气温度。被动再生过滤器的应用成本低,但是应用范围较窄,而主动再生过滤器可以用于所有柴油机。二是按有无催化分类,通常分为无催化型过滤器和有催化型过滤器。无催化型过滤器一般需要采用主动再生技术,而有催化型过滤器可以是被动再生,也可以是主动再生。目前市面上应用最多的主要有被动带催化型颗粒过滤器和主动无催化型颗粒过滤器两种。被动带催化型柴油颗粒过滤器可以降低 PM 排放 85% 左右,可以降低 HC 和 CO 排放 60%～90%;主动无催化型柴油颗粒过滤器可以降低 PM 排放 85% 左右,可以降低 HC 和 CO 排放 10%～20%。

(3) 颗粒氧化催化器(POC)。颗粒氧化催化器是一种没有堵塞现象的柴油颗粒过滤器,可以在比传统柴油颗粒过滤器背压更低的条件下,高效地降低柴油颗粒物质排放。这

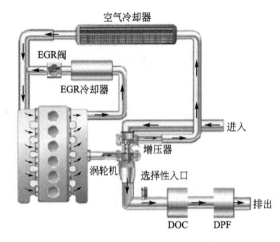

图 3.12 EGR+DOC+DPF 系统原理

种技术可以用于许多无法使用柴油颗粒过滤器的地方,如轻负荷条件和旧的柴油机。颗粒氧化催化器一般要求燃料硫含量在 50×10^{-6} 下应用,最好在 15×10^{-6} 以下。颗粒氧化催化器可以降低 PM 排放 $50\%\sim70\%$,可以降低 HC 和 CO 排放 60% 以上。

汽车排放是一个系统工程,除了提高燃油质量外,往往是机内净化和机外后处理技术相结合。例如,EGR+DOC+DPF 组合控制系统,如图 3.12 所示,是国际上常用的排放控制途径,通过 EGR 降低 NO_x 排放,通过 DOC 和 DPF 降低颗粒物。

3.4 汽车排放试验

轻型汽车排放试验依据是 GB18352.3—2005《轻型汽车污染物排放限值及测量方法(中国Ⅲ、Ⅳ阶段)》;重型汽油车排放试验依据是 GB 14762—2008《重型车用汽油发动机与汽车排气污染物排放限值及测量方法(中国Ⅲ、Ⅳ阶段)》;柴油汽车排放试验依据是 GB 3847—2005《车用压燃式发动机和压燃式发动机汽车排气烟度排放限值及测量方法》、GB 17691—2005《车用压燃式、气体燃料点燃式发动机与汽车排气污染物排放限值及测量方法(中国Ⅲ、Ⅳ、Ⅴ阶段)》。这里只介绍轻型汽车排放试验。

轻型汽油车排放试验包括常温下冷启动后排气污染物排放试验、曲轴箱污染物排放试验、蒸发污染物排放试验、污染控制装置耐久性试验、低温下冷启动后排气中 CO 和 HC 排放试验、双急速试验、车载诊断(OBD)系统试验。轻型柴油车排放试验包括常温下冷启动后排气污染物排放试验、污染控制装置耐久性试验、车载诊断(OBD)系统试验。

1. 汽车排气污染物排放试验

汽车常温下冷起动后排气污染物排放试验也称为Ⅰ型试验,是在底盘测功机上进行的,如图 3.13 所示。汽车放置在带有负荷和惯量模拟的底盘测功机上,按标准规定的运转循环、排气取样和分析方法、颗粒物取样和称量方法进行试验。试验共持续 1180s,由两部分(1 部和 2 部)组成,应不间断地完成。试验 1 部由 4 个城区循环组成,每个城区循环包含 15 个工况(急速、加速、匀速、减速等);试验 2 部由 1 个郊区循环组成,

图 3.13 汽车排放试验

该郊区循环包含 13 个工况(急速、加速、匀速、减速等)。试验期间排气被稀释,并按比例将样气收集到一个或多个袋中,在运转循环结束后进行分析,并测量稀释排气的总容积。

试验过程中不仅记录 CO、HC 和 NO_x 的排放量,也记录装压燃式发动机汽车 PM 的排放量。试验应重复三次,每一项试验结果应乘以相应的劣化系数;每次试验求得的排气污染物排放量,必须小于标准规定的限值。

2. 曲轴箱污染物排放试验

曲轴箱污染物排放试验也称为Ⅲ型试验。要求发动机曲轴箱通风系统不允许有任何曲轴箱污染物排入大气。试验分 3 种工况,试验工况 1 为急速,测功机不吸收功率;试验工况 2 为车速(50±2)km/h(3 挡或前进挡),测功机吸收的功率相当于Ⅰ型试验车速 50km/h 下的设定状况;试验工况 3 为车速(50±2)km/h(3 挡或前进挡),测功机吸收的功率相当于工况 2 的设定值乘以 1.7。在适当位置直接检测曲轴箱内的压力,如果曲轴箱内压力小于大气压,则认为汽车曲轴箱污染物排放满足要求。

3. 燃油蒸发污染物排放试验

燃油蒸发污染物排放试验也称为Ⅳ型试验,主要用于确定由于昼间温度波动、停车期间热浸和城内运转所产生的 HC。试验包括下列阶段:

(1) 由一个运转循环 1 部和一个运转循环 2 部组成的试验准备。
(2) 测定热浸损失。
(3) 测定昼间换气损失。

将热浸损失和昼间换气损失阶段测得的 HC 的排放质量相加,作为试验的总结果。

4. 污染控制装置耐久性试验

污染控制装置耐久性试验也称为Ⅴ型试验,主要是对汽车污染控制装置的耐久性进行 80000km 的老化试验。该试验可在底盘测功机上进行,也可在道路上进行。试验按标准要求的运行规范进行,从试验开始(0km),每隔 10000km(±400km)或更短的行驶里程,以固定的间隔直到 80000km,应按照规定的Ⅰ型试验,测量排气污染物,测量结果应符合Ⅰ型试验限值。

5. 低温下冷启动后排气中 CO 和 HC 排放试验

低温下冷启动后排气中 CO 和 HC 排放试验也称为Ⅵ型试验,试验在底盘测功机上进行。试验应在环境温度 266K(-7℃)下进行,试验由Ⅰ型试验 1 部的 4 个城区循环组成,共持续 780s,试验期间不得中止,并在发动机启动时开始取样。试验应进行 3 次,CO 和 HC 测得的排放量必须小于表 3-10 的限值。对于每种污染物而言,只要这 3 次试验测量结果的算术平均值小于表 3-10 规定的限值,3 次测量结果允许有 1 次的值超过限值,但不得超过该限值的 1.1 倍。

表 3-10　Ⅳ型试验的排放限值

类别	级别	基准质量(RM)/kg	CO/(g/km)	HC/(g/km)
第一类车	—	全部	15	1.8
第二类车	Ⅰ	RM≤1305	15	1.8
	Ⅱ	1305<RM≤1760	24	2.7
	Ⅲ	RM>1760	30	3.2

6. 双怠速试验

双怠速试验主要是测量常规怠速工况下的 CO 和 HC，高怠速工况下的 CO、HC 和 CO_2 并计算过量空气系数。

怠速工况是指发动机无负载运转工况，即离合器处于接合位置，变速器处于空挡位置，加速踏板处于完全松开位置。高怠速工况是指离合器处于接合位置，变速器处于空挡位置，利用加速踏板将发动机转速控制在 50% 额定转速，或制造厂技术文件中规定的高怠速转速时的工况。过量空气系数是指燃烧 1kg 燃料的实际空气量与理论上所需空气量的质量比。

（1）测量常规怠速工况下的 CO 和 HC。首先根据制造厂规定的调整状态进行测量。对每一可连续变位的调整怠速的部件，应确定足够数量的特征位置。应对各调整怠速的部件的所有可能的位置，进行排气中 CO 和 HC 含量的测量。调整怠速的部件的可能调整位置限制如下：一方面，受限于下列两数值中较大者，发动机能够达到的最低稳定转速和制造厂推荐的转速减去 100r/min。另一方面，受限于下列三数值中最小者，用怠速调整部件调出的，发动机所能达到的最高转速；制造厂推荐的转速加 250r/min；自动离合器切入的转速。取样探头放置在连接排气和取样袋的管路中，并尽可能地接近排气，将样气收集在容积合适的取样袋中。确定 CO 和 HC 的浓度。

（2）高怠速工况下的 CO、HC 和 CO_2 并计算过量空气系数。将发动机的怠速转速调整到制造厂规定的高怠速转速（应不低于 2000 r/min）。记录排气中的 CO、HC、CO_2 和 O_2 的浓度，并计算过量空气系数。

7. 车载诊断（OBD）系统试验

车载诊断（OBD）系统是指排放控制用车载诊断系统，它必须具有识别可能存在故障区域的功能，并以故障码的方式将该信息存储在电控单元存储器内。

试验在Ⅴ型耐久性试验用汽车上、Ⅴ型耐久性试验结束时进行。如果没有进行Ⅴ型耐久性试验，可使用经适当老化（经检测机构确认相当于行驶了 80000km）并具有代表性的汽车进行车载诊断系统验证试验。当失效导致排放超过表 3-11 规定的极限值时，车载诊断系统必须指示出与排放相关的失效部件或系统。

表 3-11　车载诊断系统试验的排放极限值

类别	级别	基准质量(RM)/kg	CO/(g/km) 汽油	CO/(g/km) 柴油	HC/(g/km) 汽油	HC/(g/km) 柴油	NO_x/(g/km) 汽油	NO_x/(g/km) 柴油	PM/(g/km) 柴油
第一类车	—	全部	3.2	3.2	0.4	0.4	0.6	1.2	0.18
第二类车	Ⅰ	RM≤1305	3.2	3.2	0.4	0.4	0.6	1.2	0.18
第二类车	Ⅱ	1305<RM≤1760	5.8	4.0	0.5	0.5	0.7	1.6	0.23
第二类车	Ⅲ	RM>1760	7.3	4.8	0.6	0.6	0.8	1.9	0.28

2018 年，轻型汽车排放试验依据是 GB 18352.5—2013《轻型汽车污染物排放限值及测量方法（中国第五个阶段）》。

思考题

1. 汽车排放性评价指标有哪些?
2. 影响汽车排放性的因素有哪些?
3. 汽车排放控制途径有哪些?
4. 轻型汽车排放性试验内容有哪些?

第 4 章
汽车制动性

教学目标

通过本章的学习，读者能够掌握汽车制动性的评价指标和法规要求，地面制动力、制动器制动力与地面附着力之间的关系，对制动效能进行分析，熟悉前、后制动器制动力具有固定比值的汽车在各种路面上的制动过程，了解制动力调节装置和自动防抱死系统的原理，对汽车制动性的试验内容和方法有初步的认识。

教学要求

知识要点	能力要求	相关知识
汽车制动性评价	掌握汽车制动性评价指标和法规要求	GB 7258—2012《机动车运行安全技术条件》
汽车制动时车轮受力	对制动车轮受力进行分析，掌握各种力之间的关系	制动器制动力，地面制动力，地面附着力，附着系数
汽车制动性评价指标分析	对制动距离和制动减速度进行估算，对制动效能恒定性和制动方向稳定性进行分析	汽车制动过程和制动原理
汽车制动力分配及调节	熟悉前、后制动器制动力具有固定比值的汽车在各种路面上的制动过程，了解制动力调节装置	β 线、I 曲线、f 线、r 线，同步附着系数，各种调节阀
汽车防抱死制动系统	了解汽车 ABS 的组成、作用和控制	汽车 ABS 结构与原理
汽车制动性试验	了解汽车制动性试验内容和方法	GB 21670—2008《乘用车制动系统技术要求及试验方法》

导入案例

汽车在行驶过程中要经常制动，汽车制动性能直接影响安全性，许多重大交通事故都是由汽车制动性能不良引起的，图 4.1 所示为汽车制动距离太长引发 17 辆车相撞，造成重大伤亡的交通事故的现场。如何判断汽车制动性能的好坏？如何提高汽车的制动性能，减少交通事故的发生？在不同路面条件下如何发挥汽车的最大制动性能，并保持行驶方向稳定性？通过本章的学习可以得到这些问题的答案。

图 4.1 汽车制动距离长引发连环相撞交通事故现场

汽车制动性是指汽车行驶时能在短时间内停车且维持行驶方向稳定性和在下长坡时能维持一定车速的能力。汽车制动性是汽车的重要性能之一，直接关系交通安全，重大交通事故往往与制动距离太长、紧急制动时发生侧滑和侧翻等情况有关。所以，汽车制动性是汽车行驶安全的重要保障。

4.1 汽车制动性评价

4.1.1 汽车制动性评价指标

从获得尽可能高的行驶安全的观点出发，汽车制动性主要由 3 个方面的指标来评定：制动效能、制动效能的恒定性和制动时的方向稳定性。

1. 制动效能

制动效能即制动距离与制动减速度，是指在良好路面上，汽车以一定初速度制动到停车的制动距离或制动时汽车的减速度，是制动性能最基本的评价指标。制动距离与汽车的行驶安全有直接的关系，试验测试的制动距离是指汽车空挡时以一定初速度，从驾驶人踩制动踏板开始到汽车停止为止所驶过的距离。制动距离与制动踏板力及路面附着条件有关。制动减速度反映了地面制动力，因此它与制动器制动力(车轮滚动时)及附着力(车轮抱死拖滑时)有关。由于各种汽车动力性不同，对制动效能的要求也就不同：一般轿车、轻型货车的行驶速度高，所以要求其制动效能也高；而重型货车行驶速度相对较低，其制动效能的要求也就稍低一些。

轿车一般用在良好路面条件下，以 100km/h 的初速度制动到停车的最短距离来表示制动距离。图 4.2 所示为 8 款汽车 100km/h～0 的制动距离。轿车一般制动距离小于 42m 为优秀，制动距离 42～45m 为合格，制动距离大于 45m 为较差。

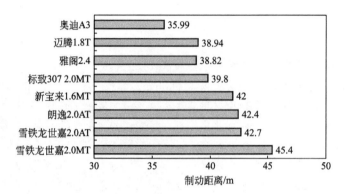

图 4.2　8 款汽车 100km/h～0 的制动距离对比

制动初速度对制动距离有较大影响，图 4.3 所示为某汽车初速度不同时的制动距离，可以看出，初速度越高，制动距离越长。

2. 制动效能的恒定性

制动效能的恒定性主要是指抗热衰退能力和抗水衰退能力。

汽车制动过程实际上是把汽车行驶的动能通过制动器吸收转化为热能，汽车在繁重的工作条件下（如下长坡长时间、连续制动）制动时或高速制动时，制动器温度常在 300℃ 以上，有时甚至达到 600～700℃，制动器温度上升后，摩擦力矩将显著下降，这种现象就称为制动器的热衰退。所以制动器温度升高后，能否保持冷状态时的制动效能已成为设计制动器时要考虑的一个重要问题。汽车在高速行驶或下长坡连续制动时制动效能保持的程度，称为抗热衰退性能。制动器抗热衰退性能一般用一系列连续制动时制动效能的保持程度来衡量。制动器抗热衰退性能与制动器材料和制动器的结构形式有关。

汽车抗热衰退性能一般用连续制动进行测试，图 4.4 所示为某 SUV 汽车连续制动 10 次的制动距离变化情况。可以看出，该车连续制动 10 次，制动距离变化不大，说明该汽车抗热衰退性能较好。

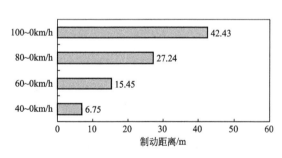

图 4.3　制动初速度对制动距离的影响

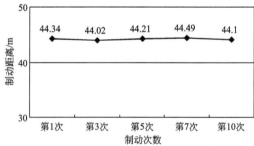

图 4.4　某 SUV 汽车连续制动试验

当汽车涉水后，因水进入制动器，短时间内制动效能的降低，称为水衰退现象。

3. 汽车制动时的方向稳定性

汽车制动时不发生跑偏、侧滑及失去转向能力的性能，即汽车在制动过程中维持直线行驶或按预定弯道行驶的能力称为汽车制动时的方向稳定性。制动过程中，有时会出现制动跑偏、后轴侧滑或前轮失去转向能力而使汽车失去控制离开原来的行驶方向,甚至发生撞入对方汽车行驶轨道、下沟、滑下山坡的危险情况。

汽车制动时的方向稳定性常用制动时汽车按给定路径行驶的能力来评价。若制动发生跑偏、侧滑或失去转向能力,则汽车将偏离原来的路径。

4.1.2 标准对汽车制动性评价指标的要求

汽车制动性能关系交通安全,为了确保汽车能够安全行驶,很多国家都颁布了各自的汽车制动标准。这些标准都明确规定了各类车型要经过严格的认证程序,达到一定的性能和结构要求,不符合标准要求的汽车,不允许在市场上销售,不允许在道路上行驶。

汽车制动分为行车制动、应急制动和驻车制动。

1. 行车制动性能要求

1) 用制动距离检验行车制动性能

汽车制动性能应满足 GB 7258—2012《机动车运行安全技术条件》的规定,在平坦、硬实、清洁、干燥且轮胎与地面间的附着系数大于或等于 0.7 的混凝土或沥青路面上,汽车以规定的初速度进行制动时的制动距离和制动稳定性要求见表 4-1。制动距离是指汽车在规定的初速度下急踩制动踏板时,从脚接触制动踏板时起至汽车停住时止汽车驶过的距离;制动稳定性要求是指制动过程中汽车的任何部位不超出规定宽度的试验通道的边缘线,它是对汽车制动方向稳定性的检验。

表 4-1 汽车制动距离和制动稳定性要求

汽车类型	制动初速度/(km/h)	空载制动距离/m	满载制动距离/m	试验通道宽度/m
乘用车	50	≤19	≤20	2.5
总质量不大于 3500kg 的低速货车	30	≤8	≤9	2.5
其他总质量不大于 3500kg 的汽车	50	≤21	≤22	2.5
铰接客车、汽车列车	30	≤9.5	≤10.5	3.0
其他汽车	30	≤9.0	≤10.0	3.0

2) 用充分发出的平均减速度检验行车制动性能

汽车在规定的初速度下急踩制动踏板时充分发出的平均减速度为

$$d_m = \frac{u_1^2 - u_2^2}{25.92(S_1 - S_2)} \quad (4-1)$$

式中,d_m 为充分发出的平均减速度(m/s²);u_0 为汽车制动初速度(km/h),$u_1 = 0.8u_0$ 为试验速度(km/h);$u_2 = 0.1u_0$ 为试验速度(km/h);S_1 为试验速度从 u_0 到 u_1 之间汽车行驶的距离(m);S_2 为试验速度从 u_0 到 u_2 之间汽车行驶的距离(m)。

汽车在规定的初速度下急踩制动踏板时充分发出的平均减速度及制动稳定性要求见表 4-2。

表 4-2　汽车制动减速度和制动稳定性要求

汽车类型	制动初速度/(km/h)	空载平均减速度/(m/s²)	满载平均减速度/(m/s²)	试验通道宽度/m
乘用车	50	≥6.2	≥5.9	2.5
总质量不大于3500kg的低速货车	30	≥5.6	≥5.2	2.5
其他总质量不大于3500kg的汽车	50	≥5.8	≥5.4	2.5
铰接客车、汽车列车	30	≥5.0	≥4.5	3.0
其他汽车	30	≥5.4	≥5.0	3.0

3）制动踏板力或制动气压要求

进行制动性能检验时的制动踏板力或制动气压应符合以下要求。

（1）满载检验时。

气压制动系统：气压表的指示气压≤额定工作气压。

液压制动系统：乘用车踏板力≤500N；其他机动车踏板力≤700N。

（2）空载检验时。

气压制动系统：气压表的指示气压≤600kPa。

液压制动系统：乘用车踏板力≤400N；其他机动车踏板力≤450N。

汽车制动踏板力或制动气压满足上述要求且路试行车制动性能符合表 4-1 或表 4-2 的规定，则该汽车的行车制动性能为合格。

2. 应急制动性能要求

汽车在空载和满载状态下，按表 4-3 所列初速度进行应急制动性能检验，应急制动性能应符合表 4-3 的要求。

表 4-3　汽车应急制动性能要求

机动车类型	制动初速度/(km/h)	制动距离/m	充分发出的平均减速度/(m/s²)	允许操纵力应小于等于/N	
				手操纵	脚操纵
乘用车	50	≤38.0	≥2.9	400	500
客车	30	≤18.0	≥2.5	600	700
其他汽车	30	≤20.0	≥2.2	600	700

3. 驻车制动性能要求

在空载状态下，驻车制动装置应能保证机动车在坡度为20%（对总质量为整备质量的1.2倍以下的机动车为15%）、轮胎与路面间的附着系数大于或等于0.7的坡道上正、反两个方向保持固定不动，时间应不大于5min。

4.2　汽车制动时车轮受力

汽车制动时车轮受力情况对其制动性能有直接影响。汽车鼓式制动器系统工作原理如图 4.5 所示。

1. 制动器制动力

当驾驶人踩下制动踏板时，踏板上的力通过传动机构到各制动车轮的轮缸，驱使车轮内制动器中元件形成摩擦力矩阻止车轮转动，称这种作用在车轮上的摩擦力矩为制动器制动力矩。由于车轮与路面间有附着作用，车轮对路面作用一个向前的周缘力，称为制动器制动力，即

$$F_b = \frac{M_b}{R} \qquad (4-2)$$

式中，F_b 为制动器制动力；M_b 为制动器制动力矩；R 为车轮半径。

制动器制动力是由制动系统的设计参数所决定的，即取决于制动器型式、结构尺寸、摩擦系数、轮缸压力、车轮半径等。

对于一辆具体汽车，制动器制动力的大小主要取决于驾驶人的踏板力，与踏板力成正比，但与路面附着条件无关。

图4.6所示为某汽车制动器制动力与踏板力的关系曲线，图中 F_p 为踏板力。

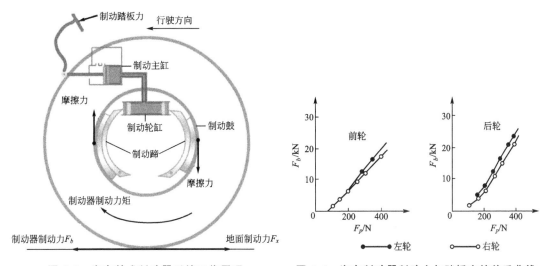

图 4.5　汽车鼓式制动器系统工作原理　　图 4.6　汽车制动器制动力与踏板力的关系曲线

2. 地面制动力

车轮制动时，路面对车轮作用一个向后的作用力，称为地面制动力，它既取决于制动器制动力的大小，又取决于轮胎与地面之间的附着力。

对于一辆具体汽车，地面制动力的大小既取决于驾驶人的踏板力的大小，又受路面附着条件的限制。如果轮胎在地面上已经打滑，继续增加踏板力，地面制动力也不会增加。

地面制动力是使汽车制动而减速的外力，其计算公式为

$$F_x = \frac{M_b}{R} \leqslant F_\mu = \mu F_z \qquad (4-3)$$

式中，F_x 为地面制动力；F_μ 为地面附着力；F_z 为地面垂直反作用力；μ 为附着系数。

最大地面制动力为

$$F_{x\max} = \mu F_z \qquad (4-4)$$

3. 地面制动力与制动器制动力之间的关系

汽车制动过程中地面制动力、制动器制动力及地面附着力之间的关系如图 4.7 所示。图中 F_p 为踏板力，p 为制动系统压力。

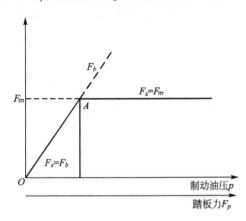

图 4.7 制动过程中地面制动力、制动器制动力及附着力的关系

在汽车制动过程中，当制动踏板力比较小，即制动器中摩擦力矩较小时，地面与轮胎之间产生的地面制动力足以克服制动器中摩擦力矩而使车轮滚动，此时，地面制动力等于制动器制动力且随踏板力增长成正比关系增长。当制动踏板力增加到某一值，地面制动力的大小达到附着力时，车轮就会开始抱死。如果继续增加制动踏板力，地面制动力受地面附着力限制不再增长，制动器制动力由于摩擦力矩的增长而仍按直线关系继续上升。

地面制动力与制动器制动力的关系为

$$F_x = F_b \quad （车轮滚动）$$
$$F_x \neq F_b \quad （车轮抱死） \quad (4-5)$$

由此可见，汽车的地面制动力首先取决于制动器制动力，但同时又受地面附着条件的限制，所以只有汽车具有足够的制动器制动力，同时地面又能提供高的附着力时，才能获得足够的地面制动力。

4. 地面附着系数与车轮滑移率的关系

车轮制动过程中的运动状态可以分为 3 种，即纯滚动、边滚边滑、纯抱死拖滑。随着制动强度的增加，车轮滚动成分越来越少，而滑移成分越来越多。一般用滑移率来说明制动过程中滑移成分的多少。滑移率的定义式如下

$$s = \frac{u_w - \omega_w R_0}{u_w} \times 100\% \quad (4-6)$$

式中，s 为车轮滑移率；u_w 为车轮中心速度；ω_w 为车轮角速度；R_0 为没有地面制动力时的车轮滚动半径。

在纯滚动时，$s=0$；在纯抱死拖滑时，$s=100\%$；边滚边滑时，$0<s<100\%$。因此，滑移率的数值代表了车轮运动中滑移成分所占的比例，滑移率越大，滑移成分越多。

不同滑移率时，附着系数是不一样的。图 4.8 所示车轮附着系数与滑移率的关系曲线，即 μ-s 曲线。图 4.8 除给出了纵向附着系数曲线外，还给出了侧向附着系数曲线。侧向附着系数是研究制动时侧向稳定性有关的参数。

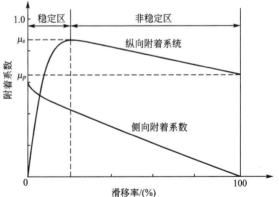

图 4.8 车轮附着系数与滑移率的关系曲线

图 4.8 中，附着系数的最大值称为峰值附着系数，用 μ_s 表示，一般出现在 15%~20% 的最佳滑移率范围内。滑移率为 100% 所对应的附着系数称为滑移附着系数，用 μ_p 表示。

在非制动状态(滑移率为 0)下，纵向附着系数等于 0；在制动状态下，滑移率达到最佳滑移率时，纵向附着系数最大，在此之前的区域为稳定区域；之后，随着滑移率的增大纵向附着系数反而减少，侧向附着系数也下降很快，汽车进入不稳定区域，特别是当滑移率为 100% 时，侧向附着系数接近于 0，也就是汽车不能承受侧向力，这是很危险的。所以应将纵向滑移率控制在稳定区域内。纵向附着系数大，地面制动力大，制动距离短；侧向附着系数大，地面作用于车轮的侧向力大，方向稳定性好。因此，制动时如果滑移率保持在最佳滑移率氛围内，就可获得较大的纵向附着系数和侧向附着系数，从而保证汽车的制动性能和侧向稳定性能。

附着系数的大小取决于道路的材料，路面状况，轮胎的结构、胎面花纹和材料，以及汽车行驶速度等因素。

4.3 汽车制动性评价指标分析

汽车制动性评价指标包括制动效能、制动效能的恒定性和制动时汽车的方向稳定性。

4.3.1 汽车制动效能

汽车制动效能是指汽车迅速降低车速直至停车的能力，一般用制动距离和制动减速度来评价。

制动效能最直观的评价指标就是制动距离，即从驾驶人接触制动操纵装置(制动踏板)到汽车停止为止，汽车驶过的距离。

图 4.9 所示为汽车制动过程中踏板力、减速度、速度、距离随时间的变化。汽车制动过程可以分为 4 个时间段，驾驶人反应时间 t_1、制动器协调时间 t_2、制动器作用时间 t_3 和制动器持续时间 t_4。

驾驶人反应时间 t_1 是指从驾驶人接到制动信号到把脚力加到制动踏板上所经历的时间。其中包括驾驶人接到制动信号并做出决定、把脚从加速踏板换到制动踏板上、消除制动踏板的间隙等所需要的时间，一般需要 0.4~1.5s，这与驾驶人反应快慢有关。在这段时间里，减速度为零，车速为原来的初速度 u_0，行驶距离 S_1 等于初速度乘以驾驶人反应时间，即

$$S_1 = u_0 t_1 \tag{4-7}$$

制动器协调时间 t_2 是指驾驶人从施加踏板力开始到产生制动力，从而产生负加速度的时间，其中包括消除各铰链和轴承间隙的时间，以及制动摩擦片完全贴靠在制动鼓或制动盘上需要的时间，t_2 的大小与制动器型式有关，液压制动系统取 0.015~0.03s；气压制动系统取 0.05~0.06s。在这段时间里，减速度仍为零，车速仍为初速度 u_0，行驶距离 S_2 等于初速度乘以制动器协调时间，即

$$S_2 = u_0 t_2 \tag{4-8}$$

制动器作用时间 t_3 是指减速度从零增加到最大值 $a_{j\max}$ 所需的时间，在这段时间里，汽车做变减速运动，任一时刻减速度为

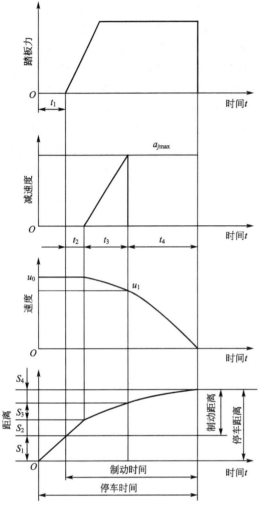

图 4.9 汽车制动过程

$$\ddot{x} = \frac{a_{j\max}}{t_3}t \quad (4-9)$$

速度为

$$u = u_0 + \int \frac{a_{j\max}}{t_3}t\,dt = u_0 + \frac{a_{j\max}}{2t_3}t^2 \quad (4-10)$$

制动器作用时间 t_3 内行驶的距离 S_3 为

$$S_3 = \int_0^{t_3} u\,dt = u_0 t_3 + \frac{a_{j\max}}{6}t_3^2 \quad (4-11)$$

制动器持续时间 t_4 是指制动减速度保持一段最大值的时间。在这段时间里，汽车做匀减速运动，而 u_1 是这段时间始端速度，也就是 t_3 时间的末端速度，由式(4-10)得

$$u_1 = u_0 + \frac{a_{j\max}}{2}t_3 \quad (4-12)$$

制动器持续时间 t_4 内行驶的距离 S_4 为

$$S_4 = \frac{-u_1^2}{2a_{j\max}} = -\frac{u_0^2}{2a_{j\max}} - \frac{a_{j\max}}{8}t_3^2 - \frac{u_0 t_3}{2} \quad (4-13)$$

由式(4-8)、式(4-11)和式(4-13)，得总的制动距离 S 为

$$S = S_2 + S_3 + S_4 = u_0\left(t_2 + \frac{t_3}{2}\right) - \frac{u_0^2}{2a_{j\max}} + \frac{a_{j\max}}{24}t_3^2 \quad (4-14)$$

一般情况下，t_3 较小，故可略去其平方项 $\frac{a_{j\max}}{24}t_3^2$，若速度单位为 km/h，时间单位为 s，则总的制动距离 S(m)为

$$S = \frac{1}{3.6}\left(t_2 + \frac{t_3}{2}\right)u_0 - \frac{u_0^2}{25.92 a_{j\max}} \quad (4-15)$$

由此可见，决定汽车制动距离的因素是：制动器协调时间和作用时间、最大制动减速度(一般受附着力限制，如果制动器制动力不足的话就是制动器制动力)和起始制动车速。制动器协调时间和作用时间短，则制动距离短；最大制动减速度大，则制动距离短；起始制动速度高，则制动距离长。图 4.10 所示为某汽车在不同起始车速下的制动距离，由于制动距离与速度的平方成正比，所以速度增加时，制动距离增加较大。

因此，在制动初速度和路面条件给定的条件下，缩短制动器协调时间和作用时间能缩短制动距离，提高汽车的制动效能。

汽车最大制动减速度为

$$a_{j\max} = F_{x\max}/m \quad (4-16)$$

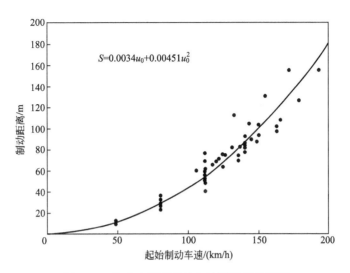

图 4.10 汽车在不同起始车速下的制动距离

式中，$F_{x\max}$ 为汽车能够产生的最大地面制动力；m 为汽车质量。

最大地面制动力与附着力及制动系统是否有防抱死装置有关。若允许汽车前、后轮同时抱死，则汽车最大制动减速度为

$$a_{j\max} = \mu_s g \qquad (4-17)$$

式中，μ_s 为滑移附着系数。

若装有理想的制动防抱死装置来控制汽车的制动，则汽车最大制动减速度为

$$a_{j\max} = \mu_p g \qquad (4-18)$$

式中，μ_p 为峰值附着系数。

汽车制动时，一般不希望任何车轴上的制动器抱死，故 $a_{j\max} < \mu_s g$。

为了评价地面附着系数的利用程度，定义制动强度与峰值附着系数之比为附着系数利用率，即

$$\varepsilon = \frac{z}{\mu_p} \leqslant 1 \qquad (4-19)$$

ε 最大时为 1，此时 $z = \mu_p$；$\varepsilon < 1$ 时，$z < \mu_p$。只有所有车轮都是在峰值附着系数下制动，才能使 $\varepsilon = 1$，这是一种理想状况。

4.3.2 汽车制动效能的恒定性

汽车制动效能的恒定性是指制动器抗热衰退和水衰退的一种性能。

前述制动效能指标是在冷制动下，即制动器温度在 100℃ 以下讨论的。汽车下长坡制动及汽车高速制动时，制动器的工作温度常在 300℃ 以上，有时竟高达 600~700℃。这使制动器的摩擦系数下降，汽车的制动效能降低，这种现象称为制动效能的热衰退现象。

图 4.11 所示为制动器温度对摩擦系数和制动力的影响。

制动器的抗热衰退性能与制动器的结构形式密切相关，图 4.12 所示为不同结构形式的制动器在不同摩擦系数时，制动效能因数的变化情况。制动效能因数是单位制动轮缸推力所产生的制动器摩擦力。

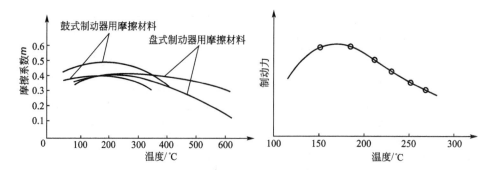

图 4.11 制动器温度对摩擦系数和制动力的影响

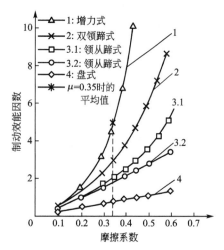

图 4.12 制动器制动效能因数曲线

从图 4.12 可以看出,鼓式制动器的优点是制动效能大,但是稳定性差,随着摩擦系数的降低,制动效能因数急剧下降。相反,盘式制动器的制动效能因数并不高,但稳定性好,受热后摩擦系数虽然下降,但制动效能因数变化并不大。

为了提高汽车制动效能的恒定性,规定车长大于 9m 的客车(对专用校车为车长大于 8m)、总质量大于或等于 12000kg 的货车和专项作业车、所有危险货物运输车,应装备辅助制动装置以弥补由于主制动器热衰退而损失的制动效能。目前,盘式制动器的应用越来越广泛。

制动器的抗热衰退性能还与摩擦材料有关。目前摩擦材料主要有金属基摩擦材料、半金属基摩擦材料、非金属基摩擦材料、工程陶瓷基复合摩擦材料等。金属基摩擦材料使用寿命长,工作可靠性高,多在一些重型货车和坡多路陡的山区行驶车辆上使用,但是由于其具有价格高,制造工艺复杂,制动噪声大,对制动盘的擦伤和磨损大等缺点,其应用受到了限制。半金属基摩擦材料是在有机摩擦材料与传统粉末冶金摩擦材料的基础上发展起来的一种新型制动摩擦材料,它采用金属纤维或金属非金属复合纤维替代石棉纤维生产制动摩擦材料,多数汽车采用该类制动摩擦材料,其组成决定其有优良的综合摩擦学特性,但它也存在钢纤维容易生锈,锈蚀后对制动盘磨损严重,摩擦系数稳定性降低等缺点。非金属基制动摩擦材料是近几年为适应汽车高速化、轻型化的要求而开发的新型摩擦材料,如炭/炭复合摩擦材料和陶瓷基复合摩擦材料。炭/炭复合摩擦材料是用碳纤维增强碳基体的一种功能性复合材料,它的摩擦性能十分优异,具有高强度、高韧性及优良的抗摩擦性能。与传统的金属材料相比,质量减轻约 40%,能耐 2000℃以上高温且物理性能衰减缓慢,在制动过程中其摩擦系数稳定适中,目前,飞机和赛车都采用了炭/炭复合摩擦材料。但也存在摩擦系数不稳定,抗氧化性能差,价格昂贵等缺点。

目前改善抗衰退性能的方案有两种:一种从配方设计入手,尽量选择耐高温性能好的原材料,包括对树脂进行改性、减少有机树脂在摩擦材料中的质量分数、添加某些填料、在摩擦材料中添加导热率高的金属填料及高比热容的非金属填料;另一种是从工艺入手,选择合适的烧蚀工艺。

抵抗热衰退的能力，常用一系列连续制动后，制动效能与冷制动时相比较下降的程度来表示。制动器的热衰退与制动器摩擦副材料及制动器结构有关。

根据国家标准 GB 21670—2008《乘用车制动系统技术要求及试验方法》，满载汽车以规定车速连续进行"制动—解除制动"操作 15 次，每次制动减速度为 $3m/s^2$，最后的热态制动性能不应低于规定性能的 75%（对应的制动距离为 $0.1u+0.008u^2$，充分发出的平均减速度为 $4.82m/s^2$），也不应低于冷态试验数据的 60%。

制动效能恒定性的另一重要内容是要减少制动器涉水引起制动效能下降的水衰退现象，汽车应该在短时间内迅速恢复原有的制动效能。盘式制动器的制动盘在旋转时容易将所沾的水甩出，而且制动块压力高，容易将摩擦片上的水分挤出，因此，盘式制动器水衰退现象比鼓式制动器少。

4.3.3 汽车制动时的方向稳定性

汽车制动时，有时会出现制动跑偏、后轴侧滑或前轮失去转向能力而使汽车失去控制偏离原来的行驶方向发生危险，汽车制动时失去方向稳定性是造成重大交通事故的主要原因之一。故从汽车设计角度就要尽量避免汽车制动时方向不稳定现象出现。

1. 汽车制动跑偏

制动跑偏是指汽车直线行驶，转向盘固定不变的条件下，制动过程中汽车发生自行向左侧或右侧偏驶的现象。

制动跑偏的原因主要有以下几个方面。

(1) 汽车的左、右车轮特别是前轴左、右车轮(转向轮)制动器的制动力不相等或同一时间内制动力增长的快慢不一致。

当汽车紧急制动时，一侧车轮已经抱死，另一侧车轮只是减速而不能抱死，这时产生的制动力不相等，汽车偏驶向车轮抱死的一侧，从制动轮与地面的拖痕来看，可看到一边拖痕很深而另一边拖痕很浅，甚至没有拖痕。

当汽车利用点制动或半脚制动减速时，制动器产生的制动力在制动过程中增长的快慢不一致，一侧车轮减速快而另一侧车轮减速却很慢，汽车在减速过程中明显偏向车轮减速快的一侧。

制动器制动力受制动器结构决定，取决于制动器的形式、结构尺寸、制动器摩擦副的摩擦系数等。

(2) 汽车左右载荷分布不均。制动力增长快慢一致的情况下承受载荷小的车轮必然先抱死，而承受载荷大的车轮由于惯性的作用必然后抱死，故而出现制动跑偏的现象。这种现象在汽车装载的情况下才会较明显，空载的情况下一般不会发生。造成的主要原因是：车架变形；减振器损坏；钢板弹簧变形、折断、疲劳；悬挂系统的导杆或平衡杆变形等。当然汽车在装载的过程中，人为地将货物堆放不均匀，也将造成汽车左右轮载荷分布不均而导致制动跑偏。

(3) 前轮定位不正确。前轮定位不正确将造成转向轮"发摆"、转向自动"跑偏"、轮胎异常磨损等，破坏了汽车行驶的稳定性，在制动时也将造成制动跑偏。造成的主要原因是：车架变形、悬挂系统损坏变形、前轴变形、转向节松旷及前束调整不当等。汽车在严重超载的情况下，使车架变形、弹簧钢板的弧度发生较大变化，也将造成前轮定位不正确，引起制动跑偏。这种现象应当引起驾驶人的高度重视，以免造成交通事故。

(4) 前后轴移位(左右轴距差过大)。车架变形、前后轴弹簧钢板的U型螺栓松动、弹簧钢板中心螺栓折断等都可能造成前后轴移位(左右轴距差过大)，导致汽车在直线行驶和制动时均出现跑偏现象。

(5) 轮胎的影响。汽车要实现制动，不仅需要有足够的制动力，而且需要轮胎与地面之间有足够的附着系数，如果同轴上的轮胎气压、花纹、磨损程度不一致，轮胎的附着系数就不同，可造成制动跑偏。而同一轴上的轮胎规格不一致(直径大小不相等)，导致左右轮产生的制动力不相等，也将造成制动跑偏。

(6) 道路条件的影响。制动时要求车轮与路面要有足够的附着系数，由于路面泥泞、凹凸不平、偏斜等原因，汽车制动时也将出现制动跑偏。

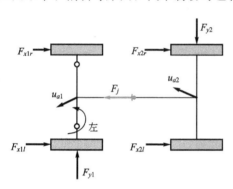

图 4.13 汽车制动跑偏时的受力图

图 4.13 是汽车制动跑偏时的受力图。设左前轮的制动器制动力大于右前轮，则左前轮地面制动力大于右前轮，即 $F_{x1l} > F_{x1r}$，它们对各自主销形成的力矩不相等且方向相反。由于转向系统中存在间隙和杆件弹性的影响，即使转向盘不动，也会使转向轮向转向力矩大的方向偏转一个角度，使汽车有轻微跑偏。左右车轮制动力不相等，还会引起前后轴上产生侧向反作用力 F_{y1} 和 F_{y2}，当转向轮主销有后倾时，F_{y1} 会对转向轮产生一同方向的偏转力矩，使跑偏量加大。

2. 汽车制动侧滑

汽车制动侧滑是指汽车制动时某一轴的车轮或两轴的车轮发生横向滑移的现象。汽车在紧急制动时，地面的制动力很大，而车轮能承受的侧向力很小，当地面的制动力等于车轮的附着力时，车轮达到抱死状态，车轮不发生侧滑而能承受的侧向力为零。这时候，只要使车轮受到一点侧向力，都会引起汽车沿侧向力方向的滑移。

从理论上讲，汽车在紧急制动时，经常会出现某一轴的侧滑，发生的侧滑与汽车类型和承载有关。载重汽车满载时，由于后轴载荷远大于前轴载荷，因此，后轮的制动力大于前轮的制动力；而空载时因后轴载荷大大减轻，车轮的附着力大大减小，但后轮制动力未变，以致后轴车轮抱死，产生侧滑。轿车行驶速度快，在紧急制动时后轴的载荷前移，使后轮的附着力减小，如果没有安装ABS，后轴车轮也容易抱死产生侧滑。汽车行驶时最危险的现象是在高速制动时后轴发生侧滑，这时汽车常发生不规则的急剧回转运动，使之部分或完全失去操纵。

汽车制动时发生侧滑现象，除了与汽车本身的技术状况有关外，还与道路的条件及气候有关，在雨、雪等气候条件下，地面的附着系数降低，汽车的地面附着力下降，汽车容易产生侧滑。制动侧滑使汽车偏离行驶方向，往往会造成行车事故，对汽车的安全行驶有很大的危害。

图 4.14 和图 4.15 分析了汽车前轮抱死侧滑和后轮抱死侧滑的两种运动情况。

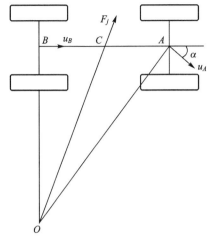
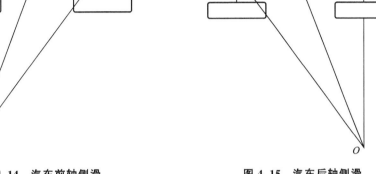

图 4.14　汽车前轴侧滑　　　　　　　图 4.15　汽车后轴侧滑

图 4.14 所示为前轮抱死侧滑而后轮滚动。当转向盘固定不动时，前轴如果受侧向力作用将发生侧滑，因此前轴中点 A 的前进速度 u_A 与汽车纵轴线的夹角为 α，后轴中点 B 的前进速度 u_B 因后轴未发生侧滑而仍沿汽车纵轴线方向，这时汽车将发生类似转弯的运动，其瞬时回转中心是速度 u_A 和 u_B 两垂线的交点 O，汽车作圆周运动时产生了作用于质心 C 的惯性力 F_j。惯性力 F_j 的方向与前轴侧滑的方向相反，F_j 的作用能减小或阻止前轴侧滑，促使汽车趋向稳定。前轮抱死时，侧向附着系数为零，虽然转动转向盘可使前轮偏转，但不能产生地面对前轮的侧向反作用力，结果前轮只能沿汽车纵轴线滑移，而整车不能转向，丧失转向能力。

图 4.15 所示为前轮滚动而后轮抱死侧滑。如果有侧向力作用，后轴将发生侧滑，汽车后轴中心 B 点的速度 u_B 与汽车纵轴线的夹角为 α，前轴中点 A 的速度 u_A 仍沿汽车纵轴线方向，这时汽车也将发生转向运动，作用于质心 C 的惯性力 F_j 与后轴的侧滑方向一致，惯性力 F_j 加剧后轴侧滑，后轴侧滑又进一步加剧惯性力 F_j 增大，汽车产生急剧转动，形成一种不稳定工况，如不加以控制，转弯半径将越来越小，惯性力越来越大，甚至导致翻车重大事故，所以是一种危险工况。

影响汽车制动侧滑的主要因素有制动的初速度、地面附着系数、总制动力分配系数及作用在汽车上的力，可以说，正常行驶的情况下，制动的初速度越高，地面附着系数越小，后轴侧滑发展得越急剧。

为了保证汽车制动时的方向稳定性，首先不希望出现后轮抱死或后轮先于前轮抱死的情况，以防止危险的后轴侧滑；其次也不希望出现前轮抱死或前后轮都抱死的情况，以维持汽车的转向能力，最理想的情况是防止任何车轮抱死，前后车轮处于滚动状态。

4.4　汽车制动力分配及调节

汽车前、后制动器制动力的分配比例，将影响制动时前后轮的抱死顺序，从而影响汽车制动时的方向稳定性和附着系数利用率。

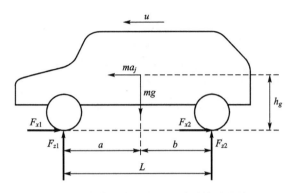

图 4.16 汽车在水平路面制动时的受力情况

图 4.16 所示为汽车在水平路面制动时的受力情况。图中忽略了汽车的滚动阻力矩、空气阻力及旋转质量减速时产生的惯性阻力矩。u 为汽车行驶速度；F_{x1} 为汽车前轮地面制动力；F_{x2} 为汽车后轮地面制动力；F_{z1} 为地面对前轮的法向反作用力；F_{z2} 为地面对后轮的法向反作用力；a_j 为制动减速度；L 为汽车轴距；a 为汽车质心至前轴距离；b 为汽车质心至后轴距离；h_g 为汽车质心高度；m 为汽车质量。

汽车制动时动力学方程式为

$$ma_j = Gz = F_{x1} + F_{x2}$$
$$F_{z1}L = Gb + F_j h_g$$
$$F_{z2}L = Ga - F_j h_g \tag{4-20}$$

式中，G 为汽车总重力；$z = a_j/g$ 为制动强度，它间接地表示汽车制动减速度的大小。

由式(4-20)得地面对汽车前、后轮的法向反作用力分别为

$$F_{z1} = \frac{G(b+zh_g)}{L}$$
$$F_{z2} = \frac{G(a-zh_g)}{L} \tag{4-21}$$

式(4-21)表示前、后轮法向反作用力是制动强度的函数，其分配比例随制动强度的大小而变。前轮法向反作用力随制动强度的增大而增大，后轮法向反作用力随制动强度的增大而减小。

4.4.1 汽车理想制动力分配

汽车理想制动力分配是指在任何附着系数的路面制动时，前后轮的制动强度相同；在紧急制动时，前后车轮同时抱死，总制动力和减速度达到最大，此时的前后制动器制动力分配，就是制动系统设计的理想目标。

在任意附着系数 μ 的路面上，前、后车轮同时抱死的条件是：前、后车轮制动器制动力之和等于附着力，并且前、后车轮制动器制动力分别等于各自的附着力。即

$$F_{b1} + F_{b2} = \mu G$$
$$F_{b1} = \mu F_{z1}$$
$$F_{b2} = \mu F_{z2} \tag{4-22}$$

式中，F_{b1} 和 F_{b2} 分别为前、后制动器制动力；F_{z1} 和 F_{z2} 分别为前、后轮法向反作用力。

前、后轮制动器制动力同时达到前、后轴的附着力时，其制动强度等于地面附着系数，即 $z = z_{\max} = \mu$。将式(4-21)代入式(4-22)得

$$F_{b1} + F_{b2} = \mu G$$
$$\frac{F_{b1}}{F_{b2}} = \frac{b + \mu h_g}{a - \mu h_g} \tag{4-23}$$

消去式(4-23)中的参变量 μ，即得

$$F_{b2}=\frac{1}{2}\left[\frac{G}{h_g}\sqrt{b^2+\frac{4Lh_g}{G}F_{b1}}-\left(\frac{Gb}{h_g}+2F_{b1}\right)\right]=I(F_{b1}) \qquad (4-24)$$

式(4-24)直接表达了在一定附着系数 μ 值下，前、后轮制动器制动力的理想分配关系。将式(4-24)画成的曲线，即为前、后车轮同时抱死时，前、后轮制动器制动力的关系曲线称为理想的前、后轮制动器制动力分配曲线，简称 I 曲线。

I 曲线可利用作图法直接获得，方法如下。

(1) 建立 $F_{b2}-F_{b1}$ 直角坐标系。

(2) 确定汽车总重力 G，将式(4-23)中的第一式取不同 μ 值(如 $\mu=0.2,0.4,0.6,0.8,1.0$)作图，得到一组与坐标轴成 45°的平行线，如图 4.17 所示。每根直线上任意一点的纵坐标与横坐标读数之和等于总制动力，为一常数，因此总制动力产生的减速度也是常数。故此线组称为"等制动力线组"或"等制动强度线组"。直线与纵坐标(或横坐标)的交点，即为在该附着系数路面上，汽车的最大制动器制动力 $F_{b\max}$。

(3) 将式(4-23)中的第二式取不同 μ 值(如 $\mu=0.2,0.4,0.6,0.8,1.0$)代入，作图画在图 4.17 上，得到一组通过坐标原点但斜率不同的射线束。

(4) 分别在上述两组直线中，找出对应于某一 μ 值的两条直线。这两条直线的交点，便是满足式(4-23)中两式的 F_{b1} 和 F_{b2} 值。把这两组直线对应于不同 μ 值的交点连接起来，便得理想的前、后制动器制动力分配曲线，即 I 曲线。

可见，I 曲线上任意一点，代表在该附着系数路面上的前、后轮制动器制动力。因此，只要给定汽车总重力 G，以及汽车重心的位置(a、b、h_g)，就能做出该车的制动器制动力理想分配曲线。汽车总重力 G 不同，I 曲线也不同，如图 4.17 中的半载 I 曲线和空载 I 曲线。

I 曲线也是前后车轮同时抱死时前后地面附着力的关系曲线，以及前后地面制动力的关系曲线。

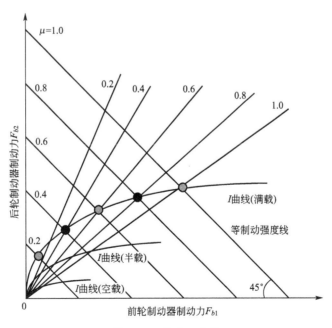

图 4.17 汽车 I 曲线

4.4.2 汽车实际制动力分配

汽车实际制动力常用制动器制动力分配系数来表明分配的比例，把前制动器制动力与汽车总制动器制动力之比称为制动器制动力分配系数，即

$$\beta = \frac{F_{b1}}{F_b} = \frac{F_{b1}}{F_{b1}+F_{b2}} \quad (4-25)$$

式中，β 为制动器制动力分配系数；F_{b1} 为前制动器制动力；F_{b2} 为后制动器制动力；F_b 为汽车总制动器制动力。

由式(4-25)可得前、后轮制动器制动力的关系为

$$F_{b2} = \frac{1-\beta}{\beta} F_{b1} = \beta(F_{b1}) \quad (4-26)$$

式(4-26)是一条通过坐标原点的直线，称为实际的前、后轮制动器制动力分配线，简称 β 线，如图 4.18 所示。

β 线的斜率为

$$\tan\theta = \frac{1-\beta}{\beta} \quad (4-27)$$

将 β 线与 I 曲线交点处的附着系数，称为同步附着系数 μ_0，如图 4.19 所示。

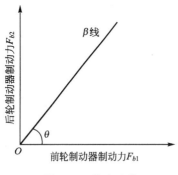

图 4.18 汽车 β 线

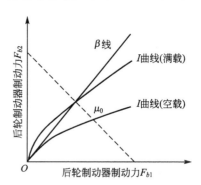

图 4.19 汽车的 β 线与 I 曲线

该交点属于 I 曲线，所以符合"前后轮同时抱死"的要求；该交点又属于 β 线，所以实际上汽车的制动力分配可以做到这个要求。即前、后制动器制动力具有固定比值的汽车，使前、后车轮同时抱死的路面附着系数称为同步附着系数。

同步附着系数说明：前后制动器制动力分配为固定比值的汽车，只有在同步附着系数的路面上制动时，才能使前后车轮同时抱死。

设汽车在同步附着系数为 μ_0 的路面上制动，此时前、后轮同时抱死拖滑，则由式(4-23)和式(4-27)得

$$\frac{F_{b1}}{F_{b2}} = \frac{b+\mu_0 h_g}{a-\mu_0 h_g} = \frac{\beta}{1-\beta} \quad (4-28)$$

经整理，得同步附着系数为

$$\mu_0 = \frac{L\beta - b}{h_g} \quad (4-29)$$

同步附着系数是反映汽车制动性能的一个结构参数，而不是地面系数。它仅取决于汽

车结构参数,与路面无关。只要确定了制动器制动力分配系数 β,就能确定同步附着系数 μ_0;反过来如给出同步附着系数 μ_0,就能得到制动器制动力在前、后轴上的分配。

同步附着系数是根据车型和使用条件来选择的。轿车的行驶车速较高,高速下后轴侧滑是十分危险的,因此一般采用较高的同步附着系数。货车的车速较低,制动时后轴侧滑的危险性较少,但在较滑的路面上制动时,汽车可能丧失转向能力,因此同步附着系数可能很低。但是由于道路条件的改善和汽车行驶速度的提高,货车同步附着系数呈现提高的趋势。轻型越野汽车常选择较高的同步附着系数,这样,即使在很低的附着系数路面上制动,也不会发生后轴侧滑,但是在多数路面上制动时,前轮先抱死可能失去转向能力。

使用条件也影响同步附着系数的选择。在多雨的山区,坡路弯道多,下急弯坡制动时,如果汽车失去转向能力,将是十分危险的。因此,经常在山区使用的汽车,同步附着系数应取低值。

4.4.3 汽车制动过程分析

根据前后制动器制动力分配的比例、载荷情况及道路附着系数和坡度等因素,当制动器制动力足够时,一般汽车制动过程中可能出现以下 3 种情况。

(1) 前轮先抱死拖滑,然后后轮抱死拖滑。
(2) 后轮先抱死拖滑,然后前轮抱死拖滑。
(3) 前、后轮同时抱死拖滑。

由前面分析可知,第一种情况是稳定工况,但在弯道上行驶时,汽车失去转向能力;第二种情况是不稳定工况,后轴产生侧滑;第三种情况可以避免后轴侧滑,同时前转向轮只有在最大制动强度下,才使汽车丧失转向能力。

1. 前轮先抱死拖滑,然后后轮抱死拖滑

汽车前轮抱死时,前轮地面制动力等于前轮地面附着力,即

$$F_{x1} = F_{\mu1} = \mu F_{z1} \tag{4-30}$$

式中,F_{x1} 汽车前轮地面制动力;$F_{\mu1}$ 汽车前轮地面附着力。

汽车总的地面制动力等于前轮地面制动力与后轮地面制动力之和,即

$$F_x = F_{x1} + F_{x2} = F_{\mu1} + F_{x2} \tag{4-31}$$

式中,F_x 汽车总的地面制动力;F_{x2} 汽车后轮地面制动力。

由式(4-20)、式(4-21)、式(4-30)和式(4-31)可得

$$F_{x1} = \mu \left(\frac{Gb}{L} + \frac{F_{x1} + F_{x2}}{L} h_g \right) \tag{4-32}$$

由式(4-32)整理得

$$F_{x2} = \frac{L - \mu h_g}{\mu h_g} F_{x1} - \frac{Gb}{h_g} \tag{4-33}$$

式(4-33)表示汽车在不同附着系数路面上只有前轮抱死时的前、后地面制动力的关系。以不同 μ 值($\mu = 0.1, 0.2, 0.3, \cdots$)代入式(4-33),即得到 f 线组,如图 4.20 所示。可见,f 线组与纵坐标交点(截距)为 $-\frac{Gb}{h_g}$,与 μ 值无关。当 $F_{x2} = 0$ 时,$F_{x1} = \frac{\mu Gb}{L - \mu h_g}$,即在 μ 依次取 0.1, 0.2, $\cdots$ 时,线组与横坐标的交点依次为 a、b、$\cdots$

2. 后轮先抱死拖滑,然后前轮抱死拖滑

汽车后轮抱死时,后轮地面制动力等于后轮地面附着力,即

$$F_{x2}=F_{\mu2}=\mu F_{z2} \tag{4-34}$$

由式(4-20)、式(4-21)、式(4-31)和式(4-34)可得

$$F_{x2}=\frac{-\mu h_g}{L+\mu h_g}F_{x1}+\frac{\mu Ga}{L+\mu h_g} \tag{4-35}$$

式(4-35)表示汽车在不同附着系数的路面上只有后轮抱死时的前、后地面制动力的关系。以不同 μ 值($\mu=0.1,0.2,0.3,\cdots$)代入式(4-35),即得到 r 线组,如图 4.20 所示。

由式(4-35)看出,$F_{x2}=0$ 时,$F_{xb1}=\frac{Ga}{h_g}$,说明 r 线组与横坐标的交点为 $\frac{Ga}{h_g}$,而与 μ 值无关;当 $F_{x1}=0$ 时,$F_{x2}=\frac{\mu Ga}{L+\mu h_g}$,即在 μ 依次取 $0.1,0.2,\cdots$ 时,r 线组与纵坐标的交点依次为 a'、$b'\cdots$

显然,对于同一 μ 值下 f 线与 r 线的交点 A、B、$C\cdots$,既符合 $F_{x1}=\mu F_{z1}$,又符合 $F_{x2}=\mu F_{z2}$,且 $F_x=F_{x1}+F_{x2}$,所以这些点便是前、后轮同时抱死的点。因此连接 A、B、C 等点的曲线就是 I 曲线。

3. 汽车在不同 μ 值路面上制动过程分析

假设汽车同步附着系数为 μ_0,利用 β 线、I 曲线、f 线组和 r 线组,分析汽车制动过程,如图 4.21 所示。

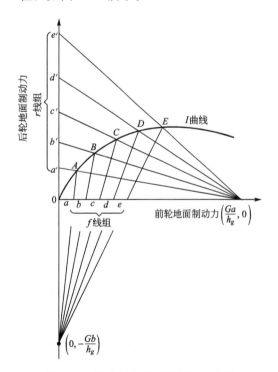

图 4.20 汽车制动的 f 线组和 r 线组

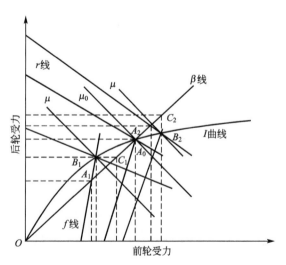

图 4.21 汽车制动过程分析

1) 当 $\mu < \mu_0$ 时

制动开始时，随着踏板力增加，前、后车轮尚未抱死，前、后轮制动器制动力 F_{b1}、F_{b2} 按 β 线上升，地面制动力 F_{x1} 和 F_{x2} 也按 β 线上升，且 $F_{x1}=F_{b1}$，$F_{x2}=F_{b2}$；到达 β 线与 μ 的 f 线相交点 A_1 时，前轮开始抱死拖滑，此时，$F_{x1}=F_{b1}=F_{\mu 1}$，$F_{x2}=F_{b2}$。

由式(4-25)得

$$\beta = \frac{F_{b1}}{F_b} = \frac{F_{b1}}{F_{b1}+F_{b2}} = \frac{F_{x1}}{F_{x1}+F_{x2}} \qquad (4-36)$$

$$F_{x1} = \beta(F_{x1}+F_{x2}) = \beta Gz \qquad (4-37)$$

式中，F_{b1} 为前轮制动器制动力；F_{b2} 为后轮制动器制动力；F_b 为制动器总制动力。

汽车以一定的制动强度制动时，不发生车轮抱死所要求的最小路面附着系数称为利用附着系数，即

$$\mu_i = \frac{F_{xi}}{F_{zi}} \qquad (4-38)$$

式中，μ_i 为第 i 轴的利用附着系数；F_{xi} 为第 i 轴的地面制动力；F_{zi} 为第 i 轴的地面法向反作用力。

显然，利用附着系数越接近制动强度，地面的附着条件发挥得越充分，汽车制动力分配得越合理。

由式(4-21)和式(4-38)可得前轴利用附着系数为

$$\mu_f = \frac{F_{x1}}{F_{z1}} = \frac{\beta Lz}{b+h_g z} \qquad (4-39)$$

前轴附着系数利用率为

$$\varepsilon_f = \frac{z}{\mu_f} = \frac{b}{L\beta - \mu_f h_g} \qquad (4-40)$$

驾驶人继续增加踏板力时，地面制动力 F_{x1}、F_{x2} 将沿 f 线变化，制动器制动力 F_{b1}、F_{b2} 沿 β 线变化；当 F_{x1}、F_{x2} 至 f 线与 I 曲线的相交点 B_1 时，F_{x2} 达到后轮抱死时的地面制动力(也就是后轴的附着力)，这时前、后轮均抱死拖滑，$F_{x1}=F_{\mu 1}$，$F_{x2}=F_{\mu 2}$。

汽车获得最大减速度为

$$a_{j\max} = \frac{F_x}{G/g} = \mu g \qquad (4-41)$$

从 B_1 点做水平线交 β 线于 C_1 点，C_1 点所对应的力就是制动器制动力，大于地面制动力。

由此可见，β 线位于 I 曲线下方时，制动时总是前轮先抱死，前轮先抱死可以使制动稳定性变好，但丧失转向能力。

2) 当 $\mu > \mu_0$ 时

制动开始时，随着踏板力增加，前、后车轮尚未抱死，前、后轮制动器制动力 F_{b1}、F_{b2} 按 β 线上升，地面制动力 F_{x1} 和 F_{x2} 也按 β 线上升，且 $F_{x1}=F_{b1}$，$F_{x2}=F_{b2}$；到达 β 线与 μ 的 r 线相交点 A_2 时，后轮开始抱死拖滑，此时，$F_{x1}=F_{b1}$，$F_{x2}=F_{b2}=F_{\mu 2}$。

由式(4-25)得后轴地面制动力为

$$F_{x2} = (1-\beta)(F_{x1}+F_{x2}) = (1-\beta)Gz \qquad (4-42)$$

后轴利用附着系数为

$$\mu_r = \frac{F_{x2}}{F_{z2}} = \frac{(1-\beta)Lz}{a-h_g z} \qquad (4-43)$$

后轴附着系数利用率为

$$\varepsilon_r = \frac{z}{\mu_r} = \frac{a}{L - L\beta + \mu_r h_g} \tag{4-44}$$

驾驶人继续增加踏板力时，制动器制动力 F_{b1}、F_{b2} 沿 β 线变化，达到 C_2 点；地面制动力 F_{x1}、F_{x2} 将沿 r 线变化，下降到 r 线与 I 曲线的交点 B_2 处，前后轮同时抱死，$F_{x1} = F_{\mu 1}$，$F_{x2} = F_{\mu 2}$。

汽车获得最大制动减速度为 $a_{j\max} = \mu g$。

由此可见，β 线位于 I 曲线上方，制动时总是后轮先抱死，因而容易发生后轴侧滑，使汽车失去方向稳定性。

3）当 $\mu = \mu_0$ 时

制动开始时，随着踏板力增加，前、后车轮尚未抱死，前、后轮制动器制动力 F_{b1}、F_{b2} 按 β 线上升，地面制动力 F_{x1} 和 F_{x2} 也按 β 线上升，且 $F_{x1} = F_{b1}$，$F_{x2} = F_{b2}$；到达 β 线与 I 曲线的交点 A_0 时，前、后轮同时抱死，此时，前、后轮的地面制动力等于制动器制动力，等于附着力，即 $F_{x1} = F_{b1} = F_{\mu 1}$，$F_{x2} = F_{b2} = F_{\mu 2}$。

制动强度为 $z = \mu_0$，附着系数利用率为 $\varepsilon = 1$。

综上所述，制动力分配系数为常数时，只有在同步附着系数路面上制动时，前、后车轮才能同时接近抱死状态，附着性能得到充分利用，汽车获得最佳制动。在其他各种附着系数路面上，如果 β 线位于 I 曲线下方，当制动踏板力足够大时会出现前轮先抱死，提前丧失转向能力；如果 β 线位于 I 曲线上方，则会出现后轮先抱死而使汽车处于不稳定的制动状态。因此，如果要在制动过程中，汽车既能保持前轮转向能力，又不会出现侧滑的危险工况，则在一定附着系数的条件下，其制动强度总小于附着系数，即 $z < \mu$，且附着系数利用率 $\varepsilon < 1$。

图 4.22 所示为汽车前后轴利用附着系数与制动强度的关系。可以看出，无论空载还是满载，后轴附着系数利用曲线都位于前轴附着系数利用曲线下方。

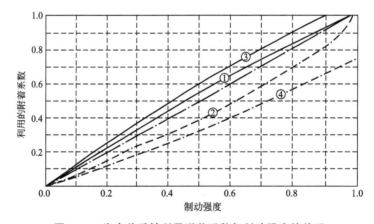

图 4.22　汽车前后轴利用附着系数与制动强度的关系
①—前轴空载；②—后轴空载；③—前轴满载；④—后轴满载

4.4.4　标准对汽车制动器制动力分配的要求

为保障汽车具有足够的制动强度和良好的制动方向稳定性，很多国家或国际组织制定了汽车制动法规，对汽车前、后制动器制动力分配提出了明确的要求。

GB 21670—2008《乘用车制动系统技术要求及试验方法》规定了 M1 类汽车制动器制动力分配要求；GB 12676—2014《商用车辆和挂车制动系统技术要求及试验方法》规定了 N1 类汽车及除 M1 类、N1 类以外的汽车制动器制动力分配要求。

1. M1 类汽车

M1 类汽车是指用于载客的乘客座位（驾驶人座位除外）不超过 8 个的载客汽车。根据 GB 21670—2008 中的规定，对于 M1 类汽车，在所有载荷状态下，当制动强度 $z=0.15\sim0.80$ 时，后轴附着系数利用曲线应位于前轴附着系数利用曲线下方；当附着系数 $\mu=0.2\sim0.80$ 时，制动强度 $z\geqslant 0.1+0.7(\mu-0.2)$，如图 4.23 所示。

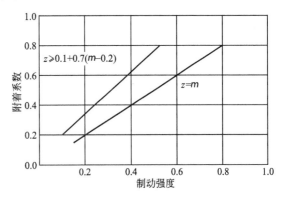

图 4.23　M1 类汽车对制动力分配线要求

2. N1 类汽车

N1 类汽车是指最大总质量不超过 3.5t 的载货汽车。根据 GB 12767—2014 中对于 N1 汽车的规定，当制动强度 $z=0.15\sim0.30$ 时，各轴的附着系数利用曲线位于直线 $\mu=z+0.08$ 和 $\mu=z-0.08$ 之间，其中后轴附着系数利用曲线允许与直线 $\mu=z-0.08$ 相交；制动强度 $z=0.30\sim0.50$ 时，各轴的附着系数利用曲线应满足 $\mu\leqslant z+0.08$；制动强度 $z=0.50\sim0.61$ 时，各轴的附着系数利用曲线应满足 $\mu\leqslant(z-0.21)/0.5$；制动强度 $z=0.1\sim0.61$ 时，各轴的附着系数利用曲线应满足 $\mu\leqslant(z+0.07)/0.85$，如图 4.24 所示。

3. 除 M1、N1 类型以外的汽车

根据 GB 12767—2014 中对于除 M1、N1 类型以外的其他类型汽车的规定，制动强度 $z=0.15\sim0.30$ 时，各轴的附着系数利用曲线位于直线 $\mu=z+0.08$ 和 $\mu=z-0.08$ 之间；制动强度 $z=0.30\sim0.61$ 时，各轴的附着系数利用曲线应满足 $\mu\leqslant(z-0.02)/0.74$；制动强度 $z=0.10\sim0.61$ 时，各轴的附着系数利用曲线应满足 $\mu\leqslant(z+0.07)/0.85$，如图 4.25 所示。

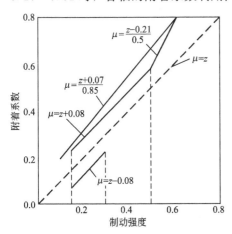

图 4.24　N1 类汽车对制动力分配线要求

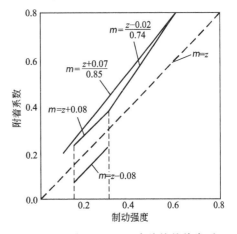

图 4.25　除 M1 和 N1 类外的其他类别汽车对制动力分配线要求

4.4.5 汽车制动力调节装置

汽车制动力分配系数为固定比值时,汽车实际制动力分配曲线与理想制动力分配曲线相差很大,附着效率低,前轮可能因抱死而丧失转向能力,后轮可能因抱死而发生后轴侧滑。因此,现代汽车均装有制动力调节装置,可根据制动强度、载荷等因素来改变前、后制动器制动力的比值,使实际制动力分配曲线接近于理想制动力分配曲线,满足制动法规的要求。

制动力调节装置主要有限压阀、比例阀、感载阀和惯性阀等。

1. 限压阀

限压阀是一种最简单的压力调节阀,串联在制动主缸与后轮制动器的管路之间。它的作用是当前后制动管路压力 p_1 和 p_2 由零同步增长到一定值后,即自动将后轮制动器管路中的压力 p_2 限定在该值不变,防止后轮抱死。

限压阀特性曲线如图 4.26 所示,由 OA 和 AB 两段组成,曲线 Ⅰ 是满载时理想的前后制动管路压力分配线,曲线 Ⅱ 是空载时理想的前后制动管路压力分配线,p_s 是限压点。由于从限压点 p_s 以后 p_2 值低于目标值,不会出现后轮先抱死,这较符合制动稳定性的要求。限压点 p_s 仅取决于限压阀的结构(弹簧与活塞的结构),而与汽车的轴载质量无关。

限压阀压力分配线表达式为

$$\begin{matrix} p_2 = p_1 & p_1 \leqslant p_s \\ p_2 = p_s & p_1 > p_s \end{matrix} \tag{4-45}$$

限压阀多用于质心高度与轴距的比值较大的轻型汽车上,因为这种汽车在制动时,其后轮垂直载荷向前轮转移得较多,可以充分地利用前轮的附着质量,加大制动效果。

2. 比例阀

比例阀串联于液压或气压制动回路的后管路中,一般采用承压面积不等的差径活塞结构。当前、后制动管路压力 p_1 和 p_2 由零同步增长到一定值 p_s 后,即自动对 p_2 的增长加以节制,使 p_2 的增量小于 p_1 的增量。

比例阀压力分配线如图 4.27 所示,由 OA 和 AB 两段组成,曲线 Ⅰ 是满载时理想的前后制动管路压力分配线,曲线 Ⅱ 是空载时理想的前后制动管路压力分配线。限压点 p_s 可通过调节弹簧的预紧力的大小来改变。

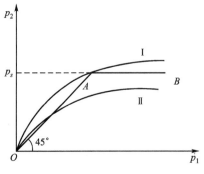

图 4.26 限压阀压力分配线

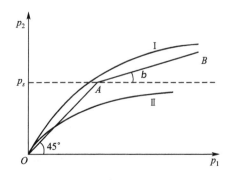

图 4.27 比例阀压力分配线

比例阀压力分配线表达式为

$$p_2 = p_1 \quad p_1 \leqslant p_s$$
$$p_2 = p_s(1-\tan\beta) + p_1\tan\beta \quad p_1 > p_s \quad (4-46)$$

式中，β 为折点后的倾斜角。

比例阀适用于质心高度与轴距的比值较小的轻型汽车。这类汽车在制动时，其后轮垂直载荷向前轮转移较少，其理想的制动压力分配特性曲线中段的斜率较大，如果采用限压阀，虽然可以满足制动时前轮先抱死的要求，但实际制动力分配曲线与理想制动力分配曲线相差太大，从而导致后轮地面制动力远小于地面附着力，使后轮的附着效率过低。

3. 感载阀

有些汽车在实际装载量不同时，其总质量和质心位置变化较大，因而空载和满载下的理想制动力分配曲线差距较大。对于这些汽车有必要采用液压分配线随汽车实际装载量变化的感载阀。感载阀可分为感载限压阀和感载比例阀两类。这两种感载阀的工作原理与液压分配线分别与限压阀和比例阀相似，不同之处在于感载阀能够利用车身与车桥之间的距离变化（外界作用力）来改变阀门弹簧的预紧力，随着汽车载荷的变化，相应地进行调整，实现感载调节，使得在任何载荷条件下都能得到一个近似理想的制动力分配。感载限压阀和感载比例阀的压力分配线如图 4.28 和图 4.29 所示。感载阀的压力调节起始点会随载荷的变化而变化，在调节起始点之后的液压分配特性为一组平行线，分别与不同的装载量相对应。

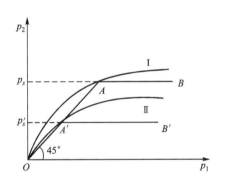

图 4.28　感载限压阀压力分配线

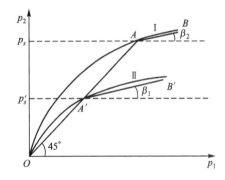

图 4.29　感载比例阀压力分配线

当装有感载限压阀时，压力分配线分成 3 个部分，即由 $OA'A$、$A'B'$ 和 AB 线组成，其表达式为

$$p_2 = p_1 \quad p_1 \leqslant p_s$$
$$p_2 = p'_s \quad p_1 > p'_s \quad (4-47)$$
$$p_2 = p_s \quad p_1 > p_s$$

式中，p'_s 为空载时的折点压力；p_s 为满载时的折点压力。

当装有感载比例阀时，压力分配线分成 3 个部分，即由 $OA'A$、$A'B'$ 和 AB 线组成，其表达式为

$$p_2 = p_1 \quad p_1 \leqslant p_s$$
$$p_2 = p'_s(1-\tan\beta_1) + p_1\tan\beta_1 \quad p_1 > p'_s \quad (4-48)$$
$$p_2 = p_s(1-\tan\beta_2) + p_1\tan\beta_2 \quad p_1 > p_s$$

式中，β_1 为空载时折点后的倾斜角；β_2 为满载时折点后的倾斜角。

感载阀适用于质心位置随汽车载荷变化较大的汽车，特别是中、重型货车。这类汽车空载和满载下的理想制动管路压力分配曲线相差较大。

4．惯性阀

惯性阀是利用汽车制动减速度的变化对制动力调节作用的起始点压力进行调节的装置，也可以分为惯性限压阀和惯性比例阀两类，惯性限压阀、惯性比例阀的静特性分别与感载限压阀、感载比例阀相似，不同之处在于感载阀压力调节起始点的位置由控制弹簧预紧力决定，而惯性阀由安装角决定。

制动力调节装置对提高附着系数利用率和减少制动抱死，提高制动时的稳定性起到一定作用。随着车速提高，对制动安全性要求越来越高，ABS 在汽车上得到越来越广泛的应用，已经成为乘用车的标准配置。

图 4.30 所示为汽车安装制动力调节装置后的附着系数利用曲线。与图 4.22 进行比较，可以看出，汽车满载时后轴利用附着系数更接近于理想值，制动性能得到提高。

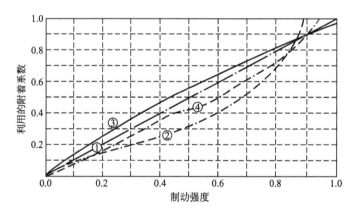

图 4.30　汽车安装制动力调节装置后的附着系数利用曲线
①—前轴空载；②—后轴空载；③—前轴满载；④—后轴满载

4.5　汽车防抱死制动系统

汽车防抱死制动系统(简称汽车 ABS)可以在汽车制动过程中自动控制和调节车轮制动力，防止制动过程中汽车车轮"抱死"，保持最大的车轮附着系数，从而得到最佳制动效果，即最短的制动距离、最小的侧向滑移及最好的制动转向性能。

4.5.1　汽车 ABS 的功用

汽车 ABS 具有以下功用。

(1) 提高汽车行驶方向稳定性。因为汽车安装 ABS 后，可以有效地减少外界各种干扰力的影响。

(2) 保持汽车转向操纵能力。汽车在进行转向行驶时，需要通过偏转的转向车轮从路面获得足够的侧向力,如果转向车轮的侧向附着力不足以提供汽车转向所需的侧向力,此时即使转向车轮已经发生了偏转,汽车也不会按预定的方向行驶,汽车就丧失了转向操纵能力。如果在制动过程中防止汽车前轮被制动抱死,使其保持较大的侧向附着力,那么汽车在制动过程中就仍能保持转向操纵能力。

(3) 缩短制动距离。汽车的制动距离取决于制动过程中的平均减速度,ABS 的使用使汽车能够充分有效地利用各个车轮的最大纵向附着力进行制动,从而使汽车能够在最短的距离内停车。

(4) ABS 除了能够极大地改善汽车的行驶性能外,还能在很大程度上使驾驶人从驾驶人—汽车—环境的闭环系统中解脱出来,也使轮胎磨损大为减轻。

4.5.2 汽车 ABS 的组成

汽车 ABS 有电子控制式和机械式两大类,目前用得最多的是电子控制制动防抱死系统。以下无特殊说明,指的就是电子控制制动防抱死系统。

汽车 ABS 主要由车轮转速传感器、电子控制器和制动压力调节器等组成,其结构简图如图 4.31 所示。各部分作用如下。

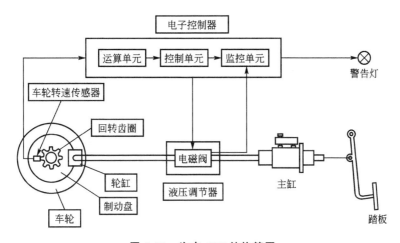

图 4.31 汽车 ABS 结构简图

(1) 车轮转速传感器,作用是获取车轮的转速并将其输送到 ABS 的电子控制器。目前应用最广泛的车轮转速传感器是电磁式转速传感器。它主要由电磁感应传感头和齿圈组成。其中电磁感应传感头一般固定安装在制动盘底部,齿圈一般安装在轮毂上随车轮一起转动。传感器根据齿圈随车轮转动时齿顶和齿隙交替与传感头磁芯端部相对产生的交变电压信号的频率来反映车轮的转速。

(2) 电子控制器,汽车 ABS 的控制中心。它具有运算功能,能接收车轮转速传感器的交流信号计算出车轮速度、滑移率和车轮的加、减速度等。把这些信号加以分析,输出相应的控制指令到制动压力调节器对车轮制动压力进行调节。电子控制器还能对 ABS 进行监控,当 ABS 工作不正常时,它会自动停止 ABS 的工作并开启 ABS 警告灯提醒驾驶人,避免因 ABS 故障而造成误操作。

(3) 制动压力调节器,汽车 ABS 的执行机构。它根据电子控制器的指令通过对电磁阀的开启和关闭来改变制动管路的通路,使制动压力管路内形成增压、减压和保压 3 种状态,调节制动力的强弱,使车轮的滑移率接近于最佳值。根据不同制动系统的类型,制动压力调节器可分为液压式、气压式及空气液压加力式等。目前汽车上应用广泛的是液压制动系统,其制动压力调节器的主要元件是电动泵和液压控制阀。

4.5.3 汽车 ABS 的工作原理

在图 4.8 中,设 s_s 为纵向峰值附着系数 μ_s 对应的滑移率,则当 $s<s_s$ 时,能够提供足够的地面制动力,并且侧向附着系数较大,抗侧滑能力强,一般称为稳定区;当 $s>s_s$ 时,能够提供的地面制动力逐渐减小,并且侧向附着系数越来越小,抗侧滑能力减弱,一般称为不稳定区。为了使应急制动具有最大的制动效能,应急制动过程应循环工作于纵向峰值附着系数左右侧的稳定区和不稳定区,这样既能获得最大的制动力,也能获得最大的抗侧滑能力。

汽车 ABS 的控制目标就是将车轮的滑移率控制在纵向峰值附着系数对应的滑移率附近,以获得较高的纵向和侧向附着系数,从而减小制动距离以保证汽车制动时的方向稳定性。

在车轮防抱死制动过程中,当 $s<s_s$ 时,随着制动力矩的增加,汽车减速,滑移率增加,并趋于 s_s;当 $s>s_s$ 时,应减小制动力矩,使车轮重新获得加速,使滑移率减小并趋于 s_s。通过反复增加或减小制动力矩,使得滑移率保持在 s_s 附近,从而实现既能有效地制动,又能自动地防止制动时抱死,这就是防抱死控制的基本工作原理。

4.5.4 汽车 ABS 的逻辑门限值控制

逻辑门限值控制技术较为成熟,应用也比较广泛。它的特点是不需要建立具体的系统数学模型,并且对系统的非线性控制很有效,比较适合于汽车 ABS 的控制,是现有 ABS 产品普遍采用的一种控制算法。

逻辑门限值控制的基本原理是根据设定的门限值调节轮缸制动压力的大小,从而实现对车轮速度的调节。汽车 ABS 防抱逻辑门限值的选择有 3 种:以滑移率作为防抱逻辑门限值、以车轮角加速度作为防抱逻辑门限值、以角加速度和滑移率共同作为防抱逻辑门限值。逻辑门限值是根据所用的车型和路面特性在反复试验的基础上确定的,它隐含了系统模型与路面特性的依赖关系。

以车轮角加速度作为门限值的控制方法有很大的局限性,由于齿轮加工误差、电磁干扰及路面平整度较差等原因使得车轮角加速度噪声信号较大,较容易触发门限值,造成防抱死的误动作。以滑移率作为控制门限,对于不同附着系数的路面,很难做出准确的辨识。为了提高汽车 ABS 对不同路面的适应性,现代汽车 ABS 均采用滑移率和车轮角速度作为联合控制参数,以汽车制动过程中车轮的角加速度值、角减速度值作为主要逻辑门限控制,将制动滑移率作为辅助逻辑门限控制。

1. 汽车 ABS 逻辑门限值控制基本原理

一个典型的汽车 ABS 逻辑门限值控制原理如图 4.32 所示。图中 p 为制动压力;a 为车轮加速度;a_1 为车轮加速度下门限值;a_2 为车轮加速度上门限值;s_1 为滑移率下门限值;s_2 为滑移率上门限值。

汽车开始制动初期,ABS 处于关闭状态。随着轮缸内的制动压力迅速升高(图 4.32 中的 1),车轮经过一定延迟时间后,轮速开始迅速下降,此时车轮加速度为负值,且绝对值随着压力的增加不断增大。当车轮加速度小于设定的加速度下门限值时,ABS 开始工作。

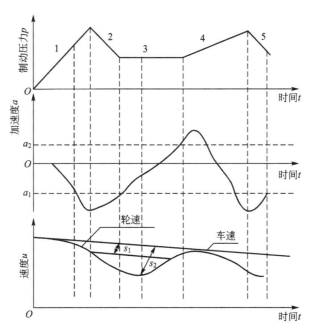

图 4.32 汽车 ABS 逻辑门限值控制基本原理
1、4—增压阶段；2、5—减压阶段；3—保压阶段

为避免汽车在稳定区域内过早地进入减压阶段,此时还要对比滑移率与滑移率下门限值的大小,滑移率下门限值略大于目标滑移率。如果系统当前滑移率低于设定的滑移率下门限值,说明此时车轮还处于稳定区,应继续增压,以使车轮充分制动；当滑移率大于滑移率下门限值时,车轮已进入峰值附着系数附近的不稳定区域,则开始减压(图 4.32 中的 2)。由于减压,车轮加速度开始回升,当加速度高于加速度下门限值且滑移率小于滑移率上门限值时,进入保压阶段(图 4.32 中的 3)。由于车轮惯性及当前制动压力较小等因素,此时轮速会继续回升,直到车轮加速度超过加速度上门限值,制动系统进入增压阶段(图 4.32 中的 4),直到车轮加速度值再次低于加速度下门限值且滑移率大于滑移率下门限值。至此,一个完整的控制循环结束,此后减压、保压和增压交替循环,直至汽车基本停止(一般当车速小于 15km/h),制动系统退出 ABS,用常规制动使汽车停止。

高、低附着系数路面的识别,关键取决于保压阶段(图 4.32 中的 3)车轮加速度的值。在给定的保压时间内,如果车轮加速度不能超过加速度上门限值,说明此时的路面附着系数较小,则属于低附着系数路面,否则就是高附着系数路面。

2. 高附着系数路面上的汽车 ABS 逻辑门限值控制过程

高附着系数路面提供的地面制动力大,相应的逻辑门限范围也大。高附着系数路面上的汽车 ABS 逻辑门限值控制过程如图 4.33 所示。

高附着系数路面上的汽车 ABS 逻辑门限值控制增加了加速度第 2 上门限值 a_3。在制动开始阶段,制动系统压力增加(图 4.33 中的 1)至加速度小于加速度下门限值且滑移率大于滑移率下门限值,然后进入减压阶段(图 4.33 中的 2),车轮加速度开始回升,当车轮加速度大于加速度下门限值且滑移率小于滑移率上门限值时,进入保压阶段(图 4.33 中的

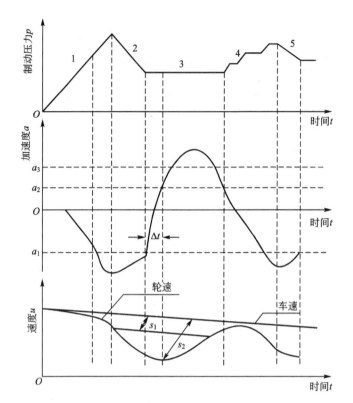

图 4.33 高附着系数路面上汽车 ABS 逻辑门限值控制过程
1—增压阶段；2、5—减压阶段；3—保压阶段；4—阶梯增压阶段

3）。由于制动系统的惯性及制动分泵所保持的压力，使此时车轮加速度继续上升，加速度由负值增加到正值，直至超过加速度上门限值。由于高附着系数路面加速度上升较快，可以设定加速度第 2 上门限值。如果超过加速度上门限值，则继续保压，加速度会继续超过加速度第 2 上门限值且滑移率小于滑移率上门限值，这时继续保压以适应附着系数的增加，至加速度小于加速度第 2 上门限值且滑移率小于滑移率下门限值，此时进入阶梯增压阶段（图 4.33 中的 4），电磁阀以增压—保压的方式不断切换，直至车轮加速度再次低于加速度下门限值且滑移率大于滑移率下门限值，此时如果轮速大于 15km/h，进行减压操作（图 4.33 中的 5），进入新一轮控制循环；如果轮速小于 15km/h，退出 ABS 控制，常规制动使汽车停止。

采用阶梯增压是因为峰值滑移率附近的纵向附着系数和侧向附着系数都比较大，应该使在这一区域的制动时间尽量延长，因此采用小的压力上升梯度。

3. 低附着系数路面上的汽车 ABS 逻辑门限值控制过程

低附着系数路面能提供的地面制动小，对车轮旋转影响能力小，逻辑门限控制范围也相应变小。低附着系数路面上的汽车 ABS 逻辑门限值控制过程如图 4.34 所示。

在制动开始阶段，制动系统压力增加（图 4.34 中的 1）至加速度小于加速度下门限值且滑移率大于滑移率下门限值，然后进入减压阶段（图 4.34 中的 2），车轮加速度开始回升，当车轮加速度大于加速度下门限值且滑移率小于滑移率上门限值时，进入阶梯减压阶段

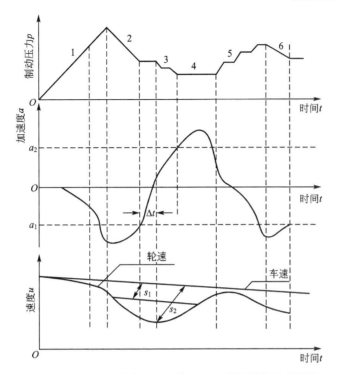

图 4.34　低附着系数路面上汽车 ABS 逻辑门限值控制过程
1—增压阶段；2、6—减压阶段；3—阶梯减压阶段；4—保压阶段；5—阶梯增压阶段

(图 4.34 中的 3)，直至车轮加速度大于加速度上门限值，此时进入保压阶段(图 4.34 中的 4)，保压至加速度再次低于加速度上门限值，进入阶梯增压阶段(图 4.34 中的 5)，使车轮加速度再次低于加速度下门限值且滑移率大于滑移率下门限值，此时进入下一循环的防抱死制动。

采用阶梯减压(图 4.34 中的 3)是因为在给定的保压时间内，由于低附着系数路面车轮速度恢复很慢，故无法达到加速度上门限值，为使系统稳定，采用较小的减压梯度。采用阶梯增压的原因与高附着系数路面情况相同。

4．对接路面上的汽车 ABS 逻辑门限值控制过程

对接路面就是从高附着系数路面跃变到低附着系数路面或者从低附着系数路面跃变到高附着系数路面。对接路面上的汽车 ABS 逻辑门限值控制算法要把单一路面的控制算法和路面识别算法结合起来运用。运用逻辑门限值的路面识别方法一旦发现路面发生变化，就按照将要行驶的路面的控制规律进行控制。也就是说，当电子装置监测到加速度第 2 上门限值信号时，即可判定路面的附着系数出现了由小到大的跃变，随后将按照高附着系数路面特性确定控制逻辑；当电子装置监测到滑移率下门限值信号时，即可判定路面得附着系数出现了由大到小的跃变，随后将按照低附着系数路面特性确定控制逻辑。

5．对开路面的控制原则

对开路面是指汽车左右两个车轮在不同附着系数路面行驶。对开路面的控制原则主要有就高原则、就低原则、修正控制原则和独立控制原则。

就高原则就是当系统识别出汽车正处于对开路面，系统选用高附着系数路面的参数来同

时控制左右两轮,让左右两轮的制动器同步增压、减压和保压。这种方法的优点是能够充分发挥高附着系数路面的地面制动力,缺点在于处于低附着系数路面的车轮很容易抱死。

就低原则就是当系统识别出汽车正处于对开路面,系统选用低附着系数路面的参数来同时控制左右两轮,让左右两轮的制动器同步增压、减压和保压。这种方法的优点是ABS工作稳定,一般不会出现车轮抱死现象;缺点在于处在高附着系数路面的车轮不能充分发挥地面制动力,制动距离容易偏长。

修正控制原则类似于把就高原则和就低原则适当地折中处理,稍微偏向于就低原则,当处于低附着系数路面的一边增压时,高附着系数路面的一边也增压;当处于低附着系数路面的一边减压时,高附着系数路面的一边减一部分压,然后保压;当处于低附着系数路面的一边保压时,高附着系数路面的一边也保压。这种方法的优点是综合了就高原则和就低原则的优点,减弱了两种原则的缺点;缺点是算法复杂,编写程序困难,对CPU的实时运算要求比较高。

独立控制原则就是对于高附着系数路面的车轮运用高附着系数参数控制,对于低附着系数路面的车轮运用低附着系数参数控制。这种方法虽然没有修正控制原则那样好,但简单易行,也不会出现低附着系数路面车轮抱死现象。

综上所述,逻辑门限值控制就是把车轮的加速度分为3个加速度门限值,再辅以车轮滑移率门限值。在由下降信号切换到保压阶段,在规定的时间间隔里监测可能出现的几种门限信号作为识别路面特性的依据。再根据识别结果,分别采用不同的控制逻辑,确保ABS对路面状况的跟踪性能,在各种路面条件都能获得最佳的制动效果。

常用的逻辑门限值控制方式是采用对控制量进行条件判断,主要判断条件有两个:预选条件(简称P条件)和复选条件(简称R条件)。P条件是判断车轮是否有抱死倾向的条件,而R条件则是判断车轮是否避免了抱死倾向。如果P条件满足,表明车轮趋于抱死,ABS将降低制动压力以增加车轮转速。当R条件满足时,表明车轮避免了抱死倾向,ABS将重施制动压力,使车轮的滑移率始终保持在目标值附近。

一般P条件有4种(P1~P4),R条件有8种(R1~R8)。现在的逻辑门限值控制ABS产品的控制规则都是基于这些P条件和R条件的组合,其中常见的边界条件见表4-4。表中k_1、k_2和k_3是门限值。

表4-4 逻辑门限控制方法常用边界条件

P条件	满足的条件
P1	$-\dot{\omega}R > k_1$
P2	$-\dot{\omega}/\omega > k_2$
P3	$-\dot{\omega}R > k_1$ 且 $-\dot{\omega}/\omega > k_2$

R条件	满足的条件
R1	当所有P条件都不满足时
R2	满足P条件后延迟固定时间
R3	$-\dot{\omega}R > k_3$
R4	$\ddot{\omega} < 0$
R5	$\ddot{\omega} < 0$ 且 $-\dot{\omega}R > k_3$

汽车ABS的逻辑门限值控制，门限值的选择非常重要，若门限值选择恰当，ABS就可以发挥其作用，在车轮将要抱死时降低制动系统压力，而避免了抱死时又增加制动系统压力，以降低车速；若门限值选择不当，车轮的实际运动工况与P、R边界满足条件不同，则ABS很可能起不到防抱死制动的目的或者制动效果不佳。

汽车安装ABS后，汽车附着系数利用曲线会发生变化，如图4.35所示。可以看出，安装ABS后，前轴和后轴附着系数利用曲线重合，同时抱死。

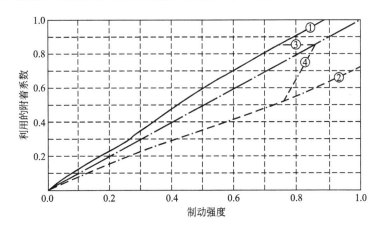

图4.35　汽车前后轴附着系数利用曲线
①—前轴无ABS；②—后轴无ABS；③—前轴有ABS；④—后轴有ABS

4.6　汽车制动性试验

汽车制动试验分为路检制动试验和台检制动试验，其中路检制动试验包括行车制动性能试验、应急制动性能试验、驻车制动性能试验；台检制动试验包括行车制动性能检验和驻车制动性能检验。

试验依据是GB 7256—2012《机动车运行安全技术条件》和GB 21670—2008《乘用车制动系统技术要求及试验方法》。

4.6.1　汽车路检制动试验

汽车行车制动性能和应急制动性能试验应在平坦、硬实、清洁、干燥且轮胎与地面间的附着系数大于等于0.7的混凝土或沥青路面上进行。

汽车路检制动性能测试系统如图4.36所示，主要测试仪器是减速度计、测速传感器、踏板力计等。

1. 乘用车0-型试验(冷态制动时的常规性能)

0-型试验主要验证汽车的制动效能。

在进行0-型试验时，制动器的平均温度应在65~100℃；在空载和满载条件下进行试验时，汽车应同时满足制动距离和充分发出的平均减速度两项要求，但不必对两项参数都进行实际测定。

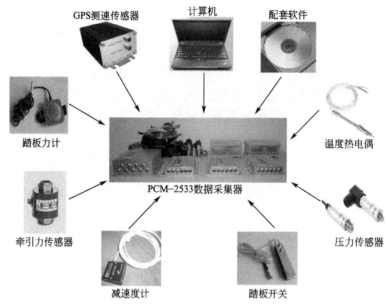

图 4.36 汽车路检制动性能测试系统

汽车在平坦道路上,加速超过起始制动车速 3~5km/h,摘挡滑行,待车速降至起始制动速度时,紧急制动直至停车,用仪器测量各项评价指标,试验结果应符合表 4-5 发动机脱开的 0-型试验规定。

当汽车最高设计车速超过 125km/h 时,要进行发动机接合的 0-型试验。如最高设计车速超过 200km/h,则试验速度应为 160km/h。汽车在平坦道路上,待车速降至起始制动速度时,紧急制动直至停车,用仪器测量各项评价指标,试验结果应符合表 4-5 发动机接合的 0-型试验规定。

表 4-5 乘用车 0-型试验条件

	速度 u/(km/h)	100
发动机脱开的 0-型试验	制动距离 S/m	$\leqslant 0.1u + 0.006u^2$
	充分发出的平均减速度 d_m/(m/s^2)	$\geqslant 6.43$
	制动踏板力/N	65~500
	速度 u/(km/h)	$80\% u_{max} \leqslant 160$
发动机接合的 0-型试验	制动距离 S/m	$\leqslant 0.1u + 0.0067u^2$
	充分发出的平均减速度 d_m/(m/s^2)	$\geqslant 5.76$
	制动踏板力/N	65~500

图 4.37 所示为某汽车 100km/h~0 制动时的制动距离和制动减速度,可以看出,该汽车的制动减速度非常均匀,上下的波动范围很小,平均值都在 -1g 左右,制动距离为 39.3m,属于优秀。

2. 乘用车 I-型试验(衰退和恢复试验)

I-型试验主要验证汽车效能的恒定性。

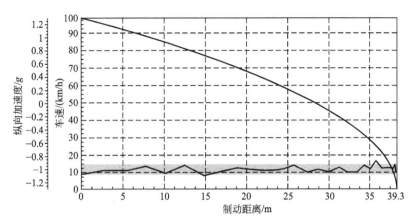

图 4.37 汽车制动试验曲线

汽车满载,在表 4-6 规定的条件下,连续进行"制动—解除制动"操作,对汽车的行车制动系统进行试验。

表 4-6 乘用车 I-型试验条件

制动起始速度 u_1/(km/h)	制动终了速度 u_2/(km/h)	制动间隔 Δt/s	制动次数 N/次
$80\% u_{max} \leqslant 120$	$u_1/2$	45	15

在任何情况下,除汽车制动和加速所需的时间外,每个循环还应留有 10s 的时间来稳定车速;试验时,应调整控制力使每次制动都能达到 $3m/s^2$ 的平均减速度;制动期间,变速器应一直处于最高挡。

I-型试验结束时,应在发动机脱开的情况下,以与 0-型试验相同的条件测定行车制动系统的抗衰退性能。抗衰退性能不应低于规定性能的 75%(对应的制动距离为 $0.1u+0.008u^2$,充分发出的平均减速度为 $4.82m/s^2$),也不应低于发动机脱开的 0-型试验数据的 60%。

3. 乘用车应急制动试验

应急制动性能应以 100km/h 的初速度,按照发动机脱开的 0-型试验条件进行试验;作用在行车制动装置上的力不应低于 65N,也不应超过 500N;因最高设计车速限制而不能达到规定试验车速的汽车,可以试验所能达到的最高车速进行试验。应急制动的制动距离不应超过 $0.1u+0.0158u^2$,充分发出的平均减速度不小于 $2.44m/s^2$。

4. 乘用车驻车制动试验

驻车制动系统应能使满载汽车在坡度为 20% 的上、下坡道上保持静止;如用手控装置,控制力不应超过 400N;如采用脚控装置,控制力不应超过 500N。

4.6.2 汽车台检制动试验

汽车台检制动试验是在制动试验台上对汽车进行制动试验,如图 4.38 所示。

图 4.38 汽车台检制动性能试验

1. 行车制动性能检验

1) 制动力百分比要求

汽车在制动试验台上测出的制动力应符合表4-7的要求。对空载检验制动力有质疑时，可用表4-7规定的满载检验制动力要求进行检验。使用转鼓试验台检测时，可通过测得制动减速度值计算得到最大制动力。

表4-7 台检试验汽车制动力百分比要求

汽车类型	制动力总和与整车重量之比/(%)		轴制动力与轴荷之比/(%)	
	空载	满载	前轴	后轴
乘用车、其他总质量不大于3500kg的汽车	≥60	≥50	≥60	≥20
铰接客车、铰接式无轨电车、汽车列车	≥55	≥45	—	—
其他汽车	≥60	≥50	≥60	≥50(空载)

2) 制动力平衡要求

在制动力增长全过程中同时测得的左右轮制动力差的最大值，与全过程中测得的该轴左右轮最大制动力中大者（当后轴及其他轴，制动力小于该轴轴荷的60%时为与该轴轴荷）之比，对新注册车和在用车应分别符合表4-8的要求。

表4-8 台试检验汽车制动力平衡要求

汽车状态	前轴	后轴	
		轴制动力大于等于该轴轴荷60%时	制动力小于该轴轴荷60%时
新注册车	≤20%	≤24%	≤8%
在用车	≤24%	≤30%	≤10%

3) 制动协调时间要求

汽车的制动协调时间，对液压制动的汽车应小于或等于0.35s；对气压制动的汽车应小于等于0.60s；汽车列车和铰接式无轨电车的制动协调时间应小于或等于0.80s。

4) 车轮阻滞率要求

车轮阻滞率是指行车和驻车制动装置处于完全释放状态，变速器置空挡位置时，试验时，试验台驱动车轮所需的作用力比左右轴重的和，即阻滞率＝左右两轴空车转动的力/左右两轮的轮荷。

进行制动力检验时，汽车各车轮的阻滞力均应小于或等于轮荷的10%。

满足上述4个条件的台试检验汽车，其行车制动性能合格。

2. 驻车制动性能检验

当采用制动检验台检验汽车驻车制动装置的制动力时，汽车空载，乘坐一名驾驶人，使用驻车制动装置，驻车制动力的总和应大于等于该车在测试状态下整车重量的20%，但总质量为整备质量1.2倍以下的汽车应大于或等于15%。

思考题

1. 汽车制动性能的评价指标是什么?
2. 什么是制动器制动力、地面制动力和附着力?三者有什么联系和区别?
3. 什么是车轮的滑移率?纵向附着系数和滑移率之间有什么关系?
4. 汽车制动过程的时间可分为几段?什么是汽车的制动距离?它与哪些因素有关?
5. 什么是汽车制动效能的恒定性?影响汽车制动器热衰退性的主要因素是什么?
6. 什么是汽车制动时的跑偏和侧滑?各有何特点?造成跑偏或侧滑的原因是什么?
7. 什么是汽车的同步附着系数?怎样选择?
8. 什么是利用附着系数和附着系数利用率?
9. 已知汽车同步附着系数 $\mu_0=0.5$,试分析该车在良好的柏油路面上($\mu=0.3$ 或 $\mu=0.7$)的制动过程(利用 I 曲线、β 线、f 线组、r 线组分析)。
10. 汽车制动试验内容有哪些?

第 5 章
汽车操纵稳定性

教学目标

通过本章的学习，读者能够掌握汽车操纵稳定性的主要研究内容和评价方法，以及汽车操纵稳定性研究中涉及的轮胎动力学模型，建立汽车操纵稳定性数学模型，并进行稳态分析和瞬态分析，了解汽车稳定性控制系统，熟悉汽车操纵稳定性试验评价内容和方法。

教学要求

知识要点	能力要求	相关知识
汽车操纵稳定性评价	掌握汽车操纵稳定性评价的基本概念，了解汽车操纵稳定性研究内容和评价指标	汽车操纵稳定性术语及定义
轮胎动力学模型	了解轮胎六分力的定义和轮胎动力学模型类型，能够推导简化的轮胎侧偏特性理论模型	轮胎理论模型、轮胎经验模型、轮胎半经验模型、轮胎自适应模型
汽车操纵稳定性数学模型	掌握建立汽车操纵稳定性数学模型的方法	牛顿定律、传递函数
汽车稳态响应	掌握汽车稳态响应分析方法	汽车稳态响应评价指标、汽车稳态响应
汽车角阶跃输入下的瞬态响应	掌握汽车瞬态响应时域分析方法	汽车时域响应评价指标、汽车时域响应
汽车脉冲输入下的瞬态响应	了解汽车瞬态响应频域分析方法	汽车频域响应评价指标、幅频特性
汽车稳定性控制系统	初步了解汽车稳定性控制系统结构、原理及工作过程	汽车稳定性控制系统的结构与原理
汽车操纵稳定性试验与评价	熟悉汽车操纵稳定性的试验内容、方法和评价	QC/T 480—1999《汽车操纵稳定性指标限值与评价方法》，GB/T 6323—2014《汽车操纵稳定性试验方法》

导入案例

汽车操纵稳定性与汽车行驶安全性密切相关，受到各汽车厂商的高度重视，装配提高汽车操纵稳定性的电子控制装置已经成为各汽车厂商的卖点之一。图5.1所示为汽车在环形雪地道上高速绕弯行驶，这是对汽车操纵稳定性的最严酷考核，不同厂商的汽车表现出不同的性能。如何评价汽车操纵稳定性能？汽车操纵稳定性与行驶安全性有什么关系？汽车操纵稳定性与哪些因素有关？通过本章的学习可以得到这些问题的答案。

图 5.1 汽车雪地绕弯行驶

汽车操纵稳定性是指在驾驶人不感觉过分紧张、疲劳的条件下，汽车能按照驾驶人通过转向系统及转向车轮给定的方向（直线或转弯）行驶；并且当受到外界干扰（路不平、侧风、货物或乘客偏载）时，汽车能抵抗干扰而保持稳定行驶的性能。

汽车操纵稳定性包括相互关联的两部分：一是操纵性，即汽车能够确切地响应驾驶人通过转向盘给定的转向指令行驶的能力，反映了汽车与驾驶人配合的程度；二是稳定性，即汽车受到外界干扰（路面干扰或突然阵风扰动）后，汽车能抵抗干扰恢复和保持稳定行驶的能力，反映了汽车运行状况的稳定程度。操纵性与稳定性有密切关系，操纵性不良往往导致汽车侧滑、甩尾甚至翻车，稳定性不好常会造成汽车失控，因此，人们常将操纵性与稳定性联系在一起，称为汽车操纵稳定性。

汽车操纵稳定性不仅影响汽车行驶的操纵方便程度，而且也是决定汽车高速安全行驶的一个主要性能，同时还间接影响到汽车其他使用性能的有效发挥，是汽车主动安全性的重要性能之一，也是体现汽车技术含量的重要指标，是汽车企业竞争的焦点之一。

5.1 汽车操纵稳定性的评价

汽车操纵稳定性评价是汽车操纵稳定性最重要研究内容之一，它既包括主观评价，又包括客观评价，目前汽车设计的最终评价是主观评价。这是因为汽车操纵稳定性很多现象是靠人的主观感觉评判的，如日常人们碰到的汽车反应迟钝、丧失路感、失去控制、飘、晃等问题都是由于操纵稳定性不好引起的。但由于影响汽车操纵稳定性的因素非常多，客观评价对指导汽车设计和找出影响汽车操纵稳定性的因素是至关重要的，因此本章主要介绍汽车操纵稳定性的客观评价。

5.1.1 汽车操纵稳定性评价的基本概念

为了更好地理解汽车操纵稳定性的评价，先介绍有关评价的几个基本概念。

1. 指令反应评价和扰动反应评价

汽车行驶时，对汽车的输入主要来自两方面，一方面来自驾驶人的指令输入，如驾驶人转动转向盘，给转向盘一个转角信号或力矩信号；另一方面来自地面不平或风的扰动输入，如汽车驶过台阶或突然受侧向风影响，这些输入都会对汽车的行驶状态发生改变。对驾驶人通过转向盘进行指令输入的评价称为指令反应评价；对车轮或车身处外界扰动输入的评价称为扰动反应评价。

2. 力输入反应评价和角输入反应评价

对驾驶人通过力输入控制汽车转向运动的评价称为力输入反应评价；对驾驶人通过角输入控制汽车转向运动的评价称为角输入反应评价，它们都属于指令反应评价。

3. 不同"工作点"下的评价

汽车行驶条件复杂多变，如存在车速不同、路面附着条件不同、行驶工况不同等。从全面评价的观点来看，应对各种车速、各种路面和各种可能达到的侧向加速度下的汽车操纵稳定性进行综合评价。所谓"工作点"就是指由这些工况变量所确定的三维空间的点。

4. 线性区评价和非线性区评价

实际上，汽车是一个非线性复杂系统，但为了分析问题的方便，把它分为线形区和非线性区。汽车在附着系数较大的路面上作小转向运动，认为是线性区评价；汽车在附着系数较小的路面作大转向运动，认为是非线性区评价。线性区评价是基本的，汽车经常行驶在线性区，是保障汽车具有良好操纵稳定性的基础；非线性区评价是重要的，汽车在非线性区工作会使操纵稳定性严重恶化，重大交通事故往往发生在非线性区。

5. 稳态评价和动态评价

稳态是指没有外界扰动、车速恒定、转向盘上的指令固定不变，汽车的输出运动达到稳定平衡的状态。汽车达到稳态的评价称为稳态评价，稳态在汽车的实际运行中很少出现。汽车从接收转向指令或扰动指令开始到达到稳态之前的运动评价称为动态评价。

稳态不存在操纵稳定性问题，所有的操纵稳定性问题都是动态反应问题。之所以对汽车进行稳态评价，是因为稳态评价比较容易，动态评价比较困难，通过稳态评价可以对汽车动态特性有初步的了解，例如，一定的稳态特性是使汽车具有良好动态特性的必要条件；稳态试验可以比较安全地达到非线性区，甚至可到达侧滑极限，而动态试验很难达到。

6. 开环评价和闭环评价

开环评价是指不考虑驾驶人特性、只考虑汽车本身特性的评价，是试验评价的主要手段；闭环评价是既考虑驾驶人特性、又考虑汽车本身特性的评价，可以更全面评价汽车操纵稳定性。但由于驾驶人特性因人而异，并可因训练而改变，很难表达成准确而统一的特性。

图5.2所示为一典型的驾驶人—汽车闭环系统。驾驶人根据路面条件、交通状况及气候等，通过手控制转向盘，通过脚控制加速踏板或制动踏板，希望汽车沿预期的轨迹行驶。但由于汽车受路面不平或侧风的影响，汽车可能会偏离行驶轨迹，这就需要驾驶人不

断修正，形成一个闭环系统。因此，闭环系统真正体现了汽车实际行驶状态。

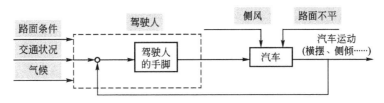

图 5.2　驾驶人—汽车闭环系统

7. 主观评价和客观评价

主观评价就是感觉评价，其方法是让试验评价人员，根据试验时自己的感觉来进行评价，按规定的项目和评分办法进行评分，属于闭环评价；客观评价是通过测试仪器测出表征性能的物理量，如横摆角速度、侧向加速度、侧倾角及转向力等，来评价汽车操纵稳定性。

主观评价和客观评价应用于汽车操纵稳定性研究中，二者各具优势，但同时也存在各自不足。主观评价的优点是能够反映驾驶人或乘坐人员实际对车的感受；缺点是一致性差，评价结果受主观因素影响大，而且在设计阶段必须要生产出样车，增加评价成本和设计周期。客观评价的优点是试验方法和指标计算结果比较明确，没有人为的不确定因素的干扰，而且随着虚拟仿真技术的成熟，汽车模型的精确构建，为设计阶段对汽车操纵稳定性进行仿真研究提供了极大方便，而且节约开发成本和缩短开发周期。客观评价既包括开环评价，也包括闭环评价。目前还没有一套公认的汽车操纵稳定性客观评价体系，这是因为汽车的设计参数和操纵稳定性的主观评价关系模糊，如果能够建立主观评价和客观评价的关系，就可以通过客观试验来预测驾驶人的主观评价，实现主观评价和客观评价的一致性。主观评价和客观评价的关系一直是汽车操纵稳定性研究领域重要的研究课题。

对汽车操纵稳定性的研究往往涉及多种评价，本章介绍的内容主要是汽车的稳态响应和瞬态响应，它们既是稳态评价和动态评价，也属于开环评价和客观评价。

5.1.2　汽车操纵稳定性的基本内容和评价指标

汽车操纵稳定性属于汽车操纵动力学研究范畴，涉及内容广泛，需要采用较多的物理量从多个方面进行评价，见表 5-1。

表 5-1　汽车操纵稳定性的基本内容和评价指标

基本内容	评价指标	主要研究方法
转向盘角阶跃输入下的稳态响应	稳态横摆角速度增益—转向灵敏度，稳定性因数，前后轮侧偏角之差，转向半径之比，静态储备系数	理论分析，仿真研究，试验研究
转向盘角阶跃输入下的瞬态响应	横摆角速度波动时的固有频率，阻尼比，响应时间，峰值响应时间，超调量	理论分析，仿真研究，试验研究

(续)

基本内容	评价指标	主要研究方法
转向盘角脉冲输入下的瞬态响应	共振峰频率，共振时振幅比，相位滞后角、稳态增益	理论分析，仿真研究，试验研究
转向回正性	稳定时间，残余横摆角速度	仿真研究，试验研究
转向轻便性	转向力，转向功	仿真研究，试验研究
典型行驶工况（蛇形、移线、双移线—回避障碍等）性能	转向盘转角，横摆角速度，车身侧倾角，侧向加速度，车速等	仿真研究，试验研究
转向盘中间区操纵稳定性	转向灵敏度，转向盘力矩梯度，侧向加速度	仿真研究，试验研究
机动性	最小转弯半径	仿真研究，试验研究
直线行驶性（侧风稳定性、路面不平度稳定性、微曲率弯道行驶性）	转向盘转角，横摆角速度，转向盘力矩等	仿真研究，试验研究
极限行驶能力（圆周行驶极限侧向加速度、抗侧翻能力等）	极限侧向加速度，极限车速，侧向稳定性系数等	仿真研究，试验研究

转向盘角阶跃输入下的稳态响应和瞬态响应是表征汽车操纵稳定性的转向盘角位移输入下的时域响应，是汽车操纵稳定性的基础特性；转向盘角脉冲输入下的瞬态响应是表征汽车操纵稳定性的转向盘角位移输入下的频域响应，是描述频率由 $0\to\infty$ 时汽车横摆角速度与转向盘转角的振幅比及相位差，是另一个重要的表征汽车操纵稳定性的基础特性。它们属于指令输入下的稳态评价和动态评价，是汽车操纵稳定性最重要的评价。

转向回正性是一种转向盘力输入下的时域响应，它表征了汽车受到外界干扰后自动回正的能力。

转向轻便性是评价驾驶人转动转向盘轻便程度的特性。为了提高汽车转向轻便性，一些新型转向系统不断应用，如液压助力转向、电动助力转向、线控转向系统等。

典型行驶工况性能是指模拟典型驾驶操作汽车通过某种通道的性能，它们能更如实地反映汽车的操纵稳定性，属于闭环评价。典型行驶工况性能往往代表了汽车卓越的操纵稳定性能，一些汽车爱好者经常举办一些汽车特殊工况运动比赛，甚至一些比赛成绩都入选世界吉尼斯纪录。

转向盘中心区操纵稳定性是指转向盘小转角、低频正弦输入下汽车高速行驶时的操纵稳定性，它代表了汽车经常行驶工况下的操纵稳定性。

机动性是代表汽车机动灵活性的性能，最小转弯半径是评价汽车机动性的重要指标，是汽车试验必做的项目，在汽车基本参数配置中，都要给出汽车最小转弯半径。

直线行驶性是汽车操纵稳定性的另一个重要研究内容，其中侧风稳定性与路面不平度稳定性是汽车直线行驶时在外界干扰输入下的时域响应。由于实际直线行驶时总是不断地伴随着微曲率大转向半径的曲线行驶，所以直线行驶性还包括微曲率弯道行驶性，它是汽车在转向盘小转角、低频正弦输入下的行驶性能。

极限行驶性能是指汽车在处于正常行驶与异常危险运动之间的运动状态下的特性，它表明了汽车安全行驶的极限性能。

汽车操纵稳定性研究方法很多，有理论研究、仿真研究和试验研究等。理论研究主要是将汽车操纵稳定性的基本特性用数学模型表示出来，通过理论分析，可以了解汽车操纵稳定性的基本特性，属于定性分析；仿真研究主要是利用商业化的软件，通过建立三维实体模型，对汽车操纵稳定性进行仿真，一般在设计阶段都要进行仿真研究，属于定量分析；试验研究是样车制造出来后，对样车进行试验，对其操纵稳定性进行评价，属于实际分析。

汽车操纵稳定性是汽车所有性能中研究内容最多，也是最复杂的，它几乎涉及汽车的所有系统，而且相互交错，汽车上不断推出的电子控制系统，多数都与汽车操纵稳定性有关。作为基本学习内容，本章只对转向盘角阶跃输入下的稳态响应、瞬态响应和脉冲输入下的频率特性进行理论分析，对其他内容只介绍试验和评价方法。

5.2 轮胎动力学模型

轮胎是汽车的重要部件，它的结构参数和力学特性决定着汽车的主要行驶性能。因为除空气作用力外，汽车运动所需的所有外力都是由轮胎与路面之间的相互作用产生的。轮胎所受的法向力、纵向力、侧向力和回正力矩对汽车操纵稳定性有重要影响，是研究汽车操纵稳定性的基础。特别是对汽车操纵稳定性仿真研究，如何匹配合适的轮胎模型是至关重要的。

5.2.1 轮胎六分力

汽车行驶时，轮胎受到沿 3 个方向的力及绕 3 个轴的力矩，即为轮胎六分力。为了便于研究人员统一进行轮胎动力学的分析，国际汽车工程师协会（SAE）制定了标准的轮胎运动坐标系，并定义了轮胎的作用力和力矩及相关运动变量，如图 5.3 所示。

SAE 轮胎运动坐标系的原点是轮胎接地印迹中心，即车轮中心面与地平面交线和车轮旋转轴中心线在地平面上投影的交点；x 轴定义为车轮中心面与地平面的交线，前进方向为正；y 轴定义为车轮旋转轴在地平面上的投影线，规定车轮前进方向的右方为正；z 轴规定向下为正，从而保证坐标系符合右手坐标系原则。

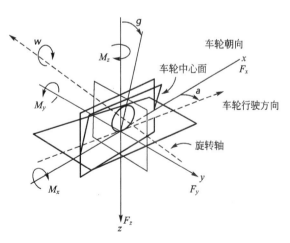

图 5.3 SAE 标准轮胎运动坐标系

轮胎六分力定义如下。

(1) 纵向力 F_x，地面对轮胎作用力在地平面内沿 x 轴方向的分量，其作用是对汽车进行驱动或制动，F_x 为正时是驱动力，为负时是制动力。

(2) 侧向力 F_y，地面对轮胎作用力在地平面内沿 y 轴方向的分量，根据轮胎转向或外倾的方向，侧向力使轮胎向相应的方向运动，实现汽车的转向。

(3) 法向力 F_z，地面对轮胎作用力垂直于地平面沿 z 轴方向的分量，根据定义，该法向反作用力为负值，因此垂直载荷的符号与法向反作用力相反，为正值。

(4) 翻转力矩 M_x，地面对轮胎作用力绕 x 轴旋转的轮胎分力矩，其说明了垂直力作用点相对于接触中心左右移动的现象，影响轮胎的外倾性能。

(5) 滚动阻力矩 M_y，地面对轮胎作用力绕 y 轴旋转的轮胎分力矩，其说明了垂直力作用点相对于接触中心前后移动的现象。

(6) 回正力矩 M_z，地面对轮胎作用力绕 z 轴旋转的轮胎分力矩，其说明了纵向力和侧向力在道路平面内的作用点偏离接触中心，影响汽车的回正性能。

在轮胎六分力中，对汽车操纵稳定性影响较大的是轮胎纵向力、侧向力和回正力矩。法向力对轮胎侧偏刚度影响较大，间接影响汽车操纵稳定性。

定义轮胎侧偏角 α 为车轮中心平面与车轮中心运动方向的夹角，顺时针方向为正，它等于车轮接地印迹中心处的侧向速度与前进速度之比的反正切函数，是影响轮胎侧偏特性的重要因素之一。

外倾角 γ 是由车前方看车轮中心线与垂直线所成的夹角，向外为正，向内为负。

坐标系不同，符号协议也不同。SAE 轮胎运动坐标系中，符号协议是：纵向力与纵向滑动率符号一致；侧向力与侧偏角符号相反，即负的侧偏角将产生正的轮胎侧向力；小侧偏角时，回正力矩与侧偏角符号相同。

轮胎滑移率是指汽车在制动时，车轮抱死程度；轮胎滑转率是指汽车驱动时，车轮滑转程度。把轮胎滑移率和轮胎滑转率统称为轮胎滑动率。轮胎模型不同，建立的轮胎滑动率也略有差异。

5.2.2 轮胎动力学模型类型

轮胎动力学模型研究轮胎六分力与轮胎结构参数和使用参数的关系，即轮胎在不同工作条件下的输入与输出之间的关系，如图 5.4 所示。轮胎动力学模型的输入变量可以是轮胎纵向滑动率、侧偏角、外倾角、垂直载荷、气压、摩擦系数等，输出变量可以是轮胎纵向力、侧向力、法向力、翻转力矩、滚动阻力矩和回正力矩。不同的轮胎动力学模型，其输入变量和输出变量可以不同。

轮胎动力学模型对汽车操纵稳定性仿真计算结果有很大的影响，轮胎动力学模型的精度必须与汽车操纵稳定性模型精度相匹配。因此，选用轮胎动力学模型是至关重要的。由于轮胎具有结构复杂和力学性能非线性特点，选择符合实际又便于使用的轮胎动力学模型是研究汽车操纵稳定性的关键。

轮胎动力学模型根据建模方法的

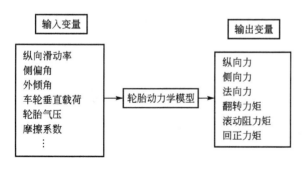

图 5.4 轮胎动力学模型输入与输出之间的关系

不同，可以分为理论模型、经验模型、半经验模型和自适应模型 4 大类。

1. 轮胎理论模型

轮胎理论模型是在简化的轮胎物理模型基础上建立的对轮胎力学特性的一种数学描述。根据轮胎的力学特性，用物理结构代替轮胎结构，将物理结构变形看作轮胎的变形。轮胎理论模型的优点是具有解析表达式，能探讨轮胎特性的形成机理；缺点是模型精度和计算效率较低，一般形式较为复杂，在描述轮胎特性的实际应用中有很大的局限性。

2. 轮胎经验模型

轮胎经验模型是利用一定的经验公式拟合试验测试数据建立的模型。轮胎经验模型公式简单，与试验结果较接近，便于计算和实际应用，但需要大量的试验数据。由于试验条件的限制和路面状况的多变性，难以得到所有路面状况和所有轮胎运动状态的试验数据。因此，经验模型只是根据有限的试验数据得到的，模型外推性不好，参数没有明确的物理意义，预测能力较差，目前较少应用。

3. 轮胎半经验模型

轮胎半经验模型是在轮胎理论模型基础上通过满足一定边界条件建立的模型。轮胎半经验模型精度较高，外推性较好，可以描述轮胎基本的物理和结构特性，仿真结果与试验测试结果比较接近，便于在汽车操纵稳定性仿真中应用，是目前应用最广泛的模型。

4. 轮胎自适应模型

轮胎自适应模型是在理论和试验数据的基础上，通过模拟生物体的某些结构和功能，针对各种不同输入参数建立起来的对外界环境具有一定自适应能力的智能模型。这种模型建模效率高且具有相当高的精度，如神经网络轮胎模型和基于遗传算法的轮胎模型等。

在上述 4 类轮胎模型中，轮胎理论模型可以利用解析表达式描述轮胎的受力，便于建立汽车操纵稳定性线性模型和理论分析；轮胎半经验模型精度较高，用于汽车操纵稳定性仿真效果好；轮胎自适应模型属于发展中。

5.2.3 轮胎侧偏特性理论模型

轮胎侧偏特性模型主要用于研究汽车操纵稳定性。影响轮胎侧偏特性的因素很多，为了了解轮胎侧偏特性的基本性质，逐步建立起理性的认识，有必要建立简化的自由滚动轮胎侧偏特性理论模型，为进一步建立比较完善的轮胎侧偏特性模型奠定基础。

在建立简化的自由滚动轮胎侧偏特性理论模型时，作如下假设。

（1）轮胎胎体为刚性，轮胎的弹性集中在胎面。
（2）轮胎作自由滚动，其纵向滑动和纵向力可以忽略。
（3）轮胎的外倾角为零。
（4）轮胎与路面之间各点的摩擦系数为固定常数。
（5）垂直载荷在印迹上的分布为抛物线分布，在宽度上的分布是相同的。

当轮胎以一定侧偏角 α 自由向前滚动时，轮胎在侧向力作用下印迹内胎面变形如图 5.5 所示。O 为印迹起始点，C 为印迹终了点，OA 为附着区，AB 是滑移区，l 为印迹长度。Ox 为车轮中心旋转平面；印迹在 O 点开始与地面接触，经时间 t 后达到 P 点，轮

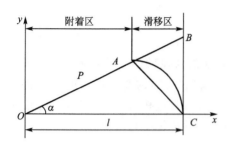

图 5.5 轮胎印迹内胎面变形

胎继续向前滚动,达到 A 点后,胎面变形产生的侧向应力和摩擦侧向应力相等,轮胎开始滑移,最后回到不变形的初始位置 C。

附着区内胎面上任一点 P 的侧向变形为

$$\Delta y = x\tan\alpha = s_a x \tag{5-1}$$

式中,$s_a = \tan\alpha$。

轮胎印迹内由胎面变形引起的侧向应力为

$$q_y = c_y \Delta y = c_y s_a x \tag{5-2}$$

式中,c_y 为轮胎侧向刚度。

轮胎印迹内的侧向摩擦应力为

$$q_{\mu y} = \mu_y q_z \tag{5-3}$$

式中,$q_z = \dfrac{6F_z}{b_w l^2} x \left(1 - \dfrac{x}{l}\right)$,为垂直载荷分布。

当轮胎印迹内由胎面变形产生的侧向应力和侧向摩擦应力相等时,轮胎开始滑移,起滑点坐标由式(5-4)求得

$$c_y s_a x_s = \mu_y \frac{6F_z}{b_w l^2} x_s \left(1 - \frac{x_s}{l}\right)$$

$$x_s = l \left(1 - \frac{c_y s_a b_w l^2}{6F_z \mu_y}\right) \tag{5-4}$$

自由滚动轮胎侧向力为

$$\begin{aligned} F_y &= b_w \int_0^{x_s} q_y \mathrm{d}x + b_w \int_{x_s}^{l} q_{\mu y} \mathrm{d}x = b_w \int_0^{x_s} c_y s_a x \mathrm{d}x + b_w \int_{x_s}^{l} \frac{6\mu_y F_z}{b_w l^2} x \left(1 - \frac{x}{l}\right) \mathrm{d}x \\ &= \frac{K_y}{l^2} s_a x_s^2 + \mu_y F_z \left(1 - \frac{3x_s^2}{l^2} + \frac{2x_s^3}{l^3}\right) \end{aligned} \tag{5-5}$$

式中,b_w 为轮胎印迹宽度;$K_y = \dfrac{1}{2} b_w l^2 c_y$ 为轮胎侧偏刚度。

自由滚动轮胎回正力矩为

$$\begin{aligned} M_z &= b_w \int_0^{x_s} \left(x - \frac{l}{2}\right) q_y \mathrm{d}x + b_w \int_{x_s}^{l} \left(x - \frac{l}{2}\right) q_{\mu y} \mathrm{d}x \\ &= b_w \int_0^{x_s} \left(x - \frac{l}{2}\right) c_y s_a x \mathrm{d}x + b_w \int_{x_s}^{l} \left(x - \frac{l}{2}\right) \frac{6\mu_y F_z}{b_w l^2} x \left(1 - \frac{x}{l}\right) \mathrm{d}x \\ &= b_w c_y s_a x_s^2 \left(\frac{x_s}{3} - \frac{l}{4}\right) + \frac{3\mu_y F_z}{2l^3} x_s^2 (l - x_s)^2 \end{aligned} \tag{5-6}$$

当 $x_s = l$,即轮胎印迹内无侧向滑移时,轮胎侧向力和回正力矩分别为

$$F_y = K_y s_a$$

$$M_z = \frac{1}{6} s_a K_y l \tag{5-7}$$

轮胎拖距为

$$\tau = \frac{M_z}{F_y} = \frac{l}{6} \tag{5-8}$$

当 $x_s = 0$,即轮胎印迹内完全侧向滑移时,轮胎侧向力和回正力矩分别为

$$F_y = \mu_y F_z$$

$$M_z = 0 \tag{5-9}$$

在对汽车操纵稳定性进行线性分析时,为了能够推导出有用的结论,往往假设轮胎侧偏特性是线性的,而且侧偏角较小,侧向力满足下列关系。

$$F_y = K_y \alpha \tag{5-10}$$

图 5.6 给出了一种轿车用轮胎在 3 种不同载荷下的侧向力与侧偏角的关系。可以看出,当侧偏角小于 4°时,侧向力是呈线性增加的。一旦超过此值,随着侧偏角的增加,侧向力增加变得愈加缓慢,并最终在侧偏角为 8°~10°时达到饱和。而对一辆普通的轿车而言,其侧向运动通常是在线性区域范围内发生的。图 5.6 中线性部分的斜率就是轮胎侧偏刚度,即单位侧偏角产生的轮胎侧向力,它是评价轮胎侧偏特性的一个重要参数。

轮胎垂直载荷对侧偏刚度的影响如图 5.7 所示。可以看出,当轮胎垂直载荷较小时,侧偏刚度随着垂直载荷一起增加,但当垂直载荷超出某一极限时,轮胎产生很大的径向变形,侧偏刚度反而有所减小。

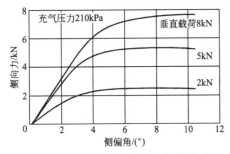

图 5.6 轮胎侧向力与侧偏角的关系

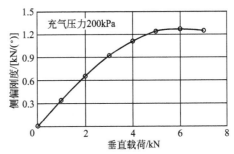

图 5.7 轮胎垂直载荷对侧偏刚度的影响

轮胎气压对侧偏刚度的影响如图 5.8 所示。可以看出,当垂直载荷相对较小时,轮胎侧偏刚度随着气压的增大而减小;当垂直载荷相对较大时,轮胎侧偏刚度随着气压的增大而增大。然而,对于更大的垂直载荷,轮胎侧偏刚度会随着气压的增大而减小。因此,轮胎气压对侧偏刚度的影响比较复杂,需要通过试验进行测量。

轮胎回正力矩与侧偏角的关系如图 5.9 所示。可以看出,当侧偏角较小时,回正力矩随着侧偏角线性增加;而随着侧偏角增大,回正力矩趋于饱和并达到某一特定峰值,随后便开始随着侧偏角的增大而减小。轮胎垂直载荷对回正力矩的影响都很大。这主要是因为垂直载荷的影响发生在轮胎印迹与胎面橡胶之间存在相对滑动的范围内,而回正力矩本身也特别受作用于印迹内前、后两端的侧向力的影响。另一个原因是轮胎垂直载荷的增大会导致印迹长度的增大,从而使得由侧向力产生的力矩也随之增加。

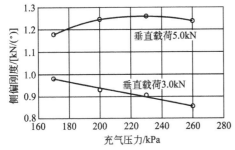

图 5.8 轮胎气压对侧偏刚度的影响

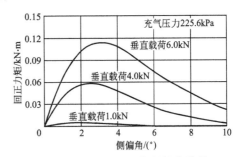

图 5.9 轮胎回正力矩与侧偏角的关系

5.2.4 轮胎魔术公式

轮胎魔术公式是典型的轮胎半经验模型,是目前应用最广泛的轮胎模型之一。1987年,荷兰 Delft 工业大学的 Pacejka 教授通过大量的试验,得出了描述轮胎纵向力、侧向力和回正力矩的表达式。后来又对表达式进行了多次改进,建立了著名的"magic formula(魔术公式)"模型。魔术公式是用三角函数的组合公式拟合轮胎试验数据,用一套形式相同的公式就可以完整地表达轮胎的纵向力、侧向力、回正力矩及纵向力和侧向力的联合作用工况。魔术公式较好地描述了轮胎纵向力、侧向力、回正力矩及联合工况下的轮胎特性,得到了广泛应用。

魔术公式可统一描述为

$$Y(x) = y(x) + S_v$$
$$y(x) = D\sin(C\arctan(Bx - E(Bx - \arctan(Bx))))$$
$$x = X + S_h \tag{5-11}$$

式中,$Y(x)$ 为轮胎纵向力、侧向力或回正力矩;x 为考虑水平偏移因子时的自变量;$y(x)$ 为不考虑垂直偏移因子的纵向力、侧向力或回正力矩;X 为纵向滑动率或侧偏角;D 为峰值因子,表征 $y(x)$ 曲线的峰值;C 为形状因子,表征 $y(x)$ 曲线的形状;B 为刚度因子,决定了 $y(x)$ 曲线原点处的斜率;E 为曲率因子,表征 $y(x)$ 曲线峰值和渐进线附近的曲率;S_v 为垂直偏移因子,表征 $y(x)$ 曲线的垂直偏移程度;S_h 为水平偏移因子,表征 $y(x)$ 曲线的水平偏移程度。

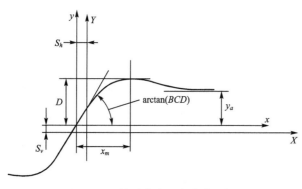

图 5.10 轮胎魔术公式中的系数

S_v 和 S_h 是由轮胎的帘布层转向效应、轮胎的圆锥度效应、滚动阻力矩和外倾角引起的,用来描述特性曲线相对原点的偏移;BCD 决定 $x=0$ 处的斜率;B、C、D、S_v、S_h 等因子的意义,如图 5.10 所示。

目前,轮胎魔术公式有多种模型,如 Pacejka89、Pacejka94 模型;MF-Tyre 轮胎模型;PAC2002 轮胎模型。

Pacejka89、Pacejka94 轮胎模型是由 Pacejka 教授根据其发布年命名的,它考虑了轮胎帘布层转向效应、圆锥度效应、外倾角和滚动阻力等对胎体变形的影响。Pacejka89、Pacejka94 轮胎模型是稳态侧偏模型,不能用于非稳态工况。在侧向加速度小于 $0.4g$ 的常用线性范围下,对轮胎性能具有很高的拟合精度,甚至在大于 $0.4g$ 的非线性范围以外一定程度仍有较好的置信度,因此魔术公式被业界公认是进行汽车操纵稳定性仿真分析最出色的轮胎模型之一。

MF-Tyre 轮胎模型是由荷兰 Delft 工业大学 Pacejka 教授与瑞典 Volvo 汽车公司合作开发的,根据仿真工况的不同可在稳态和非稳态之间切换,模型考虑了轮胎高速旋转时陀螺耦合、侧偏和纵滑的相互影响,外倾对侧偏和纵滑的影响。

PAC2002 轮胎模型是由 Pacejka 教授后期开发的,PAC2002 和 MF-Tyre 具有相同的功能,但改善了翻转力矩模型。

Pacejka89 轮胎侧向力表达式为

$$F_{y0} = D_y \sin(C_y \arctan(B_y \alpha_y - E_y(B_y \alpha_y - \arctan(B_y \alpha_y)))) + S_{vy} \quad (5-12)$$

式中，$\alpha_y = \alpha + S_{hy}$ 为侧向力组合自变量，α 为轮胎侧偏角；C_y 为侧向力曲线形状因子，表示侧向力曲线的形状；B_y 为侧向力曲线刚度因子；D_y 为侧向力峰值因子，表示最大侧向力值；$B_y C_y D_y$ 为侧向力零点处的侧向刚度；E_y 为侧向力曲率因子，表示曲线峰值附近的形状；S_{vy} 为侧向力曲线垂直偏移因子；S_{hy} 为侧向力曲线水平偏移因子。

轮胎侧向力表达式各项系数为

$$\begin{aligned}
C_y &= A_0 \\
D_y &= A_1 F_z^2 + A_2 F_z \\
B_y &= A_3 \sin(2 \arctan F_z / A_4)(1 - A_5 |\gamma|)/(C_y D_y) \\
E_y &= A_6 F_z + A_7 \\
S_{hy} &= A_8 \gamma + A_9 F_z + A_{10} \\
S_{vy} &= A_{11} F_z \gamma + A_{12} F_z + A_{13}
\end{aligned} \quad (5-13)$$

式中，γ 为轮胎外倾角；$A_0 \sim A_{13}$ 为纯侧偏工况下 Pacejka89 轮胎侧向力特性参数。

Pacejka89 轮胎回正力矩表达式为

$$M_{z0} = D_z \sin(C_z \arctan(B_z \alpha_z - E_z(B_z \alpha_z - \arctan(B_z \alpha_z)))) + S_{vz} \quad (5-14)$$

式中，$\alpha_z = \alpha + S_{hz}$ 为回正力矩组合自变量；C_z 为回正力矩曲线形状因子，表示回正力矩曲线的形状；D_z 为回正力矩峰值因子，表示最大回正力矩值；B_z 为回正力矩曲线刚度因子；$B_z C_z D_z$ 为回正力矩零点处的扭转刚度；E_z 为回正力矩曲率因子，表示曲线峰值附近的形状；S_{vz} 为回正力矩曲线垂直偏移因子；S_{hz} 为回正力矩曲线水平偏移因子。

轮胎回正力矩表达式各项系数为

$$\begin{aligned}
C_z &= C_0 \\
D_z &= C_1 F_z^2 + C_2 F_z \\
B_z &= (C_3 F_z^2 + C_4 F_z)(1 - C_6 |\gamma|) e^{-C_5 F_z} / (C_z D_z) \\
E_z &= (C_7 F_z^2 + C_8 F_z + C_9)(1 - C_{10} |\gamma|) \\
S_{hz} &= C_{11} \gamma + C_{12} F_z + C_{13} \\
S_{vz} &= \gamma(C_{14} F_z^2 + C_{15} F_z) + C_{16} F_z + C_{17}
\end{aligned} \quad (5-15)$$

式中，$C_0 \sim C_{17}$ 为纯侧偏工况下 Pacejka89 轮胎回正力矩特性参数。

侧向力和回正力矩的特性参数可以通过试验获得，也可以通过参数辨识获得。

轮胎魔术公式是机械系统动力学自动分析软件 ADAMS 中应用的最主要模型，轮胎与路面的相互作用是通过 ADAMS/Tire 模块实现的，利用该模块，可以方便地计算轮胎的纵向力、侧向力、回正力矩等。通过该模块可以建立适用于多种乘用车和商用车的轮胎模型。在 ADAMS 中，一个车辆模型中最多可设置 40 个轮胎。

对汽车操纵稳定性进行仿真分析，一般都要选择轮胎的半经验模型。

5.3 汽车操纵稳定性数学模型

目前，常见汽车有三轴汽车和二轴汽车，下面分别对其建立操纵稳定性数学模型。

5.3.1 三轴汽车操纵稳定性数学模型

首先建立三轴全轮转向汽车的操纵稳定性数学模型,其他类型三轴汽车或二轴汽车操纵稳定性模型可以从三轴全轮转向汽车操纵稳定性数学模型转化而成。将三轴全轮转向汽车简化为一个二自由度三轮单轨模型,引入了以下假设。

(1) 忽略转向系的作用,直接以前轮转角作为输入。

(2) 忽略悬架的作用,认为汽车只做平行于地面的平面运动,即汽车沿 z 轴的位移、绕 y 轴的俯仰角和绕 x 轴的侧倾角均为零。

(3) 汽车沿 x 轴的前进速度 u 视为不变,这样汽车只有沿 y 轴的侧向运动和绕 z 轴的横摆运动两个自由度。

(4) 轮胎侧偏特性处于线性范围。

(5) 驱动力不大,不考虑地面切向力对轮胎侧偏特性的影响。

(6) 忽略空气动力的作用。

(7) 忽略左、右轮胎由于载荷变化引起轮胎特性的变化及轮胎回正力矩的作用。

简化后的汽车模型如图 5.11 所示。它是一个由三个有侧向弹性的轮胎支撑于地面、具有侧向和横摆两个自由度的汽车模型。图 5.11 中,β 为汽车质心侧偏角;u 为汽车质心前进速度;v 为汽车质心侧向速度;ω_r 为汽车横摆角速度;a 为汽车质心至前轴距离;b 为汽车质心至中轴距离;c 为汽车质心至后轴距离;L_1 为前、后轴的轴距;α_1、α_2、α_3 分别为前轮、中轮和后轮侧偏角;δ_1、δ_2、δ_3 分别为前轮、中轮和后轮转向角;F_{y1}、F_{y2}、F_{y3} 分别为前轮、中轮和后轮侧向力。

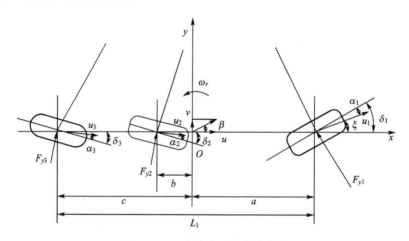

图 5.11 二自由度三轴汽车模型

汽车质心处侧向加速度为

$$a_y = \dot{v} + u\omega_r \tag{5-16}$$

汽车前轮、中轮、后轮的侧偏角分别为

$$\alpha_1 = \beta + \frac{a\omega_r}{u} - \delta_1$$

$$\alpha_2 = \beta - \frac{b\omega_r}{u} - \delta_2$$

$$\alpha_3 = \beta - \frac{c\omega_r}{u} - \delta_3 \tag{5-17}$$

式中，$\beta = \frac{v}{u}$。

假设轮胎侧向力处于线性范围内，汽车前轮、中轮和后轮侧向力分别为

$$F_{y1} = K_{\alpha 1}\alpha_1$$
$$F_{y2} = K_{\alpha 2}\alpha_2$$
$$F_{y3} = K_{\alpha 3}\alpha_3 \tag{5-18}$$

式中，$K_{\alpha 1}$、$K_{\alpha 2}$、$K_{\alpha 3}$ 分别为前轮、中轮和后轮综合侧偏刚度。

根据牛顿定律，可以列出二自由度汽车的微分方程

$$m(\dot{v} + u\omega_r) = F_{y1} + F_{y2} + F_{y3}$$
$$I_z\dot{\omega}_r = aF_{y1} - bF_{y2} - cF_{y3} \tag{5-19}$$

式中，m 为汽车质量；I_z 为汽车转动惯量。

将式(5-16)~式(5-18)代入式(5-19)得

$$m(\dot{v} + u\omega_r) = K_{\alpha 1}\left(\beta + \frac{a\omega_r}{u} - \delta_1\right) + K_{\alpha 2}\left(\beta - \frac{b\omega_r}{u} - \delta_2\right) + K_{\alpha 3}\left(\beta - \frac{c\omega_r}{u} - \delta_3\right)$$
$$I_z\dot{\omega}_r = aK_{\alpha 1}\left(\beta + \frac{a\omega_r}{u} - \delta_1\right) - bK_{\alpha 2}\left(\beta - \frac{b\omega_r}{u} - \delta_2\right) - cK_{\alpha 3}\left(\beta - \frac{c\omega_r}{u} - \delta_3\right) \tag{5-20}$$

将式(5-20)写成矩阵方程

$$\begin{bmatrix} \dot{\beta} \\ \dot{\omega}_r \end{bmatrix} = \begin{bmatrix} a_{11} & a_{12} \\ a_{21} & a_{22} \end{bmatrix} \begin{bmatrix} \beta \\ \omega_r \end{bmatrix} + \begin{bmatrix} b_{11} \\ b_{21} \end{bmatrix}\delta_1 + \begin{bmatrix} b_{12} \\ b_{22} \end{bmatrix}\delta_2 + \begin{bmatrix} b_{13} \\ b_{23} \end{bmatrix}\delta_3 \tag{5-21}$$

式中，$a_{11} = \frac{K_{\alpha 1} + K_{\alpha 2} + K_{\alpha 3}}{mu}$；$a_{12} = \frac{aK_{\alpha 1} - bK_{\alpha 2} - cK_{\alpha 3} - mu^2}{mu^2}$；

$a_{21} = \frac{aK_{\alpha 1} - bK_{\alpha 2} - cK_{\alpha 3}}{I_z}$；$a_{22} = \frac{a^2 K_{\alpha 1} + b^2 K_{\alpha 2} + c^2 K_{\alpha 3}}{I_z u}$；$b_{11} = -\frac{K_{\alpha 1}}{mu}$；$b_{12} = -\frac{K_{\alpha 2}}{mu}$；

$b_{13} = -\frac{K_{\alpha 3}}{mu}$；$b_{21} = -\frac{aK_{\alpha 1}}{I_z}$；$b_{22} = \frac{bK_{\alpha 2}}{I_z}$；$b_{23} = \frac{cK_{\alpha 3}}{I_z}$。

令 $\delta_2 = 0$，$\delta_3 = 0$，就可以得到常见的前轮转向三轴汽车操纵稳定性数学模型；令 $\delta_3 = 0$，$K_{\alpha 3} = 0$，就可以得到四轮转向汽车操纵稳定性数学模型。

5.3.2 二轴汽车操纵稳定性数学模型

对于常见的二轴汽车，其操纵稳定性数学模型可以从式(5-20)转化而来。假设 $K_{\alpha 3} = 0$，$\delta_2 = 0$，$\delta_3 = 0$，即可得到二轴前轮转向汽车操纵稳定性数学模型

$$m(\dot{v} + u\omega_r) = K_{\alpha 1}\left(\beta + \frac{a\omega_r}{u} - \delta_1\right) + K_{\alpha 2}\left(\beta - \frac{b\omega_r}{u}\right)$$
$$I_z\dot{\omega}_r = aK_{\alpha 1}\left(\beta + \frac{a\omega_r}{u} - \delta_1\right) - bK_{\alpha 2}\left(\beta - \frac{b\omega_r}{u}\right) \tag{5-22}$$

下面如果没有特殊说明，述及的汽车就是二轴前轮转向汽车。

汽车操纵稳定性数学模型可以写成多种形式，如矩阵方程、传递函数、频率响应函数和状态方程式等。

1. 矩阵方程

与线性方程组式(5-22)相比，矩阵方程表达更简洁、清晰，求解更方便。

将式(5-22)写成矩阵方程

$$\begin{bmatrix} \dot{\beta} \\ \dot{\omega}_r \end{bmatrix} = \begin{bmatrix} a_{11} & a_{12} \\ a_{21} & a_{22} \end{bmatrix} \begin{bmatrix} \beta \\ \omega_r \end{bmatrix} + \begin{bmatrix} b_{11} \\ b_{21} \end{bmatrix} \delta_1 \tag{5-23}$$

式中，$a_{11}=\dfrac{K_{a1}+K_{a2}}{mu}$；$a_{12}=\dfrac{aK_{a1}-bK_{a2}-mu^2}{mu^2}$；$a_{21}=\dfrac{aK_{a1}-bK_{a2}}{I_z}$；

$a_{22}=\dfrac{a^2 K_{a1}+b^2 K_{a2}}{I_z u}$；$b_{11}=-\dfrac{K_{a1}}{mu}$；$b_{21}=-\dfrac{aK_{a1}}{I_z}$。

2. 传递函数

传递函数是被测系统的动力学特征在时域范围的描述，也就是被测系统本身对输入信号在时域中传递特性的描述，主要用于在时域范围内研究系统的动态响应。

对式(5-23)进行拉普拉斯变换得

$$\begin{pmatrix} s-a_{11} & -a_{12} \\ -a_{21} & s-a_{22} \end{pmatrix} \begin{pmatrix} \beta(s) \\ \omega_r(s) \end{pmatrix} = \begin{pmatrix} b_{11} \\ b_{21} \end{pmatrix} \delta_1(s) \tag{5-24}$$

由式(5-24)可得汽车质心侧偏角的传递函数为

$$G_\beta(s) = \frac{\beta(s)}{\delta_1(s)} = \frac{(s-a_{22})b_{11}+a_{12}b_{21}}{(s-a_{11})(s-a_{22})-a_{12}a_{21}} \tag{5-25}$$

由式(5-24)可得汽车横摆角速度的传递函数为

$$G_{\omega_r}(s) = \frac{\omega_r(s)}{\delta_1(s)} = \frac{(s-a_{11})b_{21}+a_{21}b_{11}}{(s-a_{11})(s-a_{22})-a_{12}a_{21}} \tag{5-26}$$

3. 频率响应函数

频率响应函数是复函数，它是被测系统的动力学特征在频域范围的描述，也就是被测系统本身对输入信号在频域中传递特性的描述，主要用于在频域范围内研究系统的动态响应。

对式(5-23)进行傅氏变换得

$$\begin{pmatrix} j\omega-a_{11} & -a_{12} \\ -a_{21} & j\omega-a_{22} \end{pmatrix} \begin{pmatrix} \beta(\omega) \\ \omega_r(\omega) \end{pmatrix} = \begin{pmatrix} b_{11} \\ b_{21} \end{pmatrix} \delta_1(\omega) \tag{5-27}$$

由式(5-27)可得汽车质心侧偏角的频率响应函数为

$$G_\beta(\omega) = \frac{\beta(\omega)}{\delta_1(\omega)} = \frac{(\omega j - a_{22})b_{11}+a_{12}b_{21}}{-\omega^2-(a_{11}+a_{22})\omega j+a_{11}a_{22}-a_{12}a_{21}} \tag{5-28}$$

由式(5-27)可得汽车横摆角速度的频率响应函数为

$$G_{\omega_r}(\omega) = \frac{\omega_r(\omega)}{\delta_1(\omega)} = \frac{(\omega j - a_{11})b_{21}+a_{21}b_{11}}{-\omega^2-(a_{11}+a_{22})\omega j+a_{11}a_{22}-a_{12}a_{21}} \tag{5-29}$$

4. 状态方程式

传递函数和频率响应函数对系统特性的描述是不完全的。状态方程式反映了输入对系统内部状态的影响，即输入改变了系统的状态，以及状态变量对输出变量的影响，即状态改变产生了输出改变。它包含了系统运动的内部信息(状态)和外部信息(输出)，是对系统动态特性的完整描述。利用状态方程式可以对系统进行最优控制。

取状态向量为 $\boldsymbol{X}=[\beta \quad \omega_r]^T$，输入向量为 $\boldsymbol{U}=[\delta_1]$，输出向量为 $\boldsymbol{Y}=[\beta \quad \omega_r \quad a_y]^T$，将微分方程式(5-22)写为状态方程式为

$$\dot{\boldsymbol{X}}=\boldsymbol{A}\boldsymbol{X}+\boldsymbol{B}\boldsymbol{U}$$
$$\boldsymbol{Y}=\boldsymbol{C}\boldsymbol{X}+\boldsymbol{D}\boldsymbol{U} \tag{5-30}$$

式中，$\boldsymbol{A}=\begin{bmatrix} \dfrac{K_{a1}+K_{a2}}{mu} & \dfrac{aK_{a1}-bK_{a2}}{mu^2}-1 \\ \dfrac{aK_{a1}-bK_{a2}}{I_z} & \dfrac{a^2K_{a1}+b^2K_{a2}}{I_z u} \end{bmatrix}$；$\boldsymbol{B}=\begin{bmatrix} -\dfrac{K_{a1}}{mu} \\ -\dfrac{aK_{a1}}{I_z} \end{bmatrix}$；

$\boldsymbol{C}=\begin{bmatrix} 1 & 0 \\ 0 & 1 \\ \dfrac{K_{a1}+K_{a2}}{m} & \dfrac{aK_{a1}-bK_{a2}}{mu} \end{bmatrix}$；$\boldsymbol{D}=\begin{bmatrix} 0 \\ 0 \\ -\dfrac{K_{a1}}{m} \end{bmatrix}$。

$\boldsymbol{A}$ 称为系统矩阵；$\boldsymbol{B}$ 称为控制矩阵；$\boldsymbol{C}$ 称为输出矩阵；$\boldsymbol{D}$ 称为传递矩阵。

建立不同形式的汽车操纵稳定性数学模型，可以从不同的角度研究汽车操纵稳定性。特别是在研究汽车操纵稳定性的影响因素时，目前主要通过仿真进行分析。

5.4 汽车稳态响应

稳态是指加在汽车上的外力（包括道路响应及空气动力）不随时间发生变化或汽车操纵输入为常数时的汽车运动状态；汽车稳态响应是指汽车稳态状况下的运动响应。虽然这种稳态在汽车的实际运行中很少出现，但非常重要，它代表了汽车的基本操纵性能，有助于对汽车的动态表现进行结构上的分析，便于找出改进的方向。

5.4.1 汽车稳态响应评价

汽车稳态响应是汽车操纵稳定性的最基本特性之一，所设计的汽车必须满足稳态响应的要求。对汽车稳态响应的评价也是汽车操纵稳定性最主要的评价。

1. 汽车稳态响应的评价指标

利用二自由度汽车线性模型研究汽车稳态响应时，其评价指标主要有汽车稳态横摆角速度增益、汽车稳定性因数、前后轮侧偏角之差、转向半径比值及静态储备系数。

1) 汽车稳态横摆角速度增益

汽车稳态横摆角速度增益是指稳态横摆角速度与前轮转角之比，也称转向灵敏度。稳态横摆角速度增益不能太大，以免由于驾驶人无意识所做的轻微转动转向盘而引起汽车很大的响应。另外又不能太小，否则操纵困难。

汽车稳态行驶时，横摆角速度为定值，微分项为零。根据式(5-23)，可以得到

$$\begin{bmatrix} a_{11} & a_{12} \\ a_{21} & a_{22} \end{bmatrix}\begin{bmatrix} \beta \\ \omega_r \end{bmatrix}+\begin{bmatrix} b_{11} \\ b_{21} \end{bmatrix}\delta_1=0 \tag{5-31}$$

求解式(5-31)，可求得汽车稳态横摆角速度增益为

$$\left.\frac{\omega_r}{\delta_1}\right|_s = \frac{u/L}{1+\dfrac{m}{L^2}\left(\dfrac{a}{K_{a2}}-\dfrac{b}{K_{a1}}\right)u^2} = \frac{u/L}{1+Ku^2} \qquad (5-32)$$

式中，K 称为汽车稳定性因数，是表征汽车稳态转向特性的重要参数之一；K_{a1}、K_{a2} 分别为前、后轮综合侧偏刚度，其值为负值；$L=a+b$ 为汽车轴距。

汽车稳态横摆角速度增益与行驶速度的关系如图 5.12 所示。图中，u_{ch} 称为特征车速；u_{cr} 称为临界车速。

2）汽车稳定性因数

根据式(5-32)，可得汽车稳定性因数为

$$K = \frac{m}{L^2}\left(\frac{a}{K_{a2}} - \frac{b}{K_{a1}}\right) \qquad (5-33)$$

根据汽车稳定性因数的数值，汽车的稳态响应可分为三类，$K=0$ 时为中性转向；$K>0$ 时为不足转向；$K<0$ 时为过度转向，如图 5.13 所示。

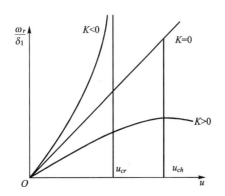

图 5.12 汽车稳态横摆角速度增益与行驶速度的关系

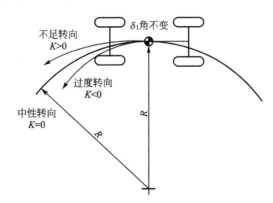

图 5.13 汽车的三种稳态转向特性

当 $K=0$ 时，$\left.\dfrac{\omega_r}{\delta_1}\right|_s = \dfrac{u}{L}$，即横摆角速度增益与车速呈线性关系，这种稳态相当于汽车以极低的速度进行转向或以很大的转向半径行驶，侧偏角小到忽略不计，则转向半径为 $R \approx \dfrac{L}{\delta_1}$。中性转向汽车做圆周行驶时，转向半径固定不变。

当 $K>0$ 时，横摆角速度增益变小，而且 K 越大，横摆角速度增益越小，不足转向量越大。可以证明，当车速为 $u_{ch} = \sqrt{\dfrac{1}{K}}$ 时，汽车横摆角速度增益达到最大值，而且其横摆角速度增益为与轴距相等的中性转向汽车横摆角速度增益的一半，该车速称为特征车速，它是表征不足转向量的一个参数。当不足转向量增加时，K 增大，特征车速 u_{ch} 降低。不足转向汽车做圆周行驶时，转向半径越来越大。

当 $K<0$ 时，横摆角速度增益变大，而且 K 越小（绝对值越大），过度转向量越大。当车速为 $u_{cr} = \sqrt{-\dfrac{1}{K}}$，时，汽车横摆角速度增益趋于无穷大，该车速称为临界车速，它是表征过度转向量的一个参数。临界车速越低，过度转向量越大。过度转向汽车做圆周行驶时，转向半径越来越小。

操纵良好的汽车应具有足够的不足转向特性，即 $K>0$。一般汽车不应具有过度转向特性，也不应具有中性转向特性，因为中性转向汽车在使用条件变动时，有可能转变为过度转向特性。过度转向汽车达到临界车速时将失去稳定性，因为只要一个很小的转角，横摆角速度增益就趋于无穷大，必然导致汽车急转而发生侧滑或侧翻。

3）前后轮侧偏角之差

如果不知道轮胎侧偏刚度和汽车其他参数，可以通过试验判断汽车稳态响应。测出前后轮侧偏角之差，就可以求出稳定性因数 K。

前后轮侧偏角之差（绝对值）是指汽车稳态转向特性试验中，前、后轴综合侧偏角的差值。

由二自由度汽车线性模型可得

$$ma_y b = F_{y1} L$$
$$ma_y a = F_{y2} L \tag{5-34}$$

将式(5-33)右边上下均乘以侧向加速度 a_y，并考虑式(5-34)，可得

$$K = \frac{1}{La_y}\left(\frac{ma_y a}{LK_{a2}} - \frac{ma_y b}{LK_{a1}}\right) = \frac{1}{La_y}\left(\frac{F_{y2}}{K_{a2}} - \frac{F_{y1}}{K_{a1}}\right) \tag{5-35}$$

由于侧向加速度 a_y 与前后轮侧偏角 $\frac{F_{y1}}{K_{a1}}$、$\frac{F_{y2}}{K_{a2}}$ 符号相反，当前后轮侧偏角 α_1、α_2 取绝对值，侧向加速度也取绝对值时，式(5-35)可写成

$$\alpha_1 - \alpha_2 = a_y L K \tag{5-36}$$

式中，a_y 为汽车侧向加速度（绝对值）。

由式(5-36)可知，当 $\alpha_1 - \alpha_2 = 0$ 时，汽车具有中性转向；当 $\alpha_1 - \alpha_2 > 0$ 时，汽车具有不足转向；当 $\alpha_1 - \alpha_2 < 0$ 时，汽车具有过度转向，如图 5.14 所示。图中虚线表明，并不是所有工况下前后轮侧偏角之差与侧向加速度之间都存在线性关系。当侧向加速度较大时，轮胎侧偏特性进入明显的非线性区域，汽车稳态响应会发生较大变化。

4）转向半径比值

转向半径比值是指汽车稳态转向特性试验中，质心瞬时转向半径与初始转向半径的比值。

在前轮转角一定的条件下，若令车速很低，侧向加速度接近于零，轮胎侧偏角可忽略不计，此时的转向半径称为初始转向半径，即 $R_0 = L/\delta_1$。

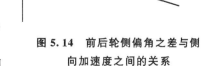

图 5.14 前后轮侧偏角之差与侧向加速度之间的关系

由式(5-32)可得

$$R = \frac{u}{\omega_r} = \frac{(1+Ku^2)L}{\delta_1} = (1+Ku^2)R_0 \tag{5-37}$$

汽车转向半径比值为

$$\frac{R}{R_0} = 1 + Ku^2 \tag{5-38}$$

由式(5-38)可知，当转向半径比值等于 1 时，汽车具有中性转向；当转向半径比值大于 1 时，汽车具有不足转向；当转向半径比值小于 1 时，汽车具有过度转向，如图 5.15 所示。

5）静态储备系数

静态储备系数是指中性转向点到前轴的距离与汽车质心到前轴的距离之差与轴距之比。汽车静态储备系数为

$$S.M. = \frac{a'-a}{L} = \frac{K_{a2}}{K_{a1}+K_{a2}} - \frac{a}{L} \quad (5-39)$$

式中，a' 为中性转向点到前轴的距离。

中性转向点是使汽车前、后轮产生同一侧偏角的侧向力作用点，中性转向点至前轴的距离为

$$a' = \frac{K_{a2}}{K_{a1}+K_{a2}} L \quad (5-40)$$

由式(5-39)可知，当静态储备系数等于零时，即中性转向点与汽车质心重合，汽车具有中性转向；当静态储备系数大于零时，即中性转向点在汽车质心之后，汽车具有不足转向；当静态储备系数小于零时，即中性转向点在汽车质心之前，汽车具有过度转向。

上述评价指标是在二自由度线性汽车模型基础上推导出来的，在汽车设计时，可以做初步的估算。要真正了解汽车的稳态响应，还需要通过试验进行评价。

2. 基于试验的汽车稳态响应评价指标

汽车稳态转向特性试验的评价指标有中性转向点的侧向加速度、不足转向度和车身侧倾度。

1）中性转向点的侧向加速度

中性转向点的侧向加速度定义为汽车前、后轮侧偏角之差与侧向加速度关系曲线上，斜率为零处的侧向加速度。

图 5.16 所示为某汽车前后轮侧偏角之差与侧向加速度关系曲线。

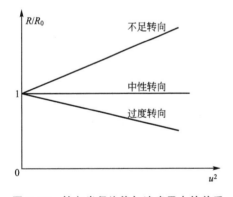

图 5.15 转向半径比值与速度平方的关系

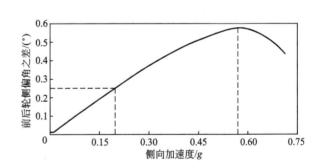

图 5.16 汽车前后轮侧偏角之差与侧向加速度关系曲线

从图 5.16 可以看出，当侧向加速度 a_y 小于 $0.40g$ 时，$\alpha_1-\alpha_2$ 与 a_y 呈线性关系，关系曲线的斜率不变且大于零，该车具有不足转向特性。随着 a_y 的增大，关系曲线开始呈现非线性变化，斜率开始小于零；当侧向加速度大于 $0.55g$ 时，该车出现过度转向，$\alpha_1-\alpha_2$ 与 a_y 不再存在线性关系，这是因为轮胎侧偏特性已进入非线性区域的缘故。有些汽车在大侧向加速度下，稳态响应特性发生显著变化，后轮或前轮侧偏角、横摆角速度发生急剧变化，以致不能再维持圆周行驶，出现转弯半径迅速增加或迅速减小的情况，从不足转向变

为过度转向。汽车的转向特性不允许出现过度转向,然而由于轮胎的非线性特性,或者汽车结构上的因素,使得有些汽车在侧向加速度达到一定值后,会出现过度转向现象。这个侧向加速度值就是中性转向点的侧向加速度。对于轿车,不应小于 $0.50g$。该车中性转向点的侧向加速度为 $0.55g$。

2) 不足转向度

根据汽车稳态转向特性试验结果绘制的前后轮侧偏角之差与侧向加速度之间的关系曲线,找出不足转向度。不足转向度是指汽车前后轮侧偏角之差与侧向加速度关系曲线上侧向加速度为 2m/s^2 处的平均斜率(纵坐标值除以横坐标值)。根据图 5.16,可以求出该车的不足转向度为 $0.12°/(\text{m/s}^2)$。

3) 车身侧倾度

根据汽车稳态转向特性试验结果绘制的车身侧倾角与侧向加速度之间的关系曲线,找出车身侧倾度。车身侧倾度是指汽车车身侧倾角与侧向加速度关系曲线上侧向加速度为 2m/s^2 处的平均斜率(纵坐标值除以横坐标值)。

图 5.17 所示为某汽车车身侧倾角与侧向加速度关系曲线。根据图 5.17,可以求出该车的车身侧倾度为 $0.5°/(\text{m/s}^2)$。

汽车稳态响应的试验评价是通过对上述 3 个指标计分进行的。

3. 汽车稳态响应的影响因素

式(5-33)可以改写成

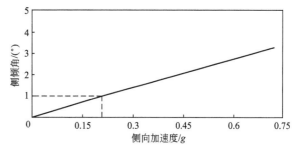

图 5.17 汽车车身侧倾角与侧向加速度关系曲线

$$K = \frac{m}{L^2}\left(\frac{b}{|K_{a1}|} - \frac{a}{|K_{a2}|}\right) \tag{5-41}$$

影响汽车稳态转向特性的因素很多,从式(5-41)可以看出,影响汽车稳态响应的最直接因素是前后轮胎侧偏刚度的匹配和汽车质心位置。间接因素如轮胎气压、轮胎载荷、侧倾角刚度、悬架运动特性、驱动形式等,通过影响轮胎侧偏刚度和汽车质心位置而间接影响汽车的稳态响应。

1) 轮胎侧偏刚度

在汽车轴荷分配一定(汽车质心到前后轴的距离一定)时,若增加后轮的侧偏刚度或降低前轮的侧偏刚度,汽车稳定性因数增加,即汽车不足转向增加;若降低后轮的侧偏刚度或增加前轮的侧偏刚度,汽车稳定性因数减小,即汽车不足转向减小。

2) 轮胎气压

在一定范围内,轮胎气压降低,则侧偏刚度减小。降低前轮气压或增加后轮气压,可减小前轮侧偏刚度和增大后轮侧偏刚度,从而增加汽车的不足转向程度。

3) 汽车质心位置

汽车在运输过程中,由于搭载乘客及货物,汽车的质心较空载时会产生纵向的偏移,进而影响到汽车的稳态转向特性。在其他参数不变的前提下,只改变汽车质心位置,如汽车质心位置后移,汽车稳定性因数增加,即汽车不足转向增加;汽车质心位置前移,汽车稳定性因数减小,即汽车不足转向减小。

4）驱动形式

转向时施加于驱动轮上的纵向力增加，车轮的侧偏刚度将下降。因此，后轮驱动汽车，转向时有减小不足转向的趋势；前轮驱动汽车，转向时有增加不足转向的趋势。

5）左右车轮垂直载荷再分配

假设汽车无侧向力作用时，车轴左右车轮的垂直载荷为 W_0，如图 5.18 所示，每个车轮的侧偏刚度均为 K_0。在有侧向力作用于汽车和地面有相应的侧向反作用力 F_y 作用于两轮胎时，如果左右车轮垂直载荷没有发生变化，则相应的侧偏角为

$$\alpha_0 = \frac{F_y}{2K_0} \quad (5-42)$$

实际上，在侧向力作用下，左右车轮垂直载荷均发生变化。内侧车轮减少 ΔW，外侧车轮增加 ΔW，两个车轮的侧偏刚度随之变为 K_l、K_r。由于左右车轮的侧偏角相等，故有

$$F_y = K_l \alpha + K_r \alpha = (K_l + K_r) \alpha \quad (5-43)$$

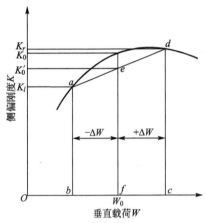

图 5.18 左右车轮垂直载荷再分配时的轮胎侧偏刚度

设 $K'_0 = \dfrac{K_l + K_r}{2}$ 为垂直载荷重新分配后每个车轮的平均侧偏刚度，则两个车轮的侧偏角为

$$\alpha = \frac{F_y}{2K'_0} \quad (5-44)$$

从图 5.18 可以看出，$K_0 > K'_0$，即 $\alpha > \alpha_0$。进一步分析可知，左右车轮垂直载荷差别越大，平均侧偏刚度越小。

由此可知，在侧向力的作用下，若汽车前轴左右车轮垂直载荷变动量较大，汽车趋于增加不足转向量；若汽车后轴左右车轮垂直载荷变动量较大，汽车趋于减少不足转向量。汽车左右车轮载荷变动量取决于前后悬架的侧倾角刚度、悬挂质量、非悬挂质量、质心位置、前后悬挂侧倾中心位置等一系列参数。

希望所设计的汽车，在所有使用工况下，都能具有不足转向特性。

5.4.2 三轴汽车稳态响应

汽车稳态行驶时，横摆角速度为定值，微分项为零。根据式（5-21），可以得到

$$\begin{bmatrix} a_{11} & a_{12} \\ a_{21} & a_{22} \end{bmatrix} \begin{bmatrix} \beta \\ \omega_r \end{bmatrix} + \begin{bmatrix} b_{11} \\ b_{21} \end{bmatrix} \delta_1 + \begin{bmatrix} b_{12} \\ b_{22} \end{bmatrix} \delta_2 + \begin{bmatrix} b_{13} \\ b_{23} \end{bmatrix} \delta_3 = 0 \quad (5-45)$$

假设中轴及后轴转角与前轴转角的关系为：$\delta_2 = G_{21} \delta_1$，$\delta_3 = G_{31} \delta_1$，$G_{21}$、$G_{31}$ 为比例系数，则式（5-45）可写成

$$\begin{bmatrix} \beta \\ \omega_r \end{bmatrix} = -\begin{bmatrix} a_{11} & a_{12} \\ a_{21} & a_{22} \end{bmatrix}^{-1} \begin{bmatrix} b_{11} + b_{12} G_{21} + b_{13} G_{31} \\ b_{21} + b_{22} G_{21} + b_{23} G_{31} \end{bmatrix} \delta_1 \quad (5-46)$$

根据式（5-46）可以得到三轴全轮转向汽车稳态横摆角速度增益为

$$\left. \frac{\omega_r}{\delta_1} \right|_s = \frac{\dfrac{L K_{a1} K_{a2}(1-G_{21}) + L_1 K_{a1} K_{a3}(1-G_{31}) + (L_1-L) K_{a2} K_{a3}(G_{21}-G_{31})}{L^2 K_{a1} K_{a2} + L_1^2 K_{a1} K_{a3} + (L_1-L)^2 K_{a2} K_{a3}} u}{1 + m \dfrac{a K_{a1} - b K_{a2} - c K_{a3}}{L^2 K_{a1} K_{a2} + L_1^2 K_{a1} K_{a3} + (L_1-L)^2 K_{a2} K_{a3}} u^2} \quad (5-47)$$

式中，$L=a+b$；$L_1=a+c$。

三轴全轮转向汽车稳定性因数定义为

$$K=m\frac{aK_{a1}-bK_{a2}-cK_{a3}}{L^2K_{a1}K_{a2}+L_1^2K_{a1}K_{a3}+(L_1-L)^2K_{a2}K_{a3}} \quad (5-48)$$

式(5-48)分母永远是正值，所以，三轴汽车稳定性因数的正负主要取决于分子。当 $K=0$，即 $aK_{a1}-bK_{a2}-cK_{a3}=0$ 时，三轴全轮转向汽车具有中性转向特性；当 $K>0$，即 $aK_{a1}-bK_{a2}-cK_{a3}>0$ 时，三轴全轮转向汽车具有不足转向特性；当 $K<0$，即 $aK_{a1}-bK_{a2}-cK_{a3}<0$ 时，三轴全轮转向汽车具有过度转向特性，临界车速为

$$u_{cr}=\sqrt{-\frac{L^2K_{a1}K_{a2}+L_1^2K_{a1}K_{a3}+(L_1-L)^2K_{a2}K_{a3}}{m(aK_{a1}-bK_{a2}-cK_{a3})}} \quad (5-49)$$

当 $G_{21}=G_{31}=0$ 时，汽车为前轮转向，由式(5-47)可以得到三轴前轮转向汽车的稳态横摆角速度增益为

$$\left.\frac{\omega_r}{\delta_1}\right|_s=\frac{\dfrac{LK_{a1}K_{a2}+L_1K_{a1}K_{a3}}{L^2K_{a1}K_{a2}+L_1^2K_{a1}K_{a3}+(L_1-L)^2K_{a2}K_{a3}}u}{1+m\dfrac{aK_{a1}-bK_{a2}-cK_{a3}}{L^2K_{a1}K_{a2}+L_1^2K_{a1}K_{a3}+(L_1-L)^2K_{a2}K_{a3}}u^2} \quad (5-50)$$

可以看出，三轴全轮转向汽车和三轴前轮转向汽车的稳定性因数是相同的。但三轴汽车和二轴汽车的稳定性因数表达式是不同的。

图 5.19 所示为在前轮角阶跃输入下，某三轴全轮转向汽车和前轮转向汽车稳态横摆角速度增益随速度的变化曲线。可以看出，三轴汽车采用全轮转向，低速时稳态横摆角速度增益增加很快，稳态转向特性为过度转向，转向半径小，灵活性高；高速时稳态横摆角速度增益逐渐降低，稳态转向特性为不足转向，可提高汽车的稳定性，降低驾驶人的负担。

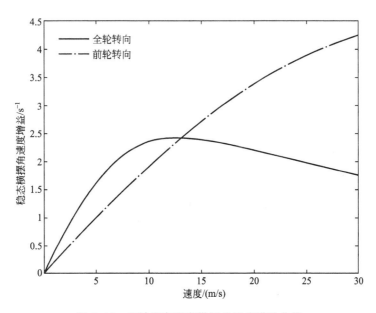

图 5.19 三轴汽车稳态横摆角速度增益曲线

5.4.3 四轮转向汽车稳态响应

对于四轮转向汽车，令 $G_{31}=0$，$K_{a3}=0$，则由式(5-47)可以得到四轮转向汽车的稳态横摆角速度增益为

$$\left.\frac{\omega_r}{\delta_1}\right|_s = \frac{(1-G_{21})u/L}{1+\frac{m}{L^2}\left(\frac{a}{K_{a2}}-\frac{b}{K_{a1}}\right)u^2} \qquad (5-51)$$

四轮转向汽车稳定性因数为

$$K = \frac{m}{L^2}\left(\frac{a}{K_{a2}}-\frac{b}{K_{a1}}\right) \qquad (5-52)$$

对于式(5-51)，当 $G_{21}=0$ 时，可得二轴前轮转向汽车横摆角速度增益和稳定性因数。四轮转向汽车和前轮转向汽车稳定性因数表达式是相同的。

5.5 汽车角阶跃输入下的瞬态响应

瞬态是指汽车运动响应及加在汽车上的外力(或操纵)随时间而改变的汽车状况。汽车瞬态响应是指汽车瞬态状况下的运动响应。

5.5.1 汽车角阶跃输入下的瞬态响应评价指标

汽车角阶跃输入下的瞬态响应评价指标是在时域上的评价指标，它分为基于汽车理论模型的评价指标和基于角阶跃输入下的瞬态响应试验的评价指标，二者既有相同之处，也有差别之处。

1. 汽车瞬态响应时域上的评价指标

利用汽车理论模型研究汽车瞬态响应时，其时域评价指标主要有横摆角速度波动时的固有频率、阻尼比、响应时间、峰值响应时间、稳定时间等。

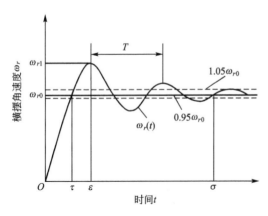

图 5.20 转向角阶跃输入下的汽车横摆角速度瞬态响应

图 5.20 所示为转向角阶跃输入下的汽车横摆角速度瞬态响应。图中，ω_{r0} 为汽车稳态横摆角速度；ω_{r1} 为汽车最大横摆角速度；τ 为响应时间；ε 为峰值响应时间；σ 为稳定时间。

1) 横摆角速度波动时的固有频率

横摆角速度波动时的固有频率是评价汽车瞬态响应的一个重要参数，其值高些为好。

2) 阻尼比

汽车阻尼比一般为 0.5~0.8，阻尼比越大，系统衰减越快。

3）响应时间 τ

响应时间是指角阶跃转向输入后,横摆角速度第一次达到稳态值 ω_{r0} 所需的时间。响应时间说明汽车转向响应的快慢,是评价汽车瞬态响应的重要参数之一,其值小些为好。

4）峰值响应时间 ε

峰值反应时间是指角阶跃转向输入后,横摆角速度到达第一峰值 ω_{r1} 的时间,作为评定汽车瞬态横摆响应反应快慢的参数。

5）稳定时间 σ

稳定时间是指横摆角速度响应值首次到达稳态响应值 ω_{r0} 的 $\pm 5\%$ 范围内摆动所需要的时间。

2. 基于试验的汽车瞬态响应评价指标

基于角阶跃输入下的汽车瞬态响应试验的评价指标主要有横摆角速度响应时间、横摆角速度峰值响应时间、横摆角速度超调量、侧向加速度响应时间、横摆角速度总方差、侧向加速度总方差和汽车因素。

汽车横摆角速度和侧向加速度的响应曲线如图 5.21 所示。

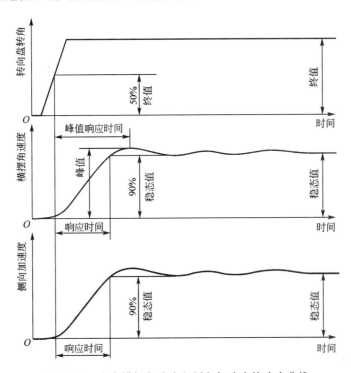

图 5.21 汽车横摆角速度和侧向加速度的响应曲线

横摆角速度超调量为

$$\Delta \omega_r = \frac{\omega_{r\max} - \omega_{r0}}{\omega_{r0}} \times 100\% \tag{5-53}$$

式中,$\Delta \omega_r$ 为横摆角速度超调量(%);ω_{r0} 为横摆角速度响应稳态值(°/s);$\omega_{r\max}$ 为横摆角速度响应峰值(°/s)。

横摆角速度总方差为

$$E_\omega = \sum_{k=0}^{n}\left(\frac{\delta_{swk}}{\delta_{sw0}} - \frac{\omega_{rk}}{\omega_{r0}}\right)^2 \times \Delta t \quad (5-54)$$

式中，E_ω 为横摆角速度总方差(s)；δ_{swk} 为转向盘转角输入的瞬时值(°)；δ_{sw0} 为转向盘转角输入终值(°)；ω_{rk} 为汽车横摆角速度输出的瞬时值(°/s)；ω_{r0} 为汽车横摆角速度响应稳态值(°/s)；n 为采样点数，取至汽车横摆角速度响应达到新稳态值为止；Δt 为采样时间间隔(s)，不应大于 0.2s。

侧向加速度总方差为

$$E_{ay} = \sum_{k=0}^{n}\left(\frac{\delta_{swk}}{\delta_{sw0}} - \frac{a_{yk}}{a_{y0}}\right)^2 \times \Delta t \quad (5-55)$$

式中，E_{ay} 为侧向加速度总方差(s)；a_{yk} 为汽车侧向加速度响应的瞬时值(m/s²)；a_{y0} 为汽车侧向加速度响应稳态值(m/s²)。

汽车因素 TB 是指横摆角速度峰值响应时间 ε 与稳态响应 ω_{r0} 时汽车质心处侧偏角 β 的乘积，即

$$TB = \varepsilon\beta \quad (5-56)$$

横摆角速度响应时间是基本评价指标，其他是建议获取的评价指标。计分评价采用的是横摆角速度响应时间。

5.5.2 汽车角阶跃输入下的瞬态响应

汽车角阶跃输入下的瞬态响应属于时域响应，即汽车横摆角速度等输出变量随时间的变化关系。

1. 时域评价指标分析

设系统的输入 δ 为阶跃输入，根据二自由度汽车运动微分方程式(5-22)，可以写成以横摆角速度为变量的形式，即

$$m'\ddot{\omega}_r + h\dot{\omega}_r + c\omega_r = b_1\dot{\delta}_1 + b_0\delta_1 \quad (5-57)$$

式中，$m' = muI_z$；$h = -[m(a^2K_{a1}+b^2K_{a2})+I_z(K_{a1}+K_{a2})]$；$c = mu(aK_{a1}-bK_{a2})+\dfrac{L^2K_{a1}K_{a2}}{u}$；$b_1 = -muaK_{a1}$；$b_0 = LK_{a1}K_{a2}$。

式(5-57)是单自由度一般强迫振动微分方程式，一般写成如下形式。

$$\ddot{\omega}_r + 2\omega_0\zeta\dot{\omega}_r + \omega_0^2\omega_r = B_1\dot{\delta}_1 + B_0\delta_1 \quad (5-58)$$

式中，$\omega_0 = \sqrt{\dfrac{c}{m}}$ 称为固有圆频率；$\zeta = \dfrac{h}{2\omega_0 m}$ 称为阻尼比；$B_1 = \dfrac{b_1}{m'}$；$B_0 = \dfrac{b_0}{m'}$。

汽车前轮角阶跃输入时，前轮转角的数学表达式为

$$\left.\begin{array}{ll} t<0 & \delta_1=0 \\ t\geqslant 0 & \delta_1=\delta_0 \\ t>0 & \dot{\delta}_1=0 \end{array}\right\} \quad (5-59)$$

当 $t>0$ 时，式(5-58)可进一步简化为

$$\ddot{\omega}_r + 2\omega_0\zeta\dot{\omega}_r + \omega_0^2\omega_r = B_0\delta_1 \quad (5-60)$$

这是二阶常系数非齐次微分方程，其通解等于它的一个特解和对应的齐次微分方程的通解之和。其特解为稳态横摆角速度，即

$$\omega_{r0} = \frac{B_0 \delta_0}{\omega_0^2} = \frac{u/L}{1+Ku^2}\delta_0 = \frac{\omega_r}{\delta_1}\bigg|_s \delta_0 \qquad (5-61)$$

对应的齐次微分方程式为

$$\ddot{\omega}_r + 2\omega_0 \zeta \dot{\omega}_r + \omega_0^2 \omega_r = 0 \qquad (5-62)$$

其通解可由如下的特征方程求得。

$$s^2 + 2\omega_0 \zeta s + \omega_0^2 = 0 \qquad (5-63)$$

根据 ζ 的数值,特征方程式的根为

$$\left.\begin{array}{ll} \zeta<1 & s=-\zeta\omega_0 \pm \omega_0 \sqrt{1-\zeta^2}\,\mathrm{i} \quad (\text{一对共轭复根}) \\ \zeta=1 & s=-\omega_0 \quad (\text{重根}) \\ \zeta>1 & s=-\zeta\omega_0 \pm \omega_0 \sqrt{\zeta^2-1} \quad (\text{两个不同实根}) \end{array}\right\} \qquad (5-64)$$

齐次方程的通解为

$$\left.\begin{array}{ll} \zeta<1 & \omega_r = C\mathrm{e}^{-\zeta\omega_0 t}\sin(\omega_0\sqrt{1-\zeta^2}\,t+\Phi) \\ \zeta=1 & \omega_r = (C_1+C_2 t)\mathrm{e}^{\omega_0 t} \\ \zeta>1 & \omega_r = C_3 \mathrm{e}^{(-\zeta\omega_0+\omega_0\sqrt{\zeta^2-1})t}+C_4 \mathrm{e}^{(-\zeta\omega_0-\omega_0\sqrt{\zeta^2-1})t} \end{array}\right\} \qquad (5-65)$$

式中,C、C_1、C_2、C_3、C_4 均为积分常数,可以根据运动的初始条件来确定。

当 $\zeta>1$ 时,称为大阻尼,横摆角速度 $\omega_r(t)$ 是单调上升的。随着时间的增长,$\omega_r(t)$ 趋近于稳态横摆角速度 ω_{r0}。但当车速超过临界车速后,$\omega_r(t)$ 是发散的,趋于无穷大,此时汽车失去稳定性。当 $\zeta=1$ 时,称为临界阻尼,横摆角速度 $\omega_r(t)$ 也是单调上升且趋近于 ω_{r0}。当 $\zeta<1$ 时,称为小阻尼,横摆角速度 $\omega_r(t)$ 是一条收敛于 ω_{r0} 的减幅正弦曲线。由于正常的汽车都具有小阻尼的瞬态响应,所以下面只讨论在角阶跃输入下,$\zeta<1$ 时的横摆角速度 $\omega_r(t)$ 的变化规律。

当 $\zeta<1$ 时,横摆角速度为

$$\omega_r(t) = \frac{B_0 \delta_0}{\omega_0^2} + C\mathrm{e}^{-\zeta\omega_0 t}\sin(\omega t+\Phi) \qquad (5-66)$$

式中,$\omega = \omega_0\sqrt{1-\zeta^2}$。

式(5-66)又可以写成

$$\omega_r(t) = \frac{B_0 \delta_0}{\omega_0^2} + A_1 \mathrm{e}^{-\zeta\omega_0 t}\cos\omega t + A_2 \mathrm{e}^{-\zeta\omega_0 t}\sin\omega t \qquad (5-67)$$

下面根据运动的初始条件确定积分常数 C、A_1、A_2。

运动的初始条件为:$t=0$ 时,$\omega_r=0$,$u=0$,$\delta=\delta_0$。根据微分方程式(5-22)的第二式,还可以求得 $t=0$ 时,$\dot{\omega}_r = -\frac{aK_{a1}\delta_0}{I_z}B_1\delta_0$。

由 $t=0$ 时,$\omega_r(t)=0$,可求得式(5-67)中的一个积分常数 A_1 为

$$A_1 = -\frac{B_0 \delta_0}{\omega_0^2} \qquad (5-68)$$

由 $t=0$ 时,$\dot{\omega}_r(t)=B_1\delta_0$,可求得另一积分常数 A_2 为

$$A_2 = \frac{B_0 \delta_0}{\omega_0^2}\left(\frac{B_1}{B_0}\omega_0^2 - \zeta\omega_0\right)\frac{1}{\omega} = \frac{\omega_r}{\delta}\bigg|_s \delta_0\left(\frac{-mua\omega_0}{LK_{a2}} - \zeta\right)\frac{1}{\sqrt{1-\zeta^2}} \qquad (5-69)$$

积分常数 C 为

$$C=\sqrt{A_1^2+A_2^2}=\frac{\omega_r}{\delta}\bigg|_s \delta_0 \sqrt{\left[\left(-\frac{mua}{LK_{a2}}\right)^2+\frac{2mua\zeta\omega_0}{LK_{a2}}+1\right]\frac{1}{1-\zeta^2}} \qquad (5-70)$$

此外还有

$$\Phi=\arctan\frac{A_1}{A_2}=\arctan\left(\frac{\sqrt{1-\zeta^2}}{\frac{mua\omega_0}{LK_{a2}}+\zeta}\right) \qquad (5-71)$$

因此，汽车横摆角速度瞬态响应为

$$\omega_r(t)=\frac{\omega_r}{\delta}\bigg|_s \delta_0\left[1+\sqrt{\left[\left(\frac{mua}{LK_{a2}}\right)^2\omega_0^2+\frac{2mua\zeta\omega_0}{LK_{a2}}+1\right]\frac{1}{1-\zeta^2}}\,e^{-\zeta\omega_0 t}\sin(\omega t+\Phi)\right] \qquad (5-72)$$

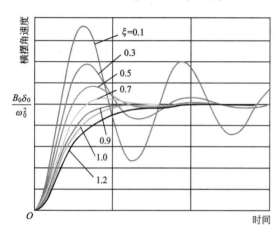

图 5.22　不同阻尼比下的汽车横摆角速度

当 $t\to\infty$ 时，$e^{-\zeta\omega t}=0$，$\omega_r(\infty)=\frac{\omega_r}{\delta}\bigg|_s\delta_0=\omega_{r0}$，即横摆角速度趋于 ω_{r0}。当时间在零与无穷大之间时，$\omega_r(t)$ 是衰减的正弦函数，而且阻尼比越大，衰减越快，如图 5.22 所示。

由式(5-58)可得横摆角速度波动时的固有频率为

$$\omega_0=\sqrt{\frac{c}{m'}}=\frac{L}{u}\sqrt{\frac{K_{a1}K_{a2}}{mI_z}(1+Ku^2)} \qquad (5-73)$$

阻尼比为

$$\zeta=\frac{h}{2\omega_0 m'}=\frac{-m(a^2K_{a1}+b^2K_{a2})-I_z(K_{a1}+K_{a2})}{2L\sqrt{mI_z K_{a1}K_{a2}(1+Ku^2)}} \qquad (5-74)$$

响应时间为

$$\tau=-\frac{\Phi}{\omega}=-\frac{\arctan\left[\dfrac{\sqrt{1-\zeta^2}}{\dfrac{mua}{LK_{a2}}\omega_0+\zeta}\right]}{\sqrt{1-\omega_0^2\zeta^2}} \qquad (5-75)$$

对式(5-66)求导，并令其等于零，即 $\dfrac{d\omega_r(t)}{dt}=0$，可得峰值响应时间为

$$\varepsilon=\frac{\arctan\dfrac{\omega}{\zeta\omega_0}-\Phi}{\sqrt{1-\omega_0^2\zeta^2}}+\tau \qquad (5-76)$$

2. 汽车瞬态响应的稳定条件

如果汽车横摆角速度为减幅正弦函数，最后趋于一稳定值，则汽车瞬态响应是稳定的；如果汽车横摆角速度不收敛，则汽车瞬态响应是不稳定的。

汽车是否稳定，取决于汽车横摆角速度的齐次微分方程，即取决于汽车本身固有的特性。

从式(5-65)可以看出，当 $\zeta\leqslant 1$ 时，只要 $\zeta\omega_0>0$，就收敛，否则发散而不确定。

根据式(5-57)和式(5-58)可得

$$\zeta\omega_0 = \frac{-[m(a^2 K_{a1} + b^2 K_{a2}) + I_z(K_{a1} + K_{a2})]}{2muI_z} \quad (5-77)$$

式(5-77)中，K_{a1}、K_{a2}为负值，故$\zeta\omega_0 > 0$成立。因此，当$\zeta \leqslant 1$时，齐次微分方程的解均收敛而趋于零。

当$\zeta > 1$时，特征根$(-\zeta\omega_0 \pm \sqrt{(\zeta\omega_0)^2 - \omega_0^2})$为负值，齐次微分方程的解才收敛趋于零。即$\omega_0^2$为正值，汽车横摆角速度才收敛。由式(5-57)和式(5-58)可得

$$\omega_0^2 = \frac{aK_{a1} - bK_{a2}}{I_z} + \frac{K_{a1}K_{a2}L^2}{mu^2 I_z} = \frac{K_{a1}K_{a2}L^2}{mI_1}\left(K + \frac{1}{u^2}\right) \quad (5-78)$$

从式(5-78)可以看出，当$K \geqslant 0$时，$\omega_0^2 > 0$，系统是稳定的。当$\omega_0^2 = 0$时，可得临界车速$u_{cr} = \sqrt{-\frac{1}{K}}$，当行驶车速大于临界车速时，系统不稳定。

3. 汽车瞬态响应的影响因素

影响汽车瞬态响应的因素很多，一般需要建立仿真模型进行分析。图5.23所示为汽车结构参数和行驶车速对横摆角速度固有频率的影响。可以看出，车速增加，横摆角速度固有频率减小，当$u \to \infty$时，ω_0值趋于$\sqrt{\frac{KL^2 K_{a1} K_{a2}}{mI_z}}$；汽车质量、转动惯量增加，$\omega_0$值减小；轴距增加，$\omega_0$值增加。在稳定性因数不变的条件下，增加后轮侧偏刚度及相应的前轮侧偏刚度，ω_0值增加。所以提高轮胎侧偏刚度能改善汽车的操纵稳定性。

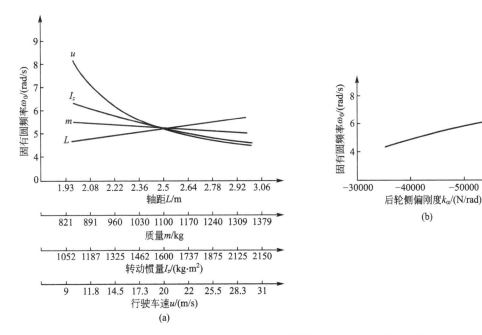

图5.23 汽车结构参数和行驶车速对横摆角速度固有频率的影响

图5.24所示为汽车结构参数和行驶车速对阻尼比ζ的影响。可以看出，随着车速的提高，阻尼比ζ减小；在稳定性因数不变条件下，后轮侧偏刚度增加，有助于阻尼比ζ的增大；质量、转动惯量、轴距减小，ζ值也有所增加。

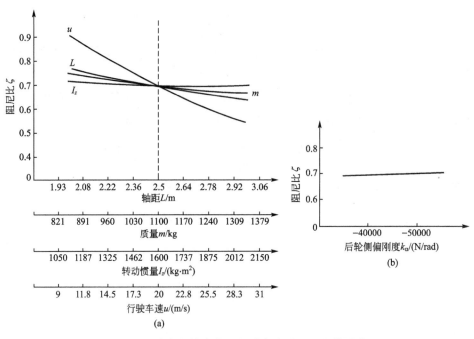

图 5.24 汽车结构参数和行驶车速对阻尼比的影响

图 5.25 所示为汽车结构参数和行驶车速对响应时间 τ 的影响。可以看出，随着车速的增加，响应时间缩短；汽车质量、轴距增加，响应时间也有所缩短；而转动惯量增加，响应时间增长。在稳定性因数不变的条件下，增加后轮侧偏刚度，响应时间减小。

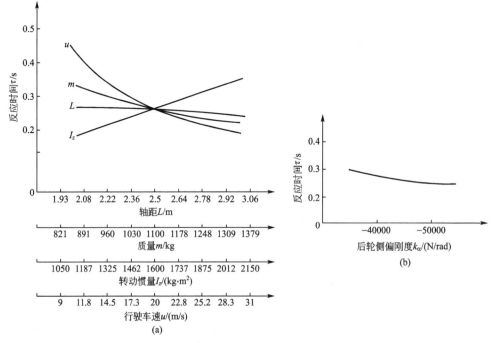

图 5.25 汽车结构参数和行驶车速对响应时间的影响

在不足转向特性下汽车参数和行驶车速对瞬态响应的影响见表 5-2。

表 5-2 汽车参数和行驶车速对瞬态响应的影响(不足转向特性)

参数变化	总质量增大	质心后移	前轮侧偏刚度增大	后轮侧偏刚度减小	转动惯量增大	车速增大
固有频率	减小	减小	减小	减小	减小	减小
阻尼比	减小	增大	增大	增大	增大	减小
响应时间	减小	增大	增大	增大	增大	减小
峰值时间	减小	增大	增大	增大	增大	减小

在分析汽车参数对汽车瞬态响应的影响时,应综合考虑各参数之间的相互影响。当汽车瞬态响应中的几个评价指标均处于最佳值附近时,汽车的操纵稳定性最好。

5.5.3 三轴汽车瞬态响应

对式(5-21)进行拉普拉斯变换得

$$\begin{bmatrix} s-a_{11} & -a_{12} \\ -a_{21} & s-a_{22} \end{bmatrix} \begin{bmatrix} \beta(s) \\ \omega_r(s) \end{bmatrix} = \begin{bmatrix} b_{11} & b_{12} & b_{13} \\ b_{21} & b_{22} & b_{23} \end{bmatrix} \begin{bmatrix} \delta_1(s) \\ \delta_2(s) \\ \delta_3(s) \end{bmatrix} \quad (5-79)$$

利用克莱姆法则,汽车质心侧偏角的传递函数行列式为

$$G_\beta(s) = \begin{bmatrix} 1 & 0 \end{bmatrix} \begin{bmatrix} s-a_{11} & -a_{12} \\ -a_{21} & s-a_{22} \end{bmatrix}^{-1} \begin{bmatrix} b_{11} & b_{12} & b_{13} \\ b_{21} & b_{22} & b_{23} \end{bmatrix}$$

$$= \frac{1}{(s-a_{11})(s-a_{22})-a_{12}a_{21}} \begin{bmatrix} (s-a_{22})b_{11}+a_{12}b_{21} \\ (s-a_{22})b_{12}+a_{12}b_{22} \\ (s-a_{22})b_{13}+a_{12}b_{23} \end{bmatrix}^T \quad (5-80)$$

汽车横摆角速度的传递函数行列式为

$$G_{\omega_r}(s) = \begin{bmatrix} 0 & 1 \end{bmatrix} \begin{bmatrix} s-a_{11} & -a_{12} \\ -a_{21} & s-a_{22} \end{bmatrix}^{-1} \begin{bmatrix} b_{11} & b_{12} & b_{13} \\ b_{21} & b_{22} & b_{23} \end{bmatrix}$$

$$= \frac{1}{(s-a_{11})(s-a_{22})-a_{12}a_{21}} \begin{bmatrix} (s-a_{11})b_{21}+a_{21}b_{11} \\ (s-a_{11})b_{22}+a_{21}b_{12} \\ (s-a_{11})b_{23}+a_{21}b_{13} \end{bmatrix}^T \quad (5-81)$$

对于三轴全轮转向汽车,设中轮和后轮转向控制函数分别为 $G_{21}(s)$ 和 $G_{31}(s)$,则有

$$\begin{aligned} \delta_2(s) &= G_{21}(s)\delta_1(s) \\ \delta_3(s) &= G_{31}(s)\delta_1(s) \end{aligned} \quad (5-82)$$

由式(5-80)可得三轴汽车质心侧偏角与车轮转角之间的关系为

$$\beta(s) = G_\beta(s) \begin{bmatrix} \delta_1(s) \\ \delta_2(s) \\ \delta_3(s) \end{bmatrix} = G_\beta(s) \begin{bmatrix} 1 \\ G_{21}(s) \\ G_{31}(s) \end{bmatrix} \delta_1(s) \quad (5-83)$$

由此可得三轴汽车质心侧偏角为

$$\beta(s) = \frac{F_1(s)+F_2(s)G_{21}(s)+F_3(s)G_{31}(s)}{F_4(s)}\delta_1(s) \quad (5-84)$$

式中,$F_1(s) = (s-a_{22})b_{11}+a_{12}b_{21}$;$F_2(s) = (s-a_{22})b_{12}+a_{12}b_{22}$;$F_3(s) = (s-a_{22})b_{13}+a_{12}b_{23}$;$F_4(s) = (s-a_{11})(s-a_{22})-a_{12}a_{21}$。

由式(5-81)可得三轴汽车横摆角速度与车轮转角之间的关系为

$$\omega_r(s) = G_{\omega_r}(s)\begin{bmatrix}\delta_1(s)\\ \delta_2(s)\\ \delta_3(s)\end{bmatrix} = G_{\omega_r}(s)\begin{bmatrix}1\\ G_{21}(s)\\ G_{31}(s)\end{bmatrix}\delta_1(s) \quad (5-85)$$

由此可得汽车横摆角速度为

$$\omega_r(s) = \frac{E_1(s) + E_2(s)G_{21}(s) + E_3(s)G_{31}(s)}{F_4(s)}\delta_1(s) \quad (5-86)$$

式中，$E_1(s) = (s-a_{11})b_{21} + a_{21}b_{11}$；$E_2(s) = (s-a_{11})b_{22} + a_{21}b_{12}$；$E_3(s) = (s-a_{11})b_{23} + a_{21}b_{13}$。

当 $G_{21}(s) = G_{31}(s) = 0$ 时，可以得到三轴前轮转向汽车的质心侧偏角和横摆角速度分别为

$$\beta(s) = \frac{(s-a_{22})b_{11} + a_{12}b_{21}}{(s-a_{11})(s-a_{22}) - a_{12}a_{21}}\delta_1(s)$$

$$\omega_r(s) = \frac{(s-a_{11})b_{21} + a_{21}b_{11}}{(s-a_{11})(s-a_{22}) - a_{12}a_{21}}\delta_1(s) \quad (5-87)$$

利用 MATLAB 的工具箱，可以对三轴汽车横摆角速度和质心侧偏角的瞬态特性进行仿真分析。图 5.26 和图 5.27 所示分别为在前轮角阶跃输入下，某三轴汽车瞬态横摆角速度和质心侧偏角随时间的变化曲线。

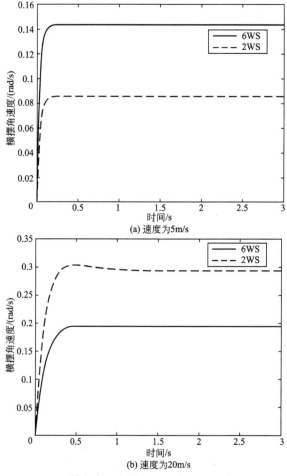

图 5.26 三轴汽车瞬态横摆角速度随时间的变化曲线

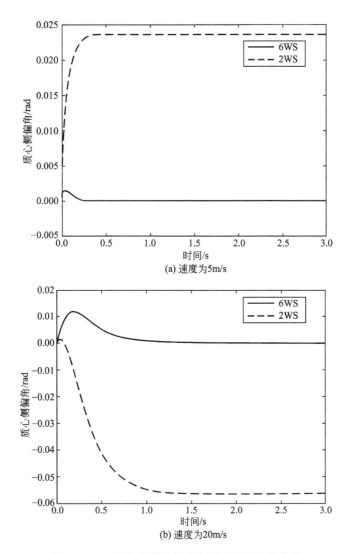

图 5.27 三轴汽车质心侧偏角随时间的变化曲线

可以看出，低速时，全轮转向汽车横摆角速度大于前轮转向汽车横摆角速度，表明全轮转向汽车更容易转向，即低速机动性好。全轮转向汽车质心侧偏角小于前轮转向汽车质心侧偏角，而且到达稳定时间也短，说明稳定性好。

高速时，前轮转向汽车横摆角速度大于全轮转向汽车横摆角速度，表明前轮转向汽车高速稳定性差，全轮转向汽车具有较好的稳定性。前轮转向汽车高速时质心侧偏角较大，导致汽车的运动姿态变化较大，容易造成甩尾、侧滑等危险；全轮转向汽车质心侧偏角基本保持为零，并且到达稳态值的时间短，汽车的运动姿态得到了很好的控制。

5.5.4 四轮转向汽车瞬态响应

对于四轮转向汽车，令 $G_{31}(s)=0$，$K_{a3}=0$，则得四轮转向汽车质心侧偏角和横摆角速度分别为

$$\beta(s) = \frac{F_1(s) + F_2(s)G_{21}(s)}{F_4(s)} \delta_1(s)$$

$$\omega_r(s) = \frac{E_1(s) + E_2(s)G_{21}(s)}{F_4(s)} \delta_1(s) \qquad (5-88)$$

为使汽车质心侧偏角为零，后轮转向控制函数可由式(5-89)决定

$$G_{21}(s) = -\frac{F_1(s)}{F_2(s)} = -\frac{(s-a_{22})b_{11} + a_{12}b_{21}}{(s-a_{22})b_{12} + a_{12}b_{22}} = \frac{K_{a1}(mu^2a + bLK_{a2} - uI_zs)}{k_2(mu^2b - aLK_{a1} + uI_zs)} \qquad (5-89)$$

因为汽车质心侧偏角为零可以降低车身姿态的变化，所以，从汽车质心侧偏角的观点出发，导出后轮转向控制函数是实现以前后轮协调转向为目标的四轮转向机构的基础。

将式(5-89)代入到式(5-88)可得

$$\omega_r(s) = \frac{(b_{12}b_{21} - b_{11}b_{22})[s^2 - (a_{11}+a_{22})s + a_{11}a_{22} - a_{12}a_{21}]}{[b_{12}s + a_{12}b_{22} - a_{22}b_{12}][s^2 - (a_{11}+a_{22})s + a_{11}a_{22} - a_{12}a_{21}]} \delta_1(s) \qquad (5-90)$$

消去出现的极零点，得

$$\omega_r(s) = \frac{b_{12}b_{21} - b_{11}b_{22}}{b_{12}s + a_{12}b_{22} - a_{22}b_{12}} \delta_1(s) \qquad (5-91)$$

未被消去的极点放在 s_0 中检查，则发现

$$s_0 = -\frac{a_{12}b_{22} - a_{22}b_{12}}{b_{12}} = \frac{-mu^2b + aLK_{a1}}{I_zu} < 0 \qquad (5-92)$$

所以，极零点消去后，系统变得非常稳定。

消掉的极零点系统是二阶系统，即

$$s^2 - (a_{11}+a_{22})s + a_{11}a_{22} - a_{12}a_{21} = 0 \qquad (5-93)$$

二阶系统稳定的充要条件是各系数大于零。二阶以上系统的稳定性用劳斯判据判断。因为 $-(a_{11}+a_{22}) = -\frac{K_{a1} + K_{a2}}{mu} - \frac{a^2K_{a1} + b^2K_{a2}}{I_zu} > 0$，所以系统是否稳定主要取决 $a_{11}a_{22} - a_{12}a_{21}$。

当 $a_{11}a_{22} - a_{12}a_{21} > 0$ 时，可得 $1 > -u^2K$，当 $K \geq 0$ 时，系统是稳定的；当 $K < 0$ 时，行驶速度小于临界车速时，系统是稳定的；否则系统是不稳定的。

利用式(5-88)，可以对四轮转向汽车的瞬态响应进行仿真分析。

5.6 汽车脉冲输入下的瞬态响应

一个线性系统，如输入为一正弦函数，达到稳态时的输出也为具有相同频率的正弦函数，但两者的幅值不同，相位也要发生变化，输出的幅值比是频率 f 的函数，记为 $A(f)$，称为幅频特性，相位差也是 f 的函数，记为 $\Phi(f)$，称为相频特性。每个线性动力学系统，都有自己固有的频率特性，或称幅频特性和相频特性，这个特性除了说明系统的放大性能外，还说明对输入信号输出的失真程度，因而是线性系统的重要特性。把汽车看成一个线性动力学系统，应用汽车的频率特性，可以说明汽车对转向输入响应的真实程度。

5.6.1 汽车脉冲输入下的瞬态响应评价指标

汽车脉冲输入下的瞬态响应评价指标是在频域上的评价指标，它分为基于汽车理论模

型的评价指标和基于脉冲输入下的瞬态响应试验的评价指标,二者既有相同之处,也有差别之处。

1. 汽车瞬态响应频域上的评价指标

汽车频率响应是指汽车在转向盘转角为正弦输入下的响应。频率特性分为幅频特性和相频特性。幅频特性反映了驾驶人以不同频率输入指令时,汽车执行驾驶人指令失真的程度。横摆角速度的幅频特性曲线在低频区接近于一水平线,随着频率的增高,幅值比增大,至某一频率时幅值比达到最大值,此时系统处于共振状态。频率再增高,幅值比逐渐减小。相频特性反映了输出滞后于输入的失真程度。

利用汽车理论模型研究汽车瞬态响应时,其频域评价指标主要有幅值比、共振峰值频率、增幅比和相位滞后角等。

汽车横摆角速度频率特性如图 5.28 所示。

(1) 幅值比。幅值比是指频率为零时的增益 a,即稳态增益。稳态增益不应太小,因为它的大小代表了转向灵敏度的高低。

(2) 共振峰值频率。共振峰值频率是指最大增益所对应的频率 f_r。f_r 越高,操纵稳定性越好。

(3) 增幅比。增幅比是指最大增益与稳态增益之比 b/a。增幅比 b/a 越大,说明系统的阻尼越小,超调量越大,过渡时间也越长。因此,希望幅频特性曲

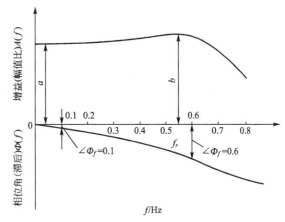

图 5.28 汽车横摆角速度频率特性

线能平坦一些,不宜有明显的峰值,以免反应有过大的幅值失真或超调。

(4) 相位滞后角。它包括 $f=0.1$Hz 时的相位滞后角 $\angle \Phi_{f=0.1}$,它代表缓慢转动转向盘时响应的快慢,其数值应接近于零;$f=0.6$Hz 时的相位滞后角 $\angle \Phi_{f=0.6}$,它代表以较快速度转动转向盘时响应的快慢,其数值应小些。

频率响应函数间接地描述了汽车对任何形式的转向输入响应,特别是汽车在小扰动下的动态性能。稳态响应是频率为零时频率响应的一个特例。

2. 基于试验的汽车瞬态响应评价指标

基于脉冲输入试验的汽车瞬态响应评价指标有谐振频率、谐振峰水平和相位滞后角。

谐振频率 f_p 为幅频特性曲线谐振峰所对应的频率,当不存在明显的谐振峰时,按 70% 横摆角速度增益的通频带除以 $\sqrt{2}$ 来计算。谐振频率在数值上一般等于共振峰值频率。

谐振峰水平为

$$D = 20\lg \frac{A_p}{A_0} \tag{5-94}$$

式中,D 为谐振峰水平(dB);A_p 为 $f=f_p$ 处的横摆角速度增益(s^{-1});A_0 为 $f=0$ 处的横摆角速度增益(s^{-1})。

相位滞后角为相应频率下相位滞后角的试验值。对于最大设计总质量小于或等于 6t

的汽车，相位滞后角是指频率为1Hz下的试验值；最大设计总质量大于6t的汽车，时指频率为0.5Hz下的试验值。

5.6.2 汽车脉冲输入下的瞬态响应

二自由度汽车线性模型的横摆角速度频率特性，可由其运动微分方程的富氏变换求得。对式(5-58)进行富氏变换得

$$-\omega^2 \omega_r(\omega) + 2\omega_0 \zeta j\omega \omega_r(\omega) + \omega_0^2 \omega_r(\omega) = B_1 j\omega \delta(\omega) + B_0 \delta(\omega) \quad (5-95)$$

式中，$\omega_r(\omega)$是ω_r的富氏变换；$\delta(\omega)$是δ的富氏变换。

横摆角速度的频率响应函数为

$$H(j\omega) = \frac{\omega_r(\omega)}{\delta(\omega)} = \frac{B_1 j\omega + B_0}{-\omega^2 + 2\omega_0 \zeta j\omega + \omega_0^2} = B(\omega) + jC(\omega) \quad (5-96)$$

式中，$B(\omega) = \dfrac{2B_1 \zeta \omega_0 \omega^2 + B_0(\omega_0^2 - \omega^2)}{(\omega_0^2 - \omega^2)^2 + 4\zeta^2 \omega_0^2 \omega^2}$；$C(\omega) = \dfrac{B_1 \omega(\omega_0^2 - \omega^2) - 2B_0 \zeta \omega_0 \omega}{(\omega_0^2 - \omega^2)^2 + 4\zeta^2 \omega_0^2 \omega^2}$。

横摆角速度的幅频特性为

$$A(\omega) = \sqrt{[B(\omega)]^2 + [C(\omega)]^2} \quad (5-97)$$

横摆角速度的相频特性为

$$\Phi(\omega) = \arctan \frac{C(\omega)}{B(\omega)} \quad (5-98)$$

图5.29所示为二自由度汽车模型的横摆角速度频率特性。

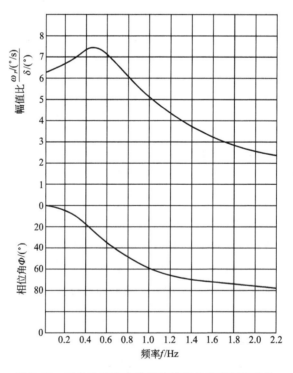

图5.29 二自由度汽车模型的横摆角速度频率特性

5.7 汽车稳定性控制系统

汽车稳定性控制系统采用车载在线传感系统对汽车行驶的纵向/侧向/横摆运动状态、车轮运动状态、发动机工作状态、自动变速器工作状态、制动工作状态及驾驶人转向意图等进行自动识别，判断汽车是否发生车轮抱死、驱动轮滑转及丧失操纵稳定性，进而对发动机力矩、变速器挡位和驱动轮制动进行综合协调控制，实现对制动工况下车轮防抱死和稳定性控制、驱动工况下驱动轮防滑和稳定性控制及转向工况下稳定性控制，即实现对汽车与地面的纵向和侧向动力学的综合控制，使汽车的操纵稳定性、加速性和制动性实现综合最佳。目前，汽车稳定性控制系统已经成为中高级轿车的标准配置。

5.7.1 概述

随着道路交通条件的改善及汽车技术的进步，现代汽车的行驶速度越来越高，中高级轿车的最高车速已超过200km/h，伴随而来的是由于汽车失稳而引发的道路交通事故的数量大幅度增加，每年全世界死于交通事故的人数为50万～60万人。因此，如何提高汽车高速行驶时的安全性成为现代汽车研究的重要课题之一。如果汽车能够提前预知，并能迅速有效地控制侧滑现象的发生，就可以大大提高汽车行驶安全性。由此研究人员将汽车稳定性主动控制应用到汽车操纵稳定性控制中，应运而生的便是汽车动力学稳定性控制系统(ESP)，也有些汽车公司采用自己的缩写，如沃尔沃汽车叫动态稳定循迹控制(DSTC)，宝马汽车叫动态稳定控制系统(DSC)，本田汽车叫车辆稳定辅助系统(VSA)，丰田汽车叫车辆稳定控制(VSC)，日产汽车叫车辆动态控制(VDC)等。

汽车防抱死制动系统(ABS)和驱动防滑系统(ASR)在一定范围内提高了汽车在极限运动情况下的主动安全性，但是ABS和ASR都只能通过对纵向滑移率的控制来间接保证汽车在制动和驱动时的稳定性，所以对汽车在极限转向、制动转向、驱动转向及汽车受到外界干扰等引起失稳时的纠正效果并不是十分明显。汽车稳定性主动控制系统突破了ABS/ASR的限制，通过直接监测汽车的实时运行姿态进行控制，直接保证汽车的稳定性，因此显著提高了控制效果，特别是能显著提高汽车处于附着极限时的稳定性，因而大大减少了交通事故。据统计：汽车稳定性控制系统能够降低50%的交通事故。欧洲事故调查中心对欧洲五国五年的交通事故进行了调查统计，结果表明：汽车稳定性控制系统能够对18%的交通伤害事故、34%的致命交通事故产生一定的预防和降低作用。

ESP是英文Electronic Stability Program的缩写，其中文含意为"电子稳定程序"。ESP提高了所有行驶条件下的主动安全，特别是在转弯时，即侧向力起作用时，ESP使汽车稳定并保持安全行驶。虽然ABS能有效防止车轮抱死，避免了汽车在紧急制动时因车轮抱死而导致失控的现象，有效地提高了汽车制动安全性能，但是ABS并不能解决汽车在湿滑路面起步或加速时出现的车轮打滑问题，更不能避免汽车发生侧滑，因此在ABS的基础上，近一步发展出了ASR。ASR能防止车轮打滑，在汽车起动与加速时，保证良好的牵引性能，同时照顾汽车的稳定性和操控性。轮速传感器不断监视着每个车轮。如果某个车轮表现出滑转的趋势，ASR 会调整驱动转矩并且迅速干预制动系统和发动机的运行。因此，汽车能够安全地起动或加速。但是 ABS 和 ASR 都是被动地做出反应，而 ESP 最重要的特点就是它的主动性。如果说 ABS、ABS+EBD(电子制动力分配系统)是被动地做出反应，那么 ESP 却可以做到防患于未然。

5.7.2 汽车稳定性控制系统的结构

汽车稳定性控制系统以 ABS 为基础，系统由传感器、ECU(中央控制处理单元)和执行器三大部分组成，如图 5.30 所示。

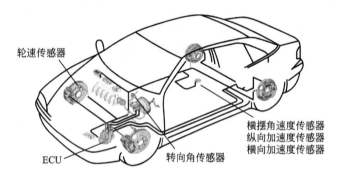

图 5.30 汽车稳定性控制系统的组成

传感器包括轮速传感器、(纵向/侧向)加速度传感器、横摆角速度传感器、制动压力传感器等，此外，还需通过 CAN BUS 总线获得必要的发动机工作状态信号(如喷油量、点火提前角、节气门位置等)、变速器工作状态信号(如挡位、输出轴转速等)。

执行器包括基于多 ECU 车载网络的发动机控制执行器、变速器挡位控制执行器及制动力控制的液压控制单元。

ECU 由软件和硬件两部分组成，是基于多 ECU 车载网络的 ABS/ASR/ESP 底盘动力学综合一体化电控单元。

汽车稳定性控制系统在计算机实时监控汽车运行状态的前提下，对发动机及制动系统进行干预和调控。目前汽车稳定性控制系统主要有 3 种类型：能自动向全体 4 个车轮独立施加制动力的四通道或四轮系统；只能对两个前轮独立施加制动力的双通道系统；能对两个前轮独立施加制动力而对后轮只能一同施加制动力的三通道系统。

汽车稳定性控制系统与 ABS 及 ASR 共同工作，但与它们不同的是它不需要驾驶人对其进行操作，而是根据实际情况自己做出反应。

5.7.3 汽车稳定性控制系统的工作原理

汽车稳定性控制系统能够负责实时监控汽车的行驶状态。其工作原理为：在汽车行驶过程中，转向角传感器感知驾驶人转弯方向和角度，车速传感器感知车速、节气门开度和转速的大小，制动压力传感器感知制动压力，而横摆角速度传感器则感知汽车的倾斜度和侧倾速度。ECU 了解这些信息后，通过计算后判断汽车要正常安全行驶和驾驶人操纵汽车意图的差距，然后，由 ECU 向 ABS、ASR 发出纠偏指令，修正汽车的过度转向或转向不足，以避免汽车滑转、转向过度、转向不足和制动抱死，帮助汽车维持动态平衡，从而保证汽车的行驶安全，在紧急避让障碍物或在转弯时出现转向不足、转向过度时，汽车稳定性控制系统都能帮助汽车克服偏离理想轨迹的倾向。汽车稳定性控制系统的工作原理如图 5.31 所示。

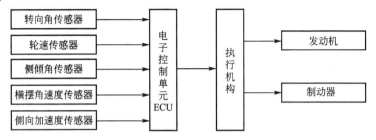

图 5.31 汽车稳定性控制系统的工作原理

汽车稳定性控制系统通过对从各传感器传来的汽车行驶状态信息进行分析，然后 ESP 的 ECU 会计算出保持车身稳定的理论数值，再比较由侧倾角传感器和侧向加速度传感器所测得的数据，发出平衡、纠偏指令。当转向不足时，汽车会产生向理想轨迹曲线外侧的偏离倾向，而转向过度则正好相反向内侧偏离。ESP 能够通过自动地向一个或多个车轮施加制动力，甚至在某些情况下汽车每秒进行 150 次制动，把汽车保持在驾驶人所选定的车道内。

工作遵循以下优先控制原则。

（1）制动工况下——ABS 和 ESP 控制模块分别运行并生成各自的制动力控制信号，然后根据地面侧向力是否超出物理极限这一原则，分别实施 ABS、ESP 及 ABS/ESP 等控制模式。

（2）驱动工况下——ASR 和 ESP 控制模块分别运行并生成各自的制动力控制信号，然后根据地面侧向力是否超出物理极限这一原则，分别实施 ASR、ESP 及 ASR/ESP 等控制模式。

（3）转向工况下——实施 ESP 操纵稳定性控制模式。工作时，由在线传感系统实时检测汽车、驾驶人及地面三者相互作用下引起的汽车运动状态及其变化，运行其控制软件，分别进入不同的控制模式，产生发动机力矩、变速器挡位及驱动轮制动的控制指令，然后由数据传输网络和执行器驱动装置对汽车运动状态进行控制，实现汽车与地面动力学最佳和谐。

汽车稳定性控制系统有以下三大特点。

实时监控：ESP 是一个实时监控系统，它每时每刻都在处理监控驾驶人的操控、路面反应、汽车运动状态，并不断向发动机和制动系统发出指令。

主动干预：ABS 等系统在起作用时，系统对驾驶人的动作起干预作用，但它们不能调控发动机，而 ESP 则是主动调控发动机的转速并可调整每个车轮的驱动力和制动力，以修正汽车的过度转向和转向不足。

事先提醒：ESP 还有一个实时警示功能，当驾驶人操作不当和路面异常时，它会用警告灯警示驾驶人。

三个系统共同作用，能最大限度地保证汽车不跑偏、不甩尾、不侧翻和转向盘在任何状态下都能操纵自如，如图 5.32 所示。

汽车理论

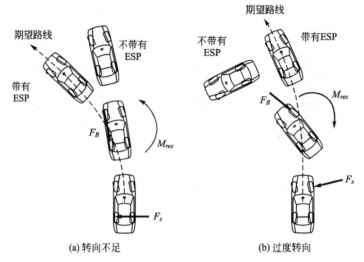

(a) 转向不足　　　　　(b) 过度转向

图 5.32　在转向不足和过度转向时汽车稳定性控制系统的作用

5.7.4　汽车稳定性控制系统的工作过程

汽车稳定性控制系统的工作过程示意图如图 5.33 所示。

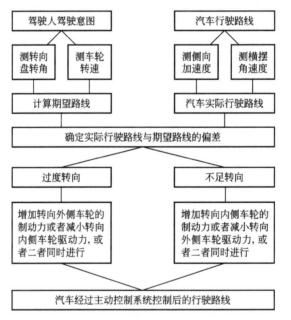

图 5.33　汽车稳定性控制系统的工作过程示意图

ESP 分析：驾驶人通过对转向盘的操作，希望向哪个方向行驶？

ESP 检测：汽车的行驶方向是什么？

ESP 干预：有针对性地对各个车轮实施制动。

图 5.34～图 5.36 所示为转向盘阶跃输入下，ESP 对汽车横摆角速度、侧向加速度和车身侧倾角的影响。车速为 70km/h。可以看出，采用 ESP 控制的汽车横摆角速度、侧向加速度和车身侧倾角的稳定时间都比无 ESP 控制的汽车横摆角速度和侧向加速度的稳定

时间有了一定的缩短，而且峰值在一定程度上得到了改善，特别是车身侧倾角明显减小，说明 ESP 对汽车操纵稳定性有明显改善。

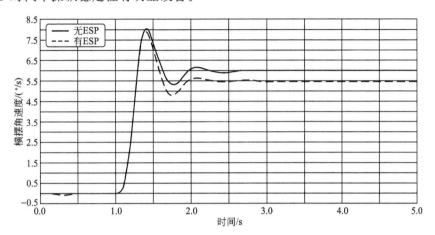

图 5.34　ESP 对汽车横摆角速度的影响

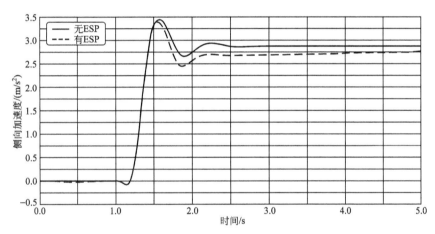

图 5.35　ESP 对汽车侧向加速度的影响

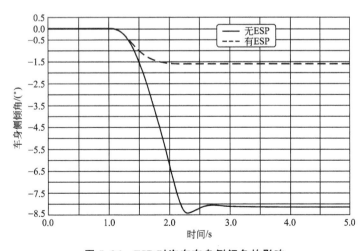

图 5.36　ESP 对汽车车身侧倾角的影响

5.8 汽车操纵稳定性试验与评价

汽车操纵稳定性试验主要包括稳态回转试验、转向盘转角阶跃输入的转向瞬态响应试验、转向盘转角脉冲输入的转向瞬态响应试验、转向回正试验、转向轻便性试验、蛇行试验和转向盘中心区操纵稳定性试验等。目前，对转向盘中心区操纵稳定性试验还没有进行计分评价。

试验与评价的依据是 GB/T 6323—2014《汽车操纵稳定性试验方法》和 QC/T 480—1999《汽车操纵稳定性指标限值与评价方法》。

汽车操纵稳定性测试系统如图 5.37 所示。转向盘力矩转角测量仪用来测量转向盘力矩和转角；测速传感器用来测量汽车行驶速度；加速度计用来测量汽车加速度；陀螺仪用来测量汽车横摆角速度、侧向加速度、车身侧倾角等。

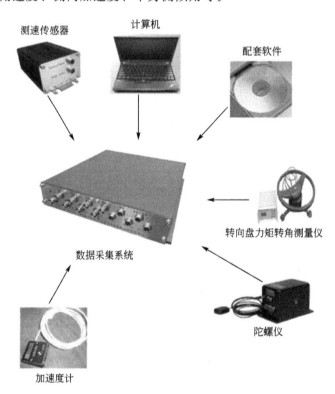

图 5.37 汽车操纵稳定性测试系统

试验场地应为干燥、平坦且清洁的用水泥混凝土或沥青铺装的路面，任意方向的坡度不应大于 2%；风速应不大于 5m/s；大气温度在 0~40℃ 范围内。

5.8.1 汽车稳态回转试验与评价

1. 试验的目的

稳态转向特性决定了汽车作为一个动力学系统在转向输入下是否稳定的充分条件。过度转向的汽车，在车速达到或大于临界车速时，即使受到轻微的转向干扰，汽车的运动也会发生不稳定现象。现代汽车设计时，事先都要进行仿真计算，预测其稳态转向特性，汽车制造出来后更要进行测试。汽车稳态回转试验的目的是测定汽车对转向盘转角输入达到稳定行驶状态时汽车的稳态横摆响应。稳态转向试验不合格的汽车，其操纵稳定性的总评价为不合格。

2. 试验方法

汽车稳态回转试验是通过改变侧向加速度，以一定车速在固定半径的圆弧上行驶，从而对汽车的不足转向及过度转向特性、侧倾特性、最大侧向加速度、保舵力等进行评价的试验。改变侧向加速度可采用固定转向盘转角的连续加速方法和定转弯半径方法实现。

1) 固定转向盘转角的连续加速方法

在水平试验场地，以醒目的颜色画出半径不小于15m的圆周。操纵汽车以最低稳定速度沿所画圆周行驶，待安装于汽车纵向对称面上的车速传感器在半圈内都能对准地面所画圆周时，固定转向盘不动，停车并开始记录，记录各变量的零线。然后汽车起步，缓慢而均匀地加速(纵向加速度不超过$0.25m/s^2$)，直至汽车的侧向加速度达到$6.5m/s^2$(或受发动机功率限制而所能达到的最大侧向加速度，或汽车出现不稳定状态)为止。记录整个过程。试验按向左转和向右转两个方向进行，每个方向试验3次。每次试验开始时，应保证车身纵向对称面处于所画圆周线正中位置。

固定转向盘的连续加速试验中的汽车行驶轨迹如图5.38所示。

根据记录的汽车横摆角速度和前进速度，可以计算侧向加速度为

$$a_{yk} = \omega_{rk} u_k \quad (5-99)$$

式中，a_{yk}为第k点的侧向加速度(m/s^2)；ω_{rk}为第k点的横摆角速度(rad/s)；u_k为第k点的前进速度(m/s)。

根据记录的汽车横摆角速度和前进速度，可以计算转弯半径为

$$R_k = \frac{57.3 u_k}{\omega_{rk}} \quad (5-100)$$

式中，R_k为第k点的转弯半径(m)；ω_{rk}为第k点的横摆角速度(°/s)。

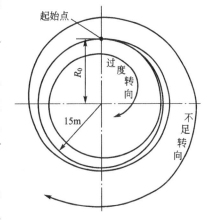

图5.38 固定转向盘的连续加速试验中的汽车行驶轨迹

进而计算出各点的转弯半径比R_k/R_0。其中R_0为初始半径，即侧向加速度与转弯半径拟合曲线侧向加速度为零处的值。

根据计算出的各点转弯半径，可以计算出汽车前后轴侧偏角之差为

$$\alpha_1 - \alpha_2 = 57.3 L \left(\frac{1}{R_0} - \frac{1}{R_k} \right) \quad (5-101)$$

根据计算结果和测试结果，绘制转弯半径比、前后轴侧偏角之差、车身侧倾角与侧向加速度的关系曲线。

2) 定转弯半径法

在水平试验场地，以醒目的颜色画出半径为30m的圆弧路径，如图5.39所示。路径两侧沿圆弧中心线每隔5m放置标桩，两侧标桩至圆弧中心线的距离为1/2车宽加标桩距

离。汽车轴距小于等于 2500mm 时，标桩距离为 300mm；汽车轴距大于 2500mm 且小于等于 4000mm 时，标桩距离为 500mm；汽车轴距大于 4000mm 时，标桩距离为 700mm。

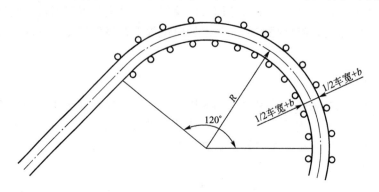

图 5.39　汽车定转弯半径法试验路径

汽车以最低稳定车速行驶，调整转向盘转角，使汽车沿圆弧行驶。在进入圆弧路径并达到稳定状态后，开始记录并保持加速踏板位置和转向盘位置在 3s 内不动。逐步提高车速，使汽车侧向加速度以不大于 0.5 m/s² 的幅度增加，直至侧向加速度达到 6.5m/s²（或受发动机功率限制所能达到的最大侧向加速度，或汽车出现不稳定状态）为止。试验按向左转和向右转两个方向进行，每个方向试验 3 次。

侧向加速度可按式(5-102)计算。

$$a_{yk} = \frac{u_k^2}{R} \quad (5-102)$$

式中，R 为圆弧路径半径(30m)。

汽车前后轴侧偏角之差为

$$\alpha_1 - \alpha_2 = 57.3 \frac{L}{R}\left(\frac{\theta_k}{\theta_0} - 1\right) \quad (5-103)$$

式中，θ_k 为汽车以某一车速通过圆弧路径时转向盘转角(°)；θ_0 为汽车以最低稳定车速通过圆弧路径时转向盘转角(°)。

根据计算结果和测试结果，绘制转向盘转角、前后轴侧偏角之差、车身侧倾角与侧向加速度的关系曲线。

3. 汽车稳态回转试验评价

汽车稳态回转试验是按中性转向点侧向加速度、不足转向度和车身侧倾度 3 项指标进行评价计分的。

中性转向点侧向加速度值的评价计分值为

$$N_{a_n} = 60 + \frac{40}{a_{n100} - a_{n60}}(a_n - a_{n60}) \quad (5-104)$$

式中，N_{a_n} 为中性转向点侧向加速度值的评价计分值；a_n 为中性转向点侧向加速度值的试验值；a_{n60} 为中性转向点侧向加速度值的下限值；a_{n100} 为中性转向点侧向加速度值的上限值。

不足转向度的评价计分值为

$$N_U = 60 + \frac{U(U_{60} - U)(\lambda - U)}{U_{100}(U_{60} - U_{100})(\lambda - U_{100})} \cdot 40 \quad (5-105)$$

式中，N_U 为不足转向度的评价计分值；U 为不足转向度的试验值；U_{60} 为不足转向度的下限值；U_{100} 为不足转向度的上限值；λ 是根据 U_{60} 和 U_{100} 的比值计算的系数。

λ 的表达式为

$$\lambda = \frac{2U_{60}/U_{100}}{U_{60}/U_{100}-2} \cdot U_{100} \tag{5-106}$$

车身侧倾度的评价计分值为

$$N_\phi = 60 + \frac{40}{K_{\phi 60}-K_{\phi 100}} \cdot (K_{\phi 60}-K_\phi) \tag{5-107}$$

式中，N_ϕ 为车身侧倾度的评价计分值；K_ϕ 为车身侧倾度的试验值；$K_{\phi 60}$ 为车身侧倾度的下限值；$K_{\phi 100}$ 为车身侧倾度的上限值。

当各项指标的评价计分值大于 100 时，按 100 分计。

汽车稳态回转试验评价指标的下限值和上限值见表 5-3。

表 5-3 汽车稳态回转试验评价指标的下限值和上限值

车型	指标					
	$a_{n60}/$ (m/s²)	$a_{n100}/$ (m/s²)	$U_{60}/$ [(°)/(m/s²)]	$U_{100}/$ [(°)/(m/s²)]	$K_{\phi 60}/$ [(°)/(m/s²)]	$K_{\phi 100}/$ [(°)/(m/s²)]
轿车、客车和货车，最大总质量≤2.5t	5.00	9.80	1.00 0.60①	0.40 0.24①	1.20	0.70
客车和货车，2.5t<最大总质量≤6t	4.00	8.00	1.20	0.50	1.20	0.70
客车和货车，最大总质量>6t	3.00	6.00	1.20	0.50	1.20 1.40②	0.70

① 用于最高车速大于 160km/h 的汽车。
② 用于最大总质量大于 9t 的客车。

汽车稳态转向特性的综合评价计分值为

$$N_W = \frac{N_{a_n}+N_U+N_\phi}{3} \tag{5-108}$$

式中，N_W 为汽车稳态转向特性的综合评价计分值。

5.8.2 汽车阶跃输入的瞬态响应试验与评价

汽车转向瞬态响应试验是操纵输入随时间而变化，用横摆角速度、侧倾角等评价汽车过渡过程响应特性的试验，包括阶跃响应试验和脉冲响应试验。阶跃响应试验是转向盘转角以阶跃形式进行操纵输入，用横摆角速度、侧倾角等评价汽车瞬态响应特性的试验；脉冲响应试验是转向盘转角以脉冲形式进行操纵输入，用横摆角速度、侧倾角等评价汽车瞬态响应特性的试验。首先介绍汽车阶跃输入的瞬态响应试验。

1. 试验目的

汽车等速直线行驶时，急速转动转向盘，然后维持其转角不变，即给汽车以转向盘角阶跃输入，一般汽车经过短暂时间后便进入等速圆周行驶，这属于一种稳态，称为转向盘角阶跃输入下的稳态响应。在等速直线行驶与等速圆周行驶这两个稳态运动之间的过渡过程便是一种瞬态，相应的瞬态运动响应称为转向盘角阶跃输入下的瞬态响应。

汽车操纵稳定性同汽车行驶时的瞬态响应有密切关系，常用转向盘角阶跃输入下的瞬态响应来表征汽车的操纵稳定性；汽车瞬态响应试验可以为汽车性能提高提供依据。

2. 试验方法

试验车速按被试汽车最高车速的70%并四舍五入为10的整数倍确定，但最高试验车速不宜超过120km/h。按稳态侧向加速度值为 1.0 m/s²、1.5m/s²、2.0m/s²、2.5m/s² 和 3.0m/s²，预选转向盘转角的位置(输入角)。

试验在平坦场地进行，汽车以试验车速直线行驶，消除转向盘自由行程并开始记录各测量变量的零线，经过 0.2～0.5s，以尽快的速度(起跃时间不大于 0.2s 或起跃速度不低于 200°/s)转动转向盘，使其达到预先选好的位置并固定数秒钟(直至测量变量过渡到新稳态值)，停止记录。记录过程中保持车速不变。

3. 转向盘转角阶跃输入试验评价

汽车转向盘转角阶跃输入试验是按侧向加速度为 2m/s² 时的汽车横摆角速度响应时间进行评价计分的。

最大总质量大于 6t 的汽车，本项试验不进行评价计分；最大总质量小于或等于 6t 的汽车，汽车横摆角速度响应时间的评价计分值为

$$N_T = 60 + \frac{40}{T_{60} - T_{100}} \cdot (T_{60} - T) \tag{5-109}$$

式中，N_T 为汽车横摆角速度响应时间的评价计分值；T 为汽车横摆角速度响应时间的试验值；T_{60} 为汽车横摆角速度响应时间的下限值；T_{100} 为汽车横摆角速度响应时间的上限值。

汽车转向盘转角阶跃输入试验评价指标的下限值与上限值见表 5-4。

表 5-4 汽车转向盘转角阶跃输入试验评价指标的下限值和上限值

车型	指标	
	T_{60}/s	T_{100}/s
轿车，最高车速＞120km/h	0.20	0.06
轿车，最高车速≤120km/h 客车和货车，最大总质量≤2.5t	0.30	0.10
客车和货车，2.5t＜最大总质量≤6t	0.40	0.15

5.8.3 汽车脉冲输入的瞬态响应试验与评价

1. 试验目的

对汽车进行脉冲输入试验，主要是在频域上评价汽车的瞬态响应，考察汽车对转向输入响应的真实程度。

2. 试验方法

试验车速按被试汽车最高车速的 70% 并四舍五入为 10 的整数倍确定,但最高试验车速不宜超过 120km/h。

试验在平坦场地进行,汽车以试验车速直线行驶,使其横摆角速度为 $(0\pm0.5)°/s$,做一标记,记下转向盘中间位置(直线行驶位置)。然后给转向盘转角一个三角脉冲输入,如图 5.40 所示。试验时向左(或向右)转动转向盘,并迅速

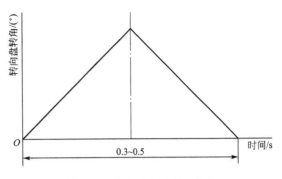

图 5.40 转向盘三角脉冲输入

转回原处保持不动,记录全部过程,直至汽车回复到直线行驶状态。转向盘转角输入脉宽为 $0.3\sim0.5s$,其最大转角应使本试验过渡过程中最大侧向加速度为 $4\ m/s^2$。转动转向盘时应尽量使其转角的超调量达到最小。记录过程中保持加速踏板位置不变。

横摆角速度频率响应为

$$G(\mathrm{j}k\omega_0 t) = \frac{\int_0^T \omega_r(t)\cos(k\omega_0 t)\mathrm{d}t - \mathrm{j}\int_0^T \omega_r(t)\sin(k\omega_0 t)\mathrm{d}t}{\int_0^T \delta_{sw}(t)\cos(k\omega_0 t)\mathrm{d}t - \mathrm{j}\int_0^T \delta_{sw}(t)\sin(k\omega_0 t)\mathrm{d}t} \tag{5-110}$$

式中,$\omega_r(t)$ 为横摆角速度的时间历程;$\delta_{sw}(t)$ 为转向盘转角的时间历程;ω_0 为计算时选用的最小圆频率,一般取 0.2π;$k=1,2,3,\cdots n$,$n\times\omega_0/(2\pi)=3Hz$。

绘制汽车横摆角速度的幅频特性曲线和相频特性曲线。

3. 转向盘转角脉冲输入试验评价

汽车转向盘转角脉冲输入试验是按谐振频率、谐振峰水平和相位滞后角 3 项指标进行评价计分的。

谐振频率的评价计分值为

$$N_f = 60 + \frac{40}{f_{100}-f_{60}} \cdot (f_p - f_{60}) \tag{5-111}$$

式中,N_f 为谐振频率的评价计分值;f_p 为谐振频率的试验值;f_{60} 为谐振频率的下限值;f_{100} 为谐振频率的上限值。

谐振峰水平的评价计分值为

$$N_D = 60 + \frac{40}{D_{60}-D_{100}} \cdot (D_{60}-D) \tag{5-112}$$

式中,N_D 为谐振峰水平的评价计分值;D 为谐振峰水平的试验值;D_{60} 为谐振峰水平的下限值;D_{100} 为谐振峰水平的上限值。

相位滞后角的评价计分值为

$$N_\alpha = 60 + \frac{40}{\alpha_{60}-\alpha_{100}} \cdot (\alpha_{60}-\alpha_r) \tag{5-113}$$

式中,N_α 为相位滞后角的评价计分值;α_r 为相位滞后角的试验值;α_{60} 为相位滞后角的下限值;α_{100} 为相位滞后角的上限值。

汽车转向盘转角脉冲输入试验评价指标的下限值与上限值见表 5-5。

表 5-5 汽车转向盘转角脉冲输入试验评价指标的下限值和上限值

车型	指标						备注
	f_{60}/Hz	f_{100}/Hz	D_{60}/dB	D_{100}/dB	$\alpha_{60}/(°)$	$\alpha_{100}/(°)$	
轿车	0.70	1.30			60.0	20.0	按输入频率为 1Hz 处的 α 值计算
客车和货车,最大总质量≤2.5t	0.60	1.00			80.0	40.0	
客车和货车,2.5t<最大总质量≤6t	0.50	0.80	5.00	2.00	120.0	60.0	
客车和货车,6t<最大总质量≤15t	0.40	0.60			80.0	30.0	按输入频率为 0.5Hz 处的 α 值计算
客车和货车,最大总质量>15t	0.30	0.50			100.0	60.0	

汽车转向盘转角脉冲输入试验的综合评价计分值为

$$N_M = \frac{N_f + N_D + N_\alpha}{3} \tag{5-114}$$

式中，N_M 为汽车转向盘转角脉冲输入试验的综合评价计分值。

5.8.4 汽车转向回正试验与评价

1. 试验目的

一辆行驶的汽车，如果转向后转向盘不能自动回正，会使驾驶人感到汽车行驶方向不易控制，高速行驶时，甚至会有危险感。因而把转向回正性能作为评定汽车操纵稳定性的一项重要内容，其直观性很容易被人们所接受。回正力矩的产生来源于轮胎的侧偏现象和主销定位角，前轮定位参数对转向回正能力的影响较大。通常情况下，由于车速不高，而且转向系统内都存在一定的干摩擦，如果主销定位角正确，并不会出现自由控制不稳定现象。然而，事实上确实存在自由控制不稳定的车辆，当车速足够高时，松开转向盘，不稳定现象随即发生，因而回正性试验分高、低两种车速来做是有现实意义的。

转向回正试验方法是研究汽车瞬态响应特性的一种重要试验方法，尤其是研究汽车能否恢复直线行驶能力的一种重要试验方法。汽车的转向回正表达了汽车的自由控制运动特性，其实质是一种力阶跃输入试验。

2. 试验方法

汽车转向回正试验包括低速回正试验和高速回正试验。

1) 低速回正性能试验

在试验场地用醒目的颜色画半径不小于 15m 的圆周；试验汽车直线行驶，记录各测量变量零线，然后调整转向盘转角，使汽车沿半径为 15m 的圆周行驶，调整车速，使侧向加速度达到 $(4\pm0.2)\text{m/s}^2$，固定转向盘转角，稳定车速并开始记录，待 3s 后，迅速松开转向盘并做一标记，至少记录松手后 4s 的汽车运动过程。记录时间内加速踏板位置保持不变。

2)高速回正性能试验

最高车速超过 100km/h 的汽车应进行本项试验。试验车速为被试汽车最高车速的 70% 并四舍五入为 10 的整数倍。

试验汽车沿试验路段以试验车速直线行驶,记录各测量变量零线,然后转动转向盘使侧向加速度达到 $(2\pm0.2)\mathrm{m/s}^2$,待稳定并开始记录后,迅速松开转向盘并做一标记,至少记录松手后 4s 的汽车运动过程。记录时间内加速踏板位置保持不变。

汽车横摆角速度时间历程曲线分为收敛型和发散型,如图 5.41 所示,曲线 1~4 为收敛型,曲线 5~6 为发散型。

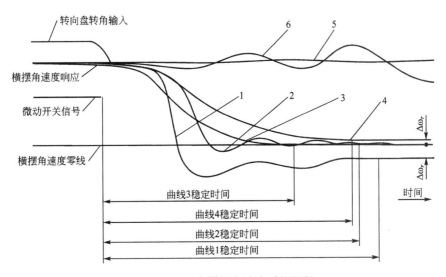

图 5.41 汽车横摆角速度时间历程

对于收敛型,残留横摆角速度均值为

$$\Delta\bar{\omega} = \frac{1}{3}\sum_{i=1}^{3}\Delta\omega_{ri} \tag{5-115}$$

式中,$\Delta\bar{\omega}$ 为残留横摆角速度均值(°/s);$\Delta\omega_{ri}$ 为第 i 次试验的残留横摆角速度值(°/s)。

第 i 次试验横摆角速度总方差为

$$E_{\omega i} = \left[\sum_{k=0}^{n}\left(\frac{\omega_{rik}}{\omega_{r0i}}\right)^2 - 0.5\right]\times \Delta t \tag{5-116}$$

式中,$E_{\omega i}$ 为第 i 次试验横摆角速度总方差(s);ω_{rik} 为横摆角速度响应时间历程曲线瞬时值(°/s);ω_{r0i} 为横摆角速度响应初始值(°/s);n 为采样点数,按 $n\times\Delta t=3\mathrm{s}$ 选取;Δt 为采样时间间隔(s),一般不大于 0.2s。

横摆角速度总方差为

$$\bar{E}_{\omega} = \frac{1}{3}\sum_{i=1}^{3}E_{\omega i} \tag{5-117}$$

3. 汽车转向回正试验评价

汽车转向回正试验是按松开转向盘 3s 时的残留横摆角速度绝对值及横摆角速度总方差两项指标进行评价评分的。

低速回正性试验与高速回正性试验的残留横摆角速度绝对值的评价计分值均为

$$N_{\Delta\omega} = 60 + \frac{40}{\Delta\omega_{60} - \Delta\omega_{100}} \cdot (\Delta\omega_{60} - \Delta\omega) \tag{5-118}$$

式中，$N_{\Delta\omega}$ 为转向回正试验残留横摆角速度绝对值的评价计分值；$\Delta\omega$ 为转向回正试验残留横摆角速度绝对值的试验值；$\Delta\omega_{60}$ 为转向回正试验残留横摆角速度绝对值的下限值；$\Delta\omega_{100}$ 为转向回正试验残留横摆角速度绝对值的上限值。

低速回正性试验与高速回正性试验的横摆角速度总方差的评价计分值均为

$$N_E = 60 + \frac{40}{E_{60} - E_{100}} \cdot (E_{60} - E_\omega) \tag{5-119}$$

式中，N_E 为转向回正试验横摆角速度总方差的评价计分值；E_ω 为转向回正试验横摆角速度总方差的试验值；E_{60} 为转向回正试验横摆角速度总方差的下限值；E_{100} 为转向回正试验横摆角速度总方差的上限值。

汽车转向回正试验评价指标的下限值和上限值见表 5-6。

表 5-6 汽车转向回正试验评价指标的下限值和上限值

车型	指标							
	低速回正性				高速回正性			
	$\Delta\omega_{60}/$ (°/s)	$\Delta\omega_{100}/$ (°/s)	E_{60}/s	E_{100}/s	$\Delta\omega_{60}/$ (°/s)	$\Delta\omega_{100}/$ (°/s)	E_{60}/s	E_{100}/s
轿车、客车和货车，最大总质量≤2.5t	2.0	0	0.60	0.30	0.5	0	0.60	0.30
客车和货车，2.5t<最大总质量≤6t	3.0	0	0.70	0.35	0.5	0	0.70	0.35
客车和货车，6t<最大总质量≤15t	4.5	0	0.80	0.40				
客车和货车，最大总质量>15t	6.0	0	0.90	0.45				

注：最大总质量大于 6t 的客车和货车，高速回正性不进行评价计分值计算。

对于只进行低速回正性能试验的汽车，转向回正性能试验的综合评价计分值是根据低速回正性的 $N_{\Delta\omega}$ 和 N_E 两项评价计分值计算的，其值为

$$N_H = \frac{N_{\Delta\omega} + N_E}{2} \tag{5-120}$$

式中，N_H 为转向回正性能试验的综合评价计分值；$N_{\Delta\omega}$ 为低速回正性能试验残留横摆角速度绝对值的评价计分值；N_E 为低速回正性能试验横摆角速度总方差的评价计分值。

对于进行低速和高速回正性能试验的汽车，转向回正性能试验的综合评价计分值是根据低速回正性的 $N_{\Delta\omega}$ 和 N_E 及高速回正性的 $N'_{\Delta\omega}$ 和 N'_E 4 项评价计分值计算的，其值为

$$N_H = \frac{N_{\Delta\omega} + N_E + N'_{\Delta\omega} + N'_E}{4} \tag{5-121}$$

式中，$N'_{\Delta\omega}$ 为高速回正性能试验残留横摆角速度绝对值的评价计分值；N'_E 为高速回正性能试验横摆角速度总方差的评价计分值。

5.8.5 汽车转向轻便性试验

1. 试验目的

转向轻便性是评价驾驶人操纵汽车转向盘轻重程度的一种方法。转向系统的运动阻力包括转向系统零部件之间的摩擦力、轮胎与路面之间的摩擦力、运动速度变化时零部件的惯性力及轮胎与前轮定位角引起的回正力矩等。这些力(力矩)或摩擦功的测量，一般在汽车低速大转角行驶时进行，是评价汽车操纵稳定性的重要试验项目之一。

2. 试验方法

在试验场地，以醒目的颜色画出双纽线路径，如图 5.42 所示。双纽线轨迹的极坐标方程为

$$l = d\sqrt{\cos 2\psi} \quad (5-122)$$

轨迹上任意点的曲率半径为

$$R = \frac{d}{3\sqrt{\cos 2\psi}} \quad (5-123)$$

在 $\psi=0$ 时，双纽线顶点的曲率半径为最小值，即 $R_{\min} = \dfrac{d}{3}$。

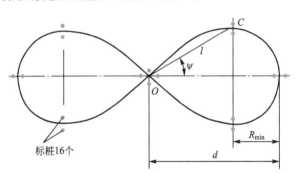

图 5.42 测定转向轻便性的双纽线路径

试验时，驾驶人操纵转向盘，使汽车以 (10 ± 2)km/h 的车速沿双纽线行驶，待车速稳定后，开始记录转向盘转角和作用力矩，并记录行驶车速作为监控参数。汽车沿双纽线绕行一周至记录起始位置，即完成一次试验。在测量记录过程中，应保持车速稳定，平稳地、不停顿地连续转动转向盘；不应同时松开双手或来回转动转向盘修正行驶方向，也不应撞倒标桩。

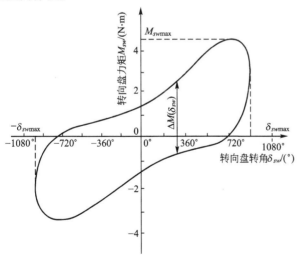

图 5.43 汽车转向盘转角-力矩曲线

根据记录的转向盘转角和作用力矩，按每一周双纽线路径整理成转向盘转角-力矩曲线，即 M_{sw}-δ_{sw} 曲线，如图 5.43 所示，确定出汽车转向轻便性的各项参数。

转向盘最大操舵力矩的均值为

$$\overline{M}_{sw\max} = \frac{\sum\limits_{i=1}^{3}|M_{sw\max i}|}{3} \quad (5-124)$$

式中，$\overline{M}_{sw\max}$ 为转向盘最大操舵力矩的均值(N·m)；$M_{sw\max i}$ 为绕双纽线第 i 周的转向盘最大操舵力矩(N·m)。

转向盘最大操舵力均值为

$$\overline{F}_{\max} = \frac{2\overline{M}_{sw\max}}{D} \tag{5-125}$$

式中，$\overline{F}_{\max}$ 为转向盘最大操舵力的均值(N)；D 为试验汽车原有转向盘半径(m)。

汽车绕双纽线路径每一周的作用功为

$$W_i = \frac{1}{57.3} \sum_{j=1}^{n_i-1} M_{swij} (\delta_{swi(j+1)} - \delta_{swij}) \tag{5-126}$$

式中，W_i 为汽车绕双纽线路径第 i 周的转向盘作用功(J)；M_{swij} 为汽车绕双纽线路径第 i 周的第 $j(j=1\sim n_i-1)$ 个采样点处转向盘操舵力矩(N·m)；n_i 为汽车绕双纽线路径第 i 周采样点数；$\delta_{swi(j+1)}$ 为汽车绕双纽线路径第 i 周的第 $j+1$ 个采样点处转向盘转角(°)；δ_{swij} 为汽车绕双纽线路径第 i 周的第 j 个采样点处转向盘转角(°)

转向盘的作用功均值为

$$\overline{W} = \frac{\sum_{i=1}^{3}|W_i|}{3} \tag{5-127}$$

汽车绕双纽线路径每一周的转向盘平均操舵力矩为

$$\overline{M}_{swi} = \frac{57.3 W_i}{2(|-\delta_{swi\max}|+|+\delta_{swi\max}|)} \tag{5-128}$$

式中，$\overline{M}_{swi}$ 为汽车绕双纽线路径第 i 周的转向盘平均操舵力矩(N·m)；$\delta_{swi\max}$ 为第 i 周转向盘最大转角(°)。

汽车绕双纽线路径的转向盘平均操舵力矩为

$$\overline{M}_{sw} = \frac{\sum_{i=1}^{3}\overline{M}_{swi}}{3} \tag{5-129}$$

式中，$\overline{M}_{sw}$ 为转向盘平均操舵力矩的均值(N·m)。

转向盘平均操舵力均值为

$$\overline{F} = \frac{2\overline{M}_{sw}}{D} \tag{5-130}$$

式中，$\overline{F}$ 为转向盘平均操舵力的均值(N)。

3. 汽车转向轻便性试验评价

汽车转向轻便性试验是按转向盘平均操舵力与转向盘最大操舵力两项指标进行评价计分的。

汽车转向盘平均操舵力的评价计分值为

$$N_{F_s} = 60 + \frac{40}{F_{s60}-F_{s100}} \cdot (F_{s60}-F_s) \tag{5-131}$$

式中，N_{F_s} 为转向盘平均操舵力的评价计分值；F_s 为转向盘平均操舵力的试验值；F_{s60} 为转向盘平均操舵力的下限值；F_{s100} 为转向盘平均操舵力的上限值。

汽车转向盘最大操舵力的评价计分值为

$$N_{F_m} = 60 + \frac{40}{F_{m60}-F_{m100}} \cdot (F_{m60}-F_m) \tag{5-132}$$

式中，N_{F_m}为转向盘最大操舵力的评价计分值；F_m为转向盘最大操舵力的试验值；F_{m60}为转向盘最大操舵力的下限值；F_{m100}为转向盘最大操舵力的上限值。

汽车转向轻便性试验评价指标的下限值和上限值见表 5-7。

表 5-7 汽车转向轻便性试验评价指标的下限值和上限值

车型	指标			
	F_{s60}/N	F_{s100}/N	F_{m60}/N	F_{m100}/N
轿车、客车和货车，最大总质量≤2.5t	50.0	15.0	80.0	30.0
客车和货车，2.5t＜最大总质量≤6t	90.0	30.0	150.0	60.0
客车和货车，6t＜最大总质量≤15t	110.0	50.0	180.0	90.0
客车和货车，最大总质量＞15t	140.0	60.0	220.0	110.0

汽车转向轻便性试验的综合评价计分值为

$$N_Q = \frac{N_{F_s} + \eta_F + N_{F_m}}{1 + \eta_F} \tag{5-133}$$

式中，N_Q为汽车转向轻便性试验的综合评价计分值；$\eta_F = 0.6 + 0.08G_a$为与汽车最大总质量（单位为 t）有关的加权系数。

5.8.6 汽车蛇行试验与评价

1. 试验的目的

汽车蛇行试验是指汽车在一定间隔的标桩间蛇行穿行，评价汽车的机动性、响应性和稳定性的试验，可用蛇行通过的最高车速、操舵力、侧向加速度、横摆角速度响应、转向盘转角等进行评价。汽车蛇行试验属于驾驶人-汽车-外界环境组合而成的闭环系统性能试验方法之一。这种试验方法可反映出此闭环系统进行急剧转向的能力，同时可反映出急剧转向情况下乘员的舒适性和安全性。

2. 试验方法

在试验场地按图 5.44 的规定，布置标桩 10 根。标桩间距和基准车速见表 5-8。

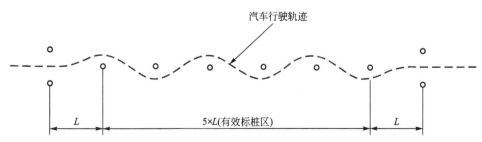

图 5.44 汽车蛇行试验路径

表 5-8　汽车蛇行试验的标桩间距和基准车速

汽车类型	标桩间距 L/m	基准车速/(km/h)
轿车、小型客车及最大总质量不超过 2.5t 的载货汽车	30	65
最大总质量大于 2.5t 而小于或等于 6t 的载货汽车及中型客车	30	50
最大总质量大于 6t 而小于或等于 15t 的载货汽车及大型客车	50	60
最大总质量大于 15t 的载货汽车	50	50

首次试验时，试验车速为表 5-8 所规定的基准车速的二分之一并四舍五入为 10 的整数倍，以该车速稳定直线行驶，在进入试验区段之前，记录各测量变量的零线，然后按图 5.44 所示路线蛇行通过试验路段，同时记录各测量变量的时间历程曲线和通过有效标桩区的时间。逐步提高试验车速，重复进行蛇行试验，共进行 10 次。最高试验车速不超过 80km/h。

第 i 次试验的蛇行车速为

$$u_i = \frac{18L}{t_i} \tag{5-134}$$

式中，u_i 为第 i 次试验的蛇行车速(km/h)；L 为标桩间距(m)；t_i 为第 i 次试验通过有效标桩区的时间(s)。

第 i 次试验的平均转向盘转角为

$$\bar{\delta}_{swi} = \frac{1}{4} \sum_{j=1}^{4} |\delta_{swij}| \tag{5-135}$$

式中，$\bar{\delta}_{swi}$ 为第 i 次试验的平均转向盘转角(°)；δ_{swij} 为在有效标桩区内，转向盘转角时间历程曲线峰值(°)。

第 i 次试验的平均横摆角速度为

$$\bar{\omega}_{ri} = \frac{1}{4} \sum_{j=1}^{4} |\omega_{rij}| \tag{5-136}$$

式中，$\bar{\omega}_{ri}$ 为第 i 次试验的平均横摆角速度(°/s)；ω_{rij} 为在有效标桩区内，横摆角速度时间历程曲线峰值(°/s)。

平均车身侧倾角为

$$\bar{\phi}_i = \frac{1}{4} \sum_{j=1}^{4} |\phi_{ij}| \tag{5-137}$$

式中，$\bar{\phi}_i$ 为第 i 次试验的平均车身侧倾角(°)；ϕ_{ij} 为在有效标桩区内，车身侧倾角时间历程曲线峰值(°)。

平均侧向加速度为

$$\bar{a}_{yi} = \frac{1}{4} \sum_{j=1}^{4} |a_{yij}| \tag{5-138}$$

式中，$\bar{a}_{yi}$ 为第 i 次试验的平均侧向加速度(m/s²)；a_{yij} 为在有效标桩区内，侧向加速度时间历程曲线峰值(m/s²)。

转向盘转角、横摆角速度、车身侧倾角、侧向加速度的时间历程曲线如图 5.45 所示。

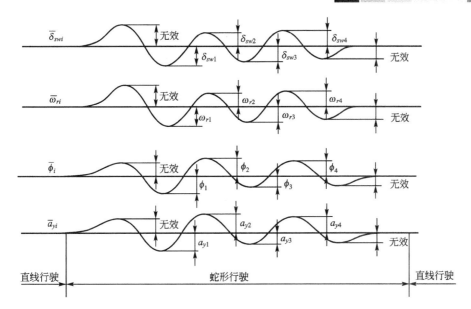

图 5.45　汽车蛇行试验变量的时间历程曲线

3. 汽车蛇形试验评价

汽车蛇行试验是按基准车速下的平均横摆角速度峰值与平均转向盘转角峰值两项指标进行评价计分的。

平均横摆角速度峰值的评价计分值为

$$N_\omega = 60 + \frac{40}{\omega_{60} - \omega_{100}} \cdot (\omega_{60} - \omega_r) \tag{5-139}$$

式中，N_ω 为平均横摆角速度峰值的评价计分值；ω_r 为基准车速下平均横摆角速度峰值的试验值；ω_{60} 为平均横摆角速度峰值的下限值；ω_{100} 为平均横摆角速度峰值的上限值。

平均转向盘转角峰值的评价计分值为

$$N_\theta = 60 + \frac{40}{\theta_{60} - \theta_{100}} \cdot (\theta_{60} - \theta) \tag{5-140}$$

式中，N_θ 为平均转向盘转角峰值的评价计分值；θ 为基准车速下平均转向盘转角峰值的试验值；θ_{60} 为平均转向盘转角峰值的下限值；θ_{100} 为平均转向盘转角峰值的上限值。

汽车蛇行试验评价指标的下限值与上限值见表 5-9。

表 5-9　汽车蛇行试验评价指标的下限值和上限值

车型	指标				
	标桩间距/m	基准车速/(km/h)	ω_{60}/(°/s)	ω_{100}/(°/s)	θ_{60}/(°)	θ_{100}/(°)
轿车、客车和货车，最大总质量≤2.5t	30	65 60①	25.0	10.0	180.0	60.0
客车和货车，2.5t＜最大总质量≤6t		50	20.0	8.0		

(续)

车型	指标					
	标桩间距/m	基准车速/(km/h)	$\omega_{60}/(°/s)$	$\omega_{100}/(°/s)$	$\theta_{60}/(°)$	$\theta_{100}/(°)$
客车和货车，6t＜最大总质量≤15t	50	60	10.0	4.0	180.0	60.0
客车和货车，最大总质量＞15t		50				

① 用于最高车速小于100km/h 的汽车。

汽车蛇行试验的综合评价计分值为

$$N_S = \frac{2N_\omega + N_\theta}{3} \quad (5-141)$$

式中，N_S 为汽车蛇行试验的综合评价计分值。

5.8.7 汽车操纵稳定性综合评价

当中性转向点侧向加速度值 N_{a_n} 的评价计分值小于60分或试验的最大侧向加速度值小于 a_{n60} 时，汽车操纵稳定性的总评价计分值定为不合格。

最大总质量小于或等于6t的汽车，操纵稳定性的总评价计分值为

$$N_Z = \frac{N_W + N_H + N_Q + N_T + N_M + N_S}{6} \quad (5-142)$$

最大总质量大于6t的汽车，操纵稳定性的总评价计分值为

$$N_Z = \frac{N_W + N_H + N_Q + N_M + N_S}{5} \quad (5-143)$$

汽车操纵稳定性的优劣，按总评价计分值大小衡量，分值越高，汽车操纵稳定性越好；总评价计分值小于60分者为不合格。

例如，某汽车通过上述汽车操纵稳定性试验，各项试验的测试值、计分值和综合得分见表5-10，最终该汽车的操纵稳定性总评价计分值为78.3分，属于中等水平，对于得分较低的项目，需要找出原因，进行整改。

表 5-10 汽车操纵稳定性试验评价

试验项目	评价指标	测试值	计分值/分	综合得分/分
汽车稳态转向特性试验	侧向加速度/(m/s²)	8.3	87.5	93.5
	不足转向度/(°)	0.15	93	
	车身侧倾度/(°)	0.5	100	
汽车瞬态转向特性试验（阶跃输入）	横摆角速度响应时间/s	0.19	63	63

(续)

试验项目	评价指标	测试值	计分值/分	综合得分/分
汽车瞬态转向特性试验(脉冲输入)	谐振频率/Hz	0.55	50	65.4
	谐振峰水平/dB	2.48	93.6	
	相位滞后角/(°)	67.5	52.5	
回正性试验(低速)	残留横摆角速度/(°/s)	0.0718	98.6	67.9
	横摆角速度总方差/s	0.1731	100	
回正性试验(高速)	残留横摆角速度/(°/s)	0.3357	73.1	
	横摆角速度总方差/s	4.1024	0	
汽车转向轻便性试验	平均操舵力/N	8.97	100	100
	最大操舵力/N	23.3	100	
汽车蛇行试验	横摆角速度峰值/(°/s)	17.75	79.3	81
	转向盘转角峰值/(°)	106.53	84.5	
汽车操纵稳定性总评价计分				78.3

思考题

1. 什么是汽车操纵稳定性的主观评价和客观评价？
2. 轮胎动力学模型有哪些？
3. 推导汽车横摆角速度和质心侧偏角的传递函数。
4. 汽车稳态响应的评价指标有哪些？影响汽车稳态响应的因素有哪些？
5. 三轴汽车和二轴汽车的稳定性因数有何不同？
6. 汽车瞬态响应的时域评价指标和频域评价指标各有哪些？
7. 汽车稳定性控制系统由哪几部分组成？其原理是什么？
8. 汽车操纵稳定性试验有哪些？
9. 如何对汽车操纵稳定性进行试验评价？

第 6 章
汽车平顺性

教学目标

通过本章的学习，读者能够掌握汽车平顺性的评价指标和评价方法，建立汽车平顺性多种模型，了解汽车路面输入模型，熟悉利用频率响应函数分析汽车平顺性的方法，通过仿真分析了解影响汽车平顺性的影响因素，对汽车平顺性试验有较全面的认识。

教学要求

知识要点	能力要求	相关知识
汽车平顺性的评价	掌握汽车平顺性的评价指标及要求	GB/T 4970—2009《汽车平顺性试验方法》，QC/T 474—2011《客车平顺性评价指标及限值》
汽车平顺性模型	掌握建立汽车平顺性模型的方法	汽车单质量振动模型、1/4汽车平顺性模型、1/2汽车平顺性模型、汽车平顺性整车模型
汽车路面输入模型	了解汽车路面输入模型的应用	汽车路面频域模型、汽车路面时域模型
汽车单质量振动系统的平顺性	利用汽车单质量振动模型分析汽车平顺性	单质量振动系统，幅频特性
基于 1/4 模型的汽车平顺性	利用 1/4 模型分析汽车平顺性	传动函数、频率函数、时域分析、频域分析
汽车平顺性的影响因素	利用建立的汽车平顺性模型分析影响因素	悬架和轮胎对汽车平顺性的影响
汽车平顺性试验	熟悉汽车平顺性的试验内容和方法	GB/T 4970—2009《汽车平顺性试验方法》

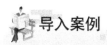

导入案例

汽车的行驶平顺性与乘坐舒适性密切相关。汽车经常行驶在不同的路面上，图6.1所示为某汽车行驶在卵石路面上。如何评价汽车的行驶平顺性？汽车平顺性与路面输入有什么关系？又与乘坐人的舒适性有什么关系？通过本章的学习可以得到这些问题的答案。

图6.1 汽车在卵石路面上行驶

汽车平顺性是汽车行驶动力学的重要研究内容之一，它是指汽车以正常车速行驶时能保证乘坐者不致因车身振动而引起不舒适和疲乏感觉及保持运载货物完整无损的性能。由于汽车平顺性主要是根据乘坐者的舒适程度来评价的，所以它有时又称为乘坐舒适性。

汽车平顺性可由图6.2所示的汽车振动系统框图来说明。振动系统由轮胎、悬架、座椅等弹性、阻尼元件和悬挂、非悬挂质量构成，路面不平度和车速形成了该系统的输入，该输入经过振动系统的传递，得到了系统的输出——悬挂质量或进一步经座椅传至人体的加速度。此加速度通过人体对振动的反应——舒适性程度来评价汽车平顺性。

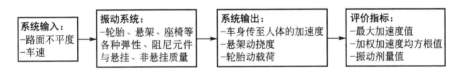

图6.2 汽车振动系统框图

研究汽车平顺性的目的就是控制振动的传递，将乘坐者不舒适的感觉控制在可接受的范围内。

6.1 汽车平顺性的评价

影响汽车平顺性的因素是多方面的，它包括路、车、人三个环节，其中人是最活跃的因素，因此汽车平顺性的评价是一个极为复杂的问题。

6.1.1 汽车平顺性评价指标

汽车平顺性评价方法分为主观评价法和客观评价法。主观评价法是依靠评价人员乘坐的主观感觉进行评价，主要考虑人的因素。进行汽车平顺性主观评价时，由有经验的驾驶人和乘客组成的专门小组按预定方式驾驶或乘坐一组汽车来主观评价汽车平顺性的水平或特征；然后完成相应的主观评价表，最后综合确定汽车的乘坐舒适性。

客观评价法是借助仪器设备来完成随机振动数据的采集、记录和处理，将得到的相关的分析值与对应的限制值进行比较，做出客观评价。目前，世界上主要有4种汽车行驶平顺性客观评价方法，分别是吸收功率法、总体乘坐值法（BS 6841—1987）、VDI 2057—2002 和 ISO 2631—1997。

作为国际标准组织的成员国之一，我国各项标准的制定，大多是以相应的国际标准作为参考的。GB/T 4970—2009《汽车平顺性试验方法》就是以 ISO 2631—1997 为基础建立的。

依据 GB/T 4970—2009《汽车平顺性试验方法》，对于 M 类和 N 类汽车，汽车平顺性评价方法分为脉冲输入行驶评价方法和随机输入行驶评价方法。

1. 脉冲输入行驶评价方法

脉冲输入行驶评价方法的评价指标主要有最大（绝对值）加速度响应和振动剂量值。

1) 最大（绝对值）加速度响应

当振动波形峰值系数小于 9 时，脉冲输入行驶试验用不同行驶车速下的最大（绝对值）加速度响应作为评价指标。

最大（绝对值）加速度响应为

$$\ddot{z}_{max} = \frac{1}{n}\sum_{j=1}^{n}\ddot{z}_{maxj} \qquad (6-1)$$

式中，$\ddot{z}_{max}$ 为最大（绝对值）加速度响应（m/s²）；$\ddot{z}_{maxj}$ 为第 j 次试验结果的最大（绝对值）加速度响应（m/s²）；n 为脉冲试验有效试验次数，$n \geqslant 5$。

测量位置有：驾驶人座椅坐垫上方，驾驶人座椅靠背，驾驶人座椅底部地板；与驾驶人同侧最后排座椅坐垫上方，与驾驶人同侧最后排座椅靠背，与驾驶人同侧最后排座椅底部地板；车厢地板中心等。

振动波形峰值系数是指加权加速度时间历程 $a_w(t)$ 的峰值（绝对值最大）与加权加速度均方根值 $\bar{a}_w$ 比值的绝对值。

2) 振动剂量值

当振动波形峰值系数大于 9 时，用最大（绝对值）加速度响应不能完全描述振动对人体的影响，还应采用振动剂量值来评价。

振动剂量值为

$$VDV = \left[\int_0^T a_w^4(t)dt\right]^{\frac{1}{4}} \qquad (6-2)$$

式中，VDV 为振动剂量值（m/s$^{1.75}$）；T 为作用时间（s），即从汽车前轮接触凸块到汽车驶过凸块且冲击响应消失的时间；$a_w(t)$ 为加权加速度时间历程（m/s²）。

2. 随机输入行驶评价方法

随机输入行驶评价方法的评价指标主要是加权加速度均方根值，它是按振动方向并根据人体对振动频率的敏感程度进行加权计算的，是人体振动的评价指标。加权加速度均方根值分为单轴向加权加速度均方根值和总加权加速度均方根值。

1) 单轴向加权加速度均方根值

单轴向加权加速度均方根值有两种计算方法：一种是由等带宽频率分析得到的加速度自功率谱密度函数计算；另一种是通过加权加速度时间历程计算。

由等带宽频率分析得到的加速度自功率谱密度函数计算单轴向加权加速度均方根值，需要先计算 1/3 倍频带加速度均方根值

$$\bar{a}_j = \left[\int_{f_{ij}}^{f_{wj}} G_a(f) \mathrm{d}f\right]^{\frac{1}{2}} \quad (6-3)$$

式中，$\bar{a}_j$ 为中心频率为 f_j 的第 j ($j=1, 2, 3, \cdots, 23$) 个 1/3 倍频带加速度均方根值（m/s²）；f_{ij}、f_{wj} 分别是 1/3 倍频带的中心频率 f_j 的上、下限频率（Hz）；$G_a(f)$ 为加速度自功率谱密度函数（m²/s³）。

1/3 倍频带中心频率的上、下限频率见表 6-1。

表 6-1　1/3 倍频带中心频率的上、下限频率　　　　　　　（单位：Hz）

1/3 倍频带中心频率 f_j	f_j 的下限频率 f_{ij}	f_j 的上限频率 f_{wj}
0.50	0.45	0.57
0.63	0.57	0.71
0.80	0.71	0.90
1.0	0.9	1.12
1.25	1.12	1.4
1.6	1.4	1.8
2.0	1.8	2.24
2.5	2.24	2.8
3.15	2.8	3.55
4.0	3.55	4.5
5.0	4.5	5.6
6.3	5.6	7.1
8.0	7.1	9
10.0	9	11.2
12.5	11.2	14
16.0	14	18
20.0	18	22.4
25.0	22.4	28
31.5	28	35.5
40.0	35.5	45
50.0	45	56
63.0	56	71
80.0	71	90

单轴向加权加速度均方根值为

$$\bar{a}_w = \left[\sum_{j=1}^{23} (w_j \bar{a}_j)^2\right]^{\frac{1}{2}} \quad (6-4)$$

式中，$\bar{a}_w$ 为单轴向加权加速度均方根值（m/s²）；w_j 为第 j 个 1/3 倍频带的加权系数，根据测点的位置和方向不同分别取 w_k、w_d 和 w_c。

不同测点和方向的倍频带的加权系数见表 6-2。1/3 倍频带的主要加权系数见表 6-3。

表 6-2 不同测点和方向的倍频带的加权系数

位置	坐标轴名称	频率加权函数 w_j
座椅坐垫上方	纵向	w_d
	横向	w_d
	垂向	w_k
座椅靠背	纵向	w_c
	横向	w_d
	垂向	w_c
乘员（或驾驶人）脚部地板	纵向	w_k
	横向	w_k
	垂向	w_k

表 6-3 1/3 倍频带的主要加权系数

频率带数	频率 f/Hz	w_k		w_d		w_c	
		频率加权系数×1000	dB	频率加权系数×1000	dB	频率加权系数×1000	dB
1	0.5	418	−7.57	853	−1.38	843	−1.48
2	0.63	459	−6.77	944	−0.50	929	−0.64
3	0.8	477	−6.43	992	−0.07	972	−0.24
4	1	482	−6.33	1011	0.1	991	−0.08
5	1.25	484	−6.29	1008	0.07	1000	0.00
6	1.6	494	−6.12	968	−0.28	1007	0.06
7	2	531	−5.49	890	−1.01	1012	0.10
8	2.5	631	−4.01	776	−2.20	1017	0.15
9	3.15	804	−1.90	642	−3.85	1022	0.19
10	4	967	−0.29	512	−5.82	1024	0.20
11	5	1039	0.33	409	−7.76	1013	0.11
12	6.3	1054	0.46	323	−9.81	974	−0.23
13	8	1036	0.31	253	−11.93	891	−1.00
14	10	988	−0.1	212	−13.91	776	−2.20
15	12.5	902	−0.89	161	−15.87	647	−3.79
16	16	768	−2.28	125	−18.03	512	−5.82
17	20	636	−3.93	100	−19.99	409	−7.77
18	25	513	−5.80	80.0	−21.94	325	−9.76
19	31.5	405	−7.86	63.2	−23.98	256	−11.84
20	40	314	−10.05	49.4	−26.13	199	−14.02
21	50	246	−12.19	38.8	−28.22	156	−16.13
22	63	186	−14.61	29.5	−30.60	118	−18.53
23	80	132	−17.56	21.1	−33.53	84.4	−21.47

对于记录的加速度时间历程，通过符合表 6-3 规定的频率加权滤波网络得到加权加速度时间历程 $a_w(t)$，加权加速度均方根值为

$$\bar{a}_w = \left[\frac{1}{T}\int_0^T a_w^2(t)\mathrm{d}t\right]^{\frac{1}{2}} \tag{6-5}$$

式中，$\bar{a}_w$ 为加权加速度均方根值($\mathrm{m/s^2}$)；T 为统计持续时间(s)。

2) 总加权加速度均方根值

座椅坐垫上方、座椅靠背及驾驶室地板处各点的总加权加速度均方根值为

$$\bar{a}_{vj} = (q_x^2\bar{a}_{wx}^2 + q_y^2\bar{a}_{wy}^2 + q_z^2\bar{a}_{wz}^2)^{\frac{1}{2}} \tag{6-6}$$

式中，$\bar{a}_{wx}$ 为前后方向(即 x 轴向)加权加速度均方根值($\mathrm{m/s^2}$)；$\bar{a}_{wy}$ 为左右方向(即 y 轴向)加权加速度均方根值($\mathrm{m/s^2}$)；$\bar{a}_{wz}$ 为垂直方向(即 z 轴向)加权加速度均方根值($\mathrm{m/s^2}$)；q_x、q_y、q_z 分别为 x、y、z 轴的轴加权系数；$j=1、2、3$ 分别代表座椅坐垫上方、座椅靠背及乘员(或驾驶人)脚部地板 3 个位置；$\bar{a}_{vj}$ 为某点总加权加速度均方根值($\mathrm{m/s^2}$)。

综合总加权加速度均方根值为

$$\bar{a}_v = (\bar{a}_{v1}^2 + \bar{a}_{v2}^2 + \bar{a}_{v3}^2)^{\frac{1}{2}} \tag{6-7}$$

式中，$\bar{a}_v$ 为综合总加权加速度均方根值($\mathrm{m/s^2}$)；$\bar{a}_{v1}$ 为座椅坐垫上方总加权加速度均方根值($\mathrm{m/s^2}$)；$\bar{a}_{v2}$ 为座椅靠背总加权加速度均方根值($\mathrm{m/s^2}$)；$\bar{a}_{v3}$ 为乘员(或驾驶人)脚部地板总加权加速度均方根值($\mathrm{m/s^2}$)。

不同位置处的轴加权系数见表 6-4。

表 6-4 不同位置处的轴加权系数

位置	坐标轴名称	轴加权系数
座椅坐垫上方	纵向	$q_x=1.00$
	横向	$q_y=1.00$
	垂向	$q_z=1.00$
座椅靠背	纵向	$q_x=0.80$
	横向	$q_y=0.50$
	垂向	$q_z=0.40$
乘员(或驾驶人)脚部地板	纵向	$q_x=0.25$
	横向	$q_y=0.25$
	垂向	$q_z=0.40$

研究振动对人体舒适性感觉的影响时，一般采用座椅坐垫上方、座椅靠背处和脚支撑面处综合总加权加速度均方根值来评价。

在 QC/T 474—2011《客车平顺性评价指标及限值》中，规定了 M2、M3 类客车平顺性评价指标是测点位置垂直振动的等效均值，即

$$L_{eq} = 20\log\frac{\sigma_w}{10^{-6}} \tag{6-8}$$

式中，L_{eq} 为垂直振动的等效均值(dB)；σ_w 为一定测量时间内的加权加速度均方根值($\mathrm{m/s^2}$)。

目前，对汽车平顺性的研究主要采用随机输入行驶评价方法。

6.1.2 汽车平顺性要求

振动对人体的直接影响涉及躯干和身体局部的生物动态反应行为、生理反应、性能减退和敏感度障碍，是影响汽车乘坐舒适性的主要因素。振动加速度是评价振动对人体影响的基本参数，振动频率是振动运动速度的表征。人体是一个复杂的机械振动系统，大量试验资料表明，人体包括心脏、胃在内的"胸-腹"系统在垂直振动频率 4~8Hz，水平振动频率 1~2Hz 范围内会出现明显的共振。如果人体某区域或器官出现共振现象，将会引起相应的生理变化，这种变化涉及肌肉系统、呼吸系统、血液循环系统、植物神经系统和感官系统。大约在 3Hz 以下，水平振动比垂直振动更敏感。在汽车的实际振动环境中，3Hz 以下的振动在汽车的振动环境中占的比例相当大，故对由横向、纵向振动引起的水平振动的影响应给予充分重视。保持振动环境的舒适性，可以保证驾驶人在复杂的行驶和操纵条件下具有良好的心理状态和准确灵敏的反应，可以保证乘客的身体健康与工作效能。

在 GB/T 4970—2009《汽车平顺性试验方法》中，给出了总加权加速度均方根值与人的主观感觉之间的关系，见表 6-5。

表 6-5 总加权加速度均方根值与人的主观感觉之间的关系

总加权加速度均方根值/(m/s²)	人的主观感觉	总加权加速度均方根值/(m/s²)	人的主观感觉
小于 0.315	没有不舒服	0.8~1.6	不舒服
0.315~0.63	有些不舒服	1.25~2.5	很不舒服
0.5~1	比较不舒服	大于 2	极不舒服

汽车总加权加速度均方根值一般要小于 $0.315 m/s^2$。

在 QC/T 474—2011《客车平顺性评价指标及限值》中，规定了客车平顺性评价指标——等效均值的限值，见表 6-6。

表 6-6 客车平顺性评价指标限值 （单位：dB）

试验车速	城市客车		其他客车	
	空气悬架	其他悬架	空气悬架	其他悬架
30km/h	≤106.0	≤115.0	—	—
60km/h	—	—	≤110.0	≤112.5
90km/h	—	—	≤113.0	≤115.0

注：悬架为驾驶人同侧后桥（驱动桥）正上方的悬架。

要获得良好的汽车行驶平顺性，需要对悬架系统进行合理的设计和匹配。根据汽车整车性能对悬架系统的要求，通常用以下 3 个参数来评价悬架系统的优劣。

(1) 车身垂直加速度。
(2) 悬架动挠度。
(3) 车轮相对动载荷。

车身垂直加速度是影响汽车行驶平顺性的最主要指标，降低车身垂直加速度幅值，也就提高了乘客的舒适性；悬架动挠度和其限位行程有关，过大的动挠度会导致撞击限位块的现象,因此,减小动挠度有利于提高汽车的平顺性;车轮与路面的相对动载荷直接影响车轮与路面的附着效果,这与汽车操纵稳定性有关,在一定范围内降低轮胎的动载荷,有利于提高汽车的操纵稳定性。在分析汽车平顺性时,要在路面随机输入下对汽车车身垂直加速度、悬架动挠度和车轮相对动载荷进行统计计算,以综合选择悬架系统的设计参数,改善汽车性能。

6.2 汽车平顺性模型

为了研究汽车平顺性,需要建立不同复杂程度的动力学模型,如单质量模型、1/4汽车平顺性模型、1/2汽车平顺性模型和汽车平顺性整车模型。针对具体的问题,如何建立既简单又能反映研究问题实质的适当的汽车平顺性模型是研究汽车行驶动力学的关键问题之一,而减小动力学模型和实车之间的偏差则一直是建模过程中探索的问题。从理论上讲,自由度越多,计算结果就越精确,但增加自由度会给建模和计算都带来较大的困难。因此,要根据研究问题的需要,适当选择自由度,关键是看它能否反映所要研究的问题。

6.2.1 汽车单质量振动模型

在建立汽车单质量振动模型时,只考虑悬挂质量垂直方向振动,不考虑非线性因素。

汽车单质量振动模型如图6.3所示,由悬挂质量、弹簧和减振器组成。图中:m_s为悬挂质量;K_s为弹簧刚度,C_s为减振器阻尼系数;z_s分别为车身的垂直位移坐标,坐标原点在平衡位置;q为路面不平度的位移函数。

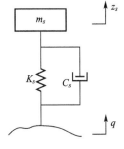

图6.3 汽车单质量振动模型

根据牛顿第二定律,汽车单质量振动方程式为

$$m_s\ddot{z}_s = K_s(q-z_s) + C_s(\dot{q}-\dot{z}_s) \quad (6-9)$$

式(6-9)就是汽车单质量振动方程式。

6.2.2 1/4汽车平顺性模型

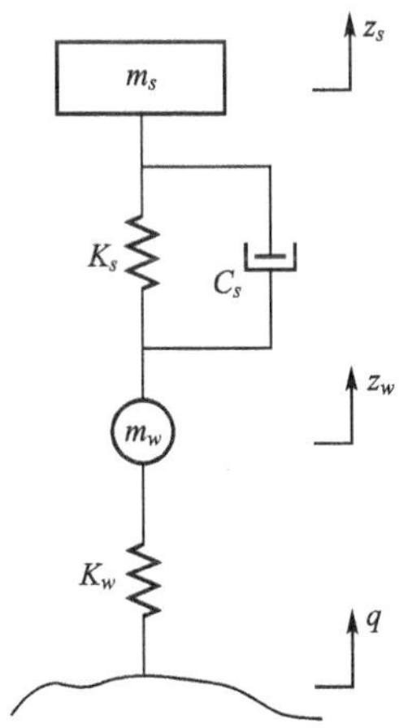

1/4汽车平顺性模型如图6.4所示,由悬挂质量、非悬挂质量、悬架和轮胎构成,其中悬架系统由弹簧和减振器组成,其特征参数是悬架刚度和减振器阻尼系数;轮胎由弹簧组成,其特征参数是轮胎刚度,不考虑轮胎阻尼。图中:m_s为悬挂质量,m_w为非悬挂质量;K_s为悬架刚度,C_s为悬架阻尼系数;K_w为轮胎刚度;z_w、z_s分别为车轮轴和车身的垂直位移坐标,坐标原点在各自的平衡位置;q为路面不平度的位移函数。

1/4汽车平顺性模型包括两个自由度,即悬挂质量和非悬挂质量的垂直运动。

根据图6.4,1/4汽车运动微分方程式为

$$m_s\ddot{z}_s = K_s(z_w-z_s) + C_s(\dot{z}_w-\dot{z}_s)$$
$$m_w\ddot{z}_w = K_w(q-z_w) - K_s(z_w-z_s) - C_s(\dot{z}_w-\dot{z}_s) \quad (6-10)$$

图6.4 1/4汽车平顺性模型

根据式(6-10)，汽车运动微分方程式可以写成矩阵形式：

$$\begin{bmatrix} m_w & 0 \\ 0 & m_s \end{bmatrix} \begin{bmatrix} \ddot{z}_w \\ \ddot{z}_s \end{bmatrix} + \begin{bmatrix} C_s & -C_s \\ -C_s & C_s \end{bmatrix} \begin{bmatrix} \dot{z}_w \\ \dot{z}_s \end{bmatrix} + \begin{bmatrix} K_w+K_s & -K_s \\ -K_s & K_s \end{bmatrix} \begin{bmatrix} z_w \\ z_s \end{bmatrix} = \begin{bmatrix} K_w q \\ 0 \end{bmatrix} \quad (6-11)$$

在现代控制理论中，利用系统状态方程式可以进行计算机仿真。这是研究系统动态特性最常用的方法。

设悬架动挠度为 $z_{sw}=z_s-z_w$，轮胎动变形为 $z_{qw}=q-z_w$，选取悬架动挠度、车身垂直速度、轮胎动变形、车轮轴垂直速度为系统状态变量，即 $\boldsymbol{X}=[z_{sw} \quad \dot{z}_s \quad z_{qw} \quad \dot{z}_w]^T$，则1/4汽车系统状态方程式为：

$$\begin{bmatrix} \dot{z}_{sw} \\ \ddot{z}_s \\ \dot{z}_{qw} \\ \ddot{z}_w \end{bmatrix} = \begin{bmatrix} 0 & 1 & 0 & -1 \\ -K_s/m_s & -C_s/m_s & 0 & C_s/m_s \\ 0 & 0 & 0 & -1 \\ K_s/m_w & C_s/m_w & K_w/m_w & -C_s/m_w \end{bmatrix} \begin{bmatrix} z_{sw} \\ \dot{z}_s \\ z_{qw} \\ \dot{z}_w \end{bmatrix} + \begin{bmatrix} 0 \\ 0 \\ 1 \\ 0 \end{bmatrix} [\dot{q}] \quad (6-12)$$

选取车身垂直加速度、悬架动挠度、轮胎动载荷为系统输出变量，即 $\boldsymbol{Y}=[\ddot{z}_s \quad z_{sw} \quad K_w z_{qw}]^T$，则1/4汽车系统输出方程式为

$$\begin{bmatrix} \ddot{z}_s \\ z_{sw} \\ K_w z_{qw} \end{bmatrix} = \begin{bmatrix} -K_s/m_s & -C_s/m_s & 0 & C_s/m_s \\ 1 & 0 & 0 & 0 \\ 0 & 0 & K_w & 0 \end{bmatrix} \begin{bmatrix} z_{sw} \\ \dot{z}_s \\ z_{qw} \\ \dot{z}_w \end{bmatrix} \quad (6-13)$$

6.2.3 1/2汽车平顺性模型

在建立1/2汽车平顺性模型时，假设汽车对称其纵轴线，并且左右车轮的路面不平度函数相等；不考虑非线性因素；认为轮胎不离开地面。

1/2被动悬架汽车行驶动力学模型如图6.5所示。图中：m_s 为悬挂质量；m_{sf}、m_{sr} 分别为悬挂质量等效在前、后车轮上方的质量；m_{wf}、m_{wr} 分别为非悬挂质量等效在前、后车轮上的质量；I_{sy} 为悬挂质量绕 y 轴的转动惯量；a、b、L 分别为车身质心至前、后轴距离和轴距；K_{sf}、K_{sr} 分别为前、后悬架刚度；C_{sf}、C_{sr} 分别为前、后悬架阻尼系数；K_{wf}、K_{wr} 分别为前、后车轮胎刚度；ϕ 为车身俯仰角；q_f、q_r 分别为汽车前、后车轮地面不平度的位移函数；z_{wf}、z_{wr} 分别为前后轴非悬挂质量的垂直位移；z_{sf}、z_{sr} 分别为前、后车轮上方悬挂质量的垂直位移；z_s 为车身质心处的垂直位移，坐标原点在各自的平衡位置。

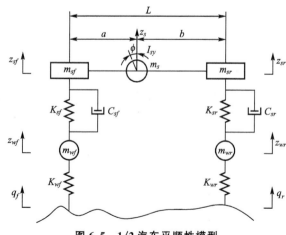

图6.5 1/2汽车平顺性模型

1/2汽车平顺性模型包括4个自由度，即车身的垂直和俯仰运动及前、后非悬挂质量的垂直运动。

以车身为研究对象，由垂直方向力的平衡和绕质心的力矩平衡得

$$m_s\ddot{z}_s = K_{sf}(z_{wf}-z_{sf})+C_{sf}(\dot{z}_{wf}-\dot{z}_{sf})+K_{sr}(z_{ur}-z_{sr})+C_{sr}(\dot{z}_{ur}-\dot{z}_{sr})$$

$$I_{sy}\ddot{\phi}=bK_{sr}(z_{ur}-z_{sr})+bC_{sr}(\dot{z}_{ur}-\dot{z}_{sr})-aK_{sf}(z_{wf}-z_{sf})-aC_{sf}(\dot{z}_{wf}-\dot{z}_{sf}) \quad (6-14)$$

以前、后非悬挂质量为研究对象，由垂直方向力的平衡得：

$$m_{wf}\ddot{z}_{wf}=K_{wf}(q_f-z_{wf})-K_{sf}(z_{wf}-z_{sf})-C_{sf}(\dot{z}_{wf}-\dot{z}_{sf})$$

$$m_{ur}\ddot{z}_{ur}=K_{ur}(q_r-z_{ur})-K_{sr}(z_{ur}-z_{sr})-C_{sr}(\dot{z}_{ur}-\dot{z}_{sr}) \quad (6-15)$$

当俯仰角较小时，前后车轮上方悬挂质量的垂直位移与车身质心处的垂直位移、俯仰角之间的关系为

$$z_{sf}=z_s-a\phi$$
$$z_{sr}=z_s+b\phi \quad (6-16)$$

选取车身垂直位移、车身俯仰角、前后轴非悬挂质量的垂直位移、前后轮地面不平度的位移、车身垂直速度、车身俯仰角速度、前后轴非悬挂质量的垂直速度为系统的状态变量，即 $\boldsymbol{X}=\begin{bmatrix} z_s & \phi & z_{wf} & z_{ur} & q_f & q_r & \dot{z}_s & \dot{\phi} & \dot{z}_{wf} & \dot{z}_{ur} \end{bmatrix}^T$，则由式(6-14)~式(6-16)可得 1/2 汽车系统状态方程式为

$$\begin{bmatrix} \dot{z}_s \\ \dot{\phi} \\ \dot{z}_{wf} \\ \dot{z}_{ur} \\ \dot{q}_f \\ \dot{q}_r \\ \ddot{z}_s \\ \ddot{\phi} \\ \ddot{z}_{wf} \\ \ddot{z}_{ur} \end{bmatrix} = \begin{bmatrix} 0 & 0 & 0 & 0 & 0 & 0 & 1 & 0 & 0 & 0 \\ 0 & 0 & 0 & 0 & 0 & 0 & 0 & 1 & 0 & 0 \\ 0 & 0 & 0 & 0 & 0 & 0 & 0 & 0 & 1 & 0 \\ 0 & 0 & 0 & 0 & 0 & 0 & 0 & 0 & 0 & 1 \\ 0 & 0 & 0 & 0 & 0 & 0 & 0 & 0 & 0 & 0 \\ 0 & 0 & 0 & 0 & 0 & 0 & 0 & 0 & 0 & 0 \\ a_{71} & a_{72} & a_{73} & a_{74} & 0 & 0 & a_{77} & a_{78} & a_{79} & a_{710} \\ a_{81} & a_{82} & a_{83} & a_{84} & 0 & 0 & a_{87} & a_{88} & a_{89} & a_{910} \\ a_{91} & a_{92} & a_{93} & 0 & a_{95} & 0 & a_{97} & a_{98} & a_{99} & 0 \\ a_{101} & a_{102} & 0 & a_{104} & 0 & a_{106} & a_{107} & a_{108} & 0 & a_{1010} \end{bmatrix} \begin{bmatrix} z_s \\ \phi \\ z_{wf} \\ z_{ur} \\ q_f \\ q_r \\ \dot{z}_s \\ \dot{\phi} \\ \dot{z}_{wf} \\ \dot{z}_{ur} \end{bmatrix} + \begin{bmatrix} 0 & 0 \\ 0 & 0 \\ 0 & 0 \\ 0 & 0 \\ 1 & 0 \\ 0 & 1 \\ 0 & 0 \\ 0 & 0 \\ 0 & 0 \\ 0 & 0 \end{bmatrix} \begin{bmatrix} \dot{q}_f \\ \dot{q}_r \end{bmatrix}$$

$$(6-17)$$

式中，$a_{71}=-(K_{sf}+K_{sr})/m_s$；$a_{72}=(aK_{sf}-bK_{sr})/m_s$；$a_{73}=K_{sf}/m_s$；$a_{74}=K_{sr}/m_s$；
$a_{77}=-(C_{sf}+C_{sr})/m_s$；$a_{78}=(aC_{sf}-bC_{sr})/m_s$；$a_{79}=C_{sf}/m_s$；$a_{710}=C_{sr}/m_s$；
$a_{81}=(aK_{sf}-bK_{sr})/I_{sy}$；$a_{82}=-(a^2K_{sf}+b^2K_{sr})/I_{sy}$；$a_{83}=-aK_{sf}/I_{sy}$；
$a_{84}=bK_{sr}/I_{sy}$；$a_{87}=(aC_{sf}-bC_{sr})/I_{sy}$；$a_{88}=-(a^2C_{sf}+b^2C_{sr})/I_{sy}$；$a_{89}=-aC_{sf}/I_{sy}$；
$a_{810}=bC_{sr}/I_{sy}$；$a_{91}=K_{sf}/m_{wf}$；$a_{92}=-aK_{sf}/m_{wf}$；$a_{93}=-(K_{sf}+K_{wf})$；$a_{95}=K_{wf}/m_{wf}$；
$a_{97}=C_{sf}/m_{wf}$；$a_{98}=-aC_{sf}/m_{wf}$；$a_{99}=-C_{sf}/m_{wf}$；$a_{101}=K_{sr}/m_{ur}$；$a_{102}=bK_{sr}/m_{ur}$；
$a_{104}=-(K_{sr}+K_{ur})/m_{ur}$；$a_{106}=K_{ur}/m_{ur}$；$a_{107}=C_{sr}/m_{ur}$；$a_{108}=bC_{sr}/m_{ur}$；
$a_{1010}=-C_{sr}/m_{ur}$。

设前、后悬架动挠度分别为 $z_{swf}=z_{sf}-z_{wf}$ 和 $z_{swr}=z_{sr}-z_{ur}$，前、后轮胎动变形分别为 $z_{qwf}=z_{qf}-z_{wf}$ 和 $z_{qwr}=z_{qr}-z_{ur}$，选择车身垂直加速度、车身俯仰角加速度、前后悬架动挠度、前后轮胎动载荷为系统输出变量，即 $\boldsymbol{Y}=\begin{bmatrix} \ddot{z}_s & \ddot{\phi} & z_{swf} & z_{swr} & K_{wf}z_{qwf} & K_{ur}z_{qwr} \end{bmatrix}^T$，则 1/2 汽车系统输出方程式为

$$\begin{bmatrix} \ddot{z}_s \\ \ddot{\phi} \\ z_{swf} \\ z_{swr} \\ K_{wf}z_{qwf} \\ K_{ur}z_{qwr} \end{bmatrix} = \begin{bmatrix} a_{71} & a_{72} & a_{73} & a_{74} & 0 & 0 & a_{77} & a_{78} & a_{79} & a_{710} \\ a_{81} & a_{82} & a_{83} & a_{84} & 0 & 0 & a_{87} & a_{88} & a_{89} & a_{810} \\ 1 & -a & -1 & 0 & 0 & 0 & 0 & 0 & 0 & 0 \\ 1 & b & -1 & 0 & 0 & 0 & 0 & 0 & 0 & 0 \\ 0 & 0 & -K_{wf} & 0 & K_{wf} & 0 & 0 & 0 & 0 & 0 \\ 0 & 0 & 0 & -K_{ur} & 0 & K_{ur} & 0 & 0 & 0 & 0 \end{bmatrix} \begin{bmatrix} z_s \\ \phi \\ z_{wf} \\ z_{ur} \\ q_f \\ q_r \\ \dot{z}_s \\ \dot{\phi} \\ \dot{z}_{wf} \\ \dot{z}_{ur} \end{bmatrix}$$

(6 – 18)

式(6 – 18)中 a 的表达式与式(6 – 17)中的相对应。

6.2.4 汽车平顺性整车模型

在建立汽车平顺性整车模型时,假设汽车载客人数或装载质量不影响车身质心的位置;在路面激励的作用下,整车在平衡位置附近做微幅振动;汽车做俯仰、侧倾运动时角度很小,不超过 5°。

汽车平顺性整车模型如图 6.6 所示。图中:m_s 为悬挂质量;m_{wf1}、m_{wf2}、m_{ur1}、m_{ur2} 分别非悬挂质量等效在 4 个车轮的质量;I_{sx} 为悬挂质量绕 x 轴的转动惯量;I_{sy} 为悬挂质量绕 y 轴的转动惯量;z_s 为车身质心处的垂直位移;θ 为车身绕 x 轴的侧倾角;ϕ 车身为绕 y 轴的俯仰角;z_{sf1}、z_{sf2}、z_{sr1}、z_{sr2} 分别为 4 个车轮上方悬挂质量的垂直位移;z_{wf1}、z_{wf2}、z_{ur1}、z_{ur2} 分别为 4 个车轮轴的垂直位移;K_{sf1}、K_{sf2}、K_{sr1}、K_{sr2} 分别为 4 个悬架的刚度,C_{sf1}、C_{sf2}、C_{sr1}、C_{sr2} 分别为 4 个悬架的阻尼系数;K_{wf1}、K_{wf2}、K_{ur1}、K_{ur2} 分别为 4 个轮胎的刚度;q_{f1}、q_{f2}、q_{r1}、q_{r2} 分别为 4 个车轮路面不平度的位移;a、b 分别为质心至前、后轴距离,l_r、l_l 分别为质心至左、右侧车轮的距离。

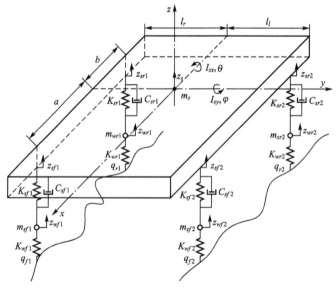

图 6.6 汽车平顺性整车模型

汽车平顺性整车模型包括 7 个自由度，即车身的垂直、俯仰和侧倾运动及 4 个非悬挂质量的垂直运动。

当侧倾角和俯仰角在小角度范围内变化时，车轮上方 4 个悬挂质量端点的位移分别为

$$z_{sf1} = z_s - l_r\theta - a\phi$$
$$z_{sf2} = z_s + l_l\theta - a\phi$$
$$z_{sr1} = z_s - l_r\theta + b\phi$$
$$z_{sr2} = z_s + l_l\theta + b\phi$$

(6-19)

车身质心处的垂直运动方程式为

$$m_s\ddot{z}_s = K_{sf1}(z_{wf1}-z_{sf1}) + C_{sf1}(\dot{z}_{wf1}-\dot{z}_{sf1}) + K_{sf2}(z_{wf2}-z_{sf2}) + C_{sf2}(\dot{z}_{wf2}-\dot{z}_{sf2}) + K_{sr1}(z_{ur1}-z_{sr1}) + C_{sr1}(\dot{z}_{ur1}-\dot{z}_{sr1}) + K_{sr2}(z_{ur2}-z_{sr2}) + C_{sr2}(\dot{z}_{ur2}-\dot{z}_{sr2})$$

(6-20)

车身俯仰运动方程式为

$$I_{sy}\ddot{\phi} = b[K_{sr1}(z_{ur1}-z_{sr1}) + C_{sr1}(\dot{z}_{ur1}-\dot{z}_{sr1}) + K_{sr2}(z_{ur2}-z_{sr2}) + C_{sr2}(\dot{z}_{ur2}-\dot{z}_{sr2})] - a[K_{sf1}(z_{wf1}-z_{sf1}) + C_{sf1}(\dot{z}_{wf1}-\dot{z}_{sf1}) + K_{sf2}(z_{wf2}-z_{sf2}) + C_{sf2}(\dot{z}_{wf2}-\dot{z}_{sf2})]$$

(6-21)

车身的侧倾运动方程式为

$$I_{sx}\ddot{\theta} = l_l[K_{sf2}(z_{wf2}-z_{sf2}) + C_{sf2}(\dot{z}_{wf2}-\dot{z}_{sf2}) + K_{sr2}(z_{ur2}-z_{sr2}) + C_{sr2}(\dot{z}_{ur2}-\dot{z}_{sr2})] - l_r[K_{sf1}(z_{wf1}-z_{sf1}) + C_{sf1}(\dot{z}_{wf1}-\dot{z}_{sf1}) + K_{sr1}(z_{ur1}-z_{sr1}) + C_{sr1}(\dot{z}_{ur1}-\dot{z}_{sr1})]$$

(6-22)

4 个非悬挂质量的垂直运动方程式分别为

$$m_{wf1}\ddot{z}_{wf1} = K_{wf1}(q_{f1}-z_{wf1}) - K_{sf1}(z_{wf1}-z_{sf1}) - C_{sf1}(\dot{z}_{wf1}-\dot{z}_{sf1})$$
$$m_{wf2}\ddot{z}_{wf2} = K_{wf2}(q_{f2}-z_{wf2}) - K_{sf2}(z_{wf2}-z_{sf2}) - C_{sf2}(\dot{z}_{wf2}-\dot{z}_{sf2})$$
$$m_{ur1}\ddot{z}_{ur1} = K_{ur1}(q_{r1}-z_{ur1}) - K_{sr1}(z_{ur1}-z_{sr1}) - C_{sr1}(\dot{z}_{ur1}-\dot{z}_{sr1})$$
$$m_{ur2}\ddot{z}_{ur2} = K_{ur2}(q_{r2}-z_{ur2}) - K_{sr2}(z_{ur2}-z_{sr2}) - C_{sr2}(\dot{z}_{ur2}-\dot{z}_{sr2})$$

(6-23)

选取车身垂直位移、车身俯仰角、车身侧倾角、4 个车轮轴的垂直位移、4 个车轮的地面不平度位移、车身垂直速度、车身俯仰角速度、车身侧倾角速度、4 个车轮轴的垂直速度为系统的状态变量，即

$$\boldsymbol{X} = [z_s \quad \phi \quad \theta \quad z_{wf1} \quad z_{wf2} \quad z_{ur1} \quad z_{ur2} \quad q_{f1} \quad q_{f2} \quad q_{r1} \quad q_{r2} \quad \dot{z}_s \quad \dot{\phi} \quad \dot{\theta} \quad \dot{z}_{wf1} \quad \dot{z}_{wf2} \quad \dot{z}_{ur1} \quad \dot{z}_{ur2}]^T$$

设 4 个悬架挠度分别为 $z_{swf1} = z_{sf1} - z_{wf1}$、$z_{swf2} = z_{sf2} - z_{wf2}$、$z_{swr1} = z_{sr1} - z_{ur1}$、$z_{swr2} = z_{sr2} - z_{ur2}$，4 个轮胎动变形分别为 $z_{qwf1} = q_{f1} - z_{wf1}$、$z_{qwf2} = q_{f2} - z_{wf2}$、$z_{qwr1} = q_{r1} - z_{ur1}$、$z_{qwr2} = q_{r2} - z_{ur2}$，选择车身垂直加速度、车身俯仰角加速度、车身侧倾角加速度、4 个悬架动挠度和 4 个轮胎动载荷为系统输出变量，即

$$\boldsymbol{Y} = [\ddot{z}_s \quad \ddot{\phi} \quad \ddot{\theta} \quad z_{swf1} \quad z_{swf2} \quad z_{swr1} \quad z_{swr2} \quad K_{wf1}z_{qwf1} \quad K_{wf2}z_{qwf2} \quad K_{ur1}z_{qwr1} \quad K_{ur2}z_{qwr2}]^T$$

悬架汽车整车系统状态方程和输出方程分别为

$$\dot{\boldsymbol{X}} = \boldsymbol{AX} + \boldsymbol{EW}$$
$$\boldsymbol{Y} = \boldsymbol{CX}$$

(6-24)

式中，A 为 18×18 阶系统矩阵；E 为 18×4 阶扰动矩阵；C 为 11×18 阶输出矩阵；$W = [q_{f1} \quad q_{f2} \quad q_{r1} \quad q_{r2}]^T$ 为系统的扰动向量。

系统矩阵 A 中不为零的表达式为

$a_{112}=1$；$a_{213}=1$；$a_{314}=1$；$a_{415}=1$；$a_{516}=1$；$a_{617}=1$；$a_{718}=1$；

$a_{121}=-(K_{sf1}+K_{sf2}+K_{sr1}+K_{sr2})/m_s$；$a_{122}=a(K_{sf1}+K_{sf2})/m_s-b(K_{sr1}+K_{sr2})/m_s$；

$a_{123}=l_r(K_{sf1}+K_{sr1})/m_s-l_l(K_{sf2}+K_{sr2})/m_s$；$a_{124}=K_{sf1}/m_s$；$a_{125}=K_{sf2}/m_s$；

$a_{126}=K_{sr1}/m_s$；$a_{127}=K_{sr2}/m_s$；$a_{1212}=-(C_{sf1}+C_{sf2}+C_{sr1}+C_{sr2})/m_s$；

$a_{1213}=a(C_{sf1}+C_{sf2})/m_s-b(C_{sr1}+C_{sr2})/m_s$；$a_{1214}=l_r(C_{sf1}+C_{sr1})/m_s-l_l(C_{sf2}+C_{sr2})/m_s$；

$a_{1215}=C_{sf1}/m_s$；$a_{1216}=C_{sf2}/m_s$；$a_{1217}=C_{sr1}/m_s$；$a_{1218}=C_{sr2}/m_s$；

$a_{131}=(aK_{sf1}+aK_{sf2}-bK_{sr1}-bK_{sr2})/I_{sy}$；$a_{132}=-a^2(K_{sf1}+K_{sf2})/I_{sy}-b^2(K_{sr1}+K_{sr2})/I_{sy}$；

$a_{133}=(al_lK_{sf2}-al_rK_{sf1}+bl_rK_{sr1}-bl_lK_{sr2})/I_{sy}$；$a_{134}=-aK_{sf1}/I_{sy}$；$a_{135}=-aK_{sf2}/I_{sy}$；

$a_{136}=bK_{sr1}/I_{sy}$；$a_{137}=bK_{sr2}/I_{sy}$；$a_{1312}=(aC_{sf1}+aC_{sf2}-bC_{sr1}-bC_{sr2})/I_{sy}$；

$a_{1313}=-a^2(C_{sf1}+C_{sf2})/I_{sy}-b^2(C_{sr1}+C_{sr2})/I_{sy}$；

$a_{1314}=(al_lC_{sf2}-al_rC_{sf1}+bl_rC_{sr1}-bl_lC_{sr2})/I_{sy}$；

$a_{1315}=-aC_{sf1}/I_{sy}$；$a_{1316}=-aC_{sf2}/I_{sy}$；$a_{1317}=bC_{sr1}/I_{sy}$；$a_{1318}=bC_{sr2}/I_{sy}$；

$a_{141}=(l_rK_{sf1}+l_rK_{sr1}-l_lK_{sf2}-l_lK_{sr2})/I_{sx}$；$a_{142}=(al_lK_{sf2}-al_rK_{sf1}+bl_rK_{sr1}-bl_lK_{sr2})/I_{sx}$；

$a_{143}=-(l_r^2K_{sf1}+l_r^2K_{sr1}+l_l^2K_{sf2}+l_l^2K_{sr2})/I_{sx}$；$a_{144}=-l_rK_{sf1}/I_{sx}$；$a_{145}=l_lK_{sf2}/I_{sx}$；

$a_{146}=-l_rK_{sr1}/I_{sx}$；$a_{147}=l_lK_{sr2}/I_{sx}$；$a_{1412}=(l_rC_{sf1}+l_rC_{sr1}-l_lC_{sf2}-l_lC_{sr2})/I_{sx}$；

$a_{1413}=(al_lC_{sf2}-bl_lC_{sr2}-al_rC_{sf1}+bl_rC_{sr1})/I_{sx}$；$a_{1414}=-(l_r^2C_{sf1}+l_r^2C_{sr1}+l_l^2C_{sf2}+l_l^2C_{sr2})/I_{sx}$；

$a_{1415}=-l_rC_{sf1}/I_{sx}$；$a_{1416}=l_lC_{sf2}/I_{sx}$；$a_{1417}=-l_rC_{sr1}/I_{sx}$；$a_{1418}=l_lC_{sr2}/I_{sx}$；

$a_{151}=K_{sf1}/m_{wf1}$；$a_{152}=-aK_{sf1}/m_{wf1}$；$a_{153}=-l_rK_{sf1}/m_{wf1}$；$a_{154}=-(K_{sf1}+K_{wf1})/m_{wf1}$；

$a_{158}=K_{wf1}/m_{wf1}$；$a_{1512}=C_{sf1}/m_{wf1}$；$a_{1513}=-aC_{sf1}/m_{wf1}$；$a_{1514}=-l_rC_{sf1}/m_{wf1}$；

$a_{1515}=-C_{sf1}/m_{wf1}$；$a_{161}=K_{sf2}/m_{wf2}$；$a_{162}=-aK_{sf2}/m_{wf2}$；$a_{163}=l_lK_{sf2}/m_{wf2}$；

$a_{165}=-(K_{sf2}+K_{wf2})/m_{wf2}$；$a_{169}=K_{wf2}/m_{wf1}$；$a_{1612}=C_{sf2}/m_{wf2}$；$a_{1613}=-aC_{sf2}/m_{wf2}$；

$a_{1614}=l_lC_{sf2}/m_{wf2}$；$a_{1616}=-C_{sf2}/m_{wf2}$；$a_{171}=K_{sr1}/m_{ur1}$；$a_{172}=bK_{sr1}/m_{ur1}$；

$a_{173}=-l_rK_{sr1}/m_{ur1}$；$a_{176}=-(K_{sr1}+K_{ur1})/m_{ur1}$；$a_{1710}=K_{ur1}/m_{ur1}$；$a_{1712}=C_{sr1}/m_{ur1}$；

$a_{1713}=bC_{sr1}/m_{ur1}$；$a_{1714}=-l_rC_{sr1}/m_{ur1}$；$a_{1717}=-C_{sr1}/m_{ur1}$；$a_{181}=K_{sr2}/m_{ur2}$；

$a_{182}=bK_{sr2}/m_{ur2}$；$a_{183}=l_lK_{sr2}/m_{ur2}$；$a_{187}=-(K_{sr2}+K_{ur2})/m_{ur2}$；$a_{1811}=K_{ur2}/m_{ur2}$；

$a_{1812}=C_{sr2}/m_{ur2}$；$a_{1813}=bC_{sr2}/m_{ur2}$；$a_{1814}=l_lC_{sr2}/m_{ur2}$；$a_{1818}=-C_{sr2}/m_{ur2}$。

扰动矩阵 E 中不为零的表达式为

$e_{81}=1$；$e_{92}=1$；$e_{103}=1$；$e_{114}=1$。

输出矩阵 C 中不为零的表达式为

$c_{1j}=a_{12j}$，$c_{2j}=a_{13j}$，$c_{3j}=a_{14j}$，$j=1\sim18$；

$c_{41}=1$；$c_{42}=-a$；$c_{43}=-l_r$；$c_{44}=-1$；

$c_{51}=1$；$c_{52}=-a$；$c_{53}=l_l$；$c_{55}=-1$；

$c_{61}=1$；$c_{62}=b$；$c_{63}=-l_r$；$c_{66}=-1$；$c_{71}=1$；$c_{72}=b$；$c_{73}=l_l$；$c_{77}=-1$；

$c_{84}=-K_{wf1}$；$c_{88}=K_{wf1}$；$c_{95}=-K_{wf2}$；$c_{99}=K_{wf2}$；$c_{106}=-K_{ur1}$；$c_{1010}=K_{ur1}$；

$c_{117}=-K_{ur2}$；$c_{1111}=K_{ur2}$。

利用上述所建立的汽车平顺性模型，可以进行汽车平顺性理论分析或仿真分析。

6.3 汽车路面输入模型

路面扰动输入一般分为离散冲击和连续振动。离散冲击是指在平坦路面突遇的凸包或凹坑等短时间、高强度的离散冲击事件；连续振动是指沿粗糙路面长度方向的连续激励。在进行汽车行驶动力学研究中，主要以路面连续激励作为扰动输入。路面的粗糙程度用路面不平度表示。

路面不平度是指路面相对某个基准平面的高度，随道路走向而变化。由于汽车的主要激励来自路面，因此，路面不平度模型是进行汽车平顺性分析的基础。

路面输入模型分为频域模型和时域模型。

1. 频域模型

大量的测试分析结果表明，路面不平度具有随机、平稳和各态历经的特性，可用平稳随机过程理论来分析描述。由于各国对路面不平度的理解不同，各个国家及行业所采用的标准也不相同。国内汽车工程领域通常以道路垂直纵断面与道路表面的交线作为路面不平度的样本，通过样本的数学特征方程和功率谱密度函数来描述道路的路面状况。功率谱密度函数能够表示路面不平度能量在空间频域的分布，它刻画了路面不平度即路面波的结构。

路面位移空间功率谱密度为

$$S_q(n) = S_q(n_0)\left(\frac{n}{n_0}\right)^{-\omega} \qquad (6-25)$$

式中，n 为空间频率；n_0 为参考空间频率，一般取 0.1 m^{-1}；$S_q(n_0)$ 为参考空间频率 n_0 下的路面功率谱密度，称为路面不平度系数，其值取决于道路的路面等级；ω 为频率指数，为双对数坐标上斜线的频率，它取决于路面功率谱密度的频率结构。

路面不平度系数见表 6-7。

表 6-7 路面不平度系数

路面等级	下限	几何平均值	上限
A	8×10^{-6}	16×10^{-6}	32×10^{-6}
B	32×10^{-6}	64×10^{-6}	128×10^{-6}
C	128×10^{-6}	256×10^{-6}	512×10^{-6}
D	512×10^{-6}	1024×10^{-6}	2048×10^{-6}
E	2048×10^{-6}	4096×10^{-6}	8192×10^{-6}
F	8192×10^{-6}	16384×10^{-6}	32768×10^{-6}
G	32768×10^{-6}	65536×10^{-6}	131072×10^{-6}
H	131072×10^{-6}	262144×10^{-6}	524288×10^{-6}

式(6-25)为空间频率域表达式，与车速无关。对汽车振动系统的输入除了路面不平度外，还要考虑车速，为此需要将空间功率谱密度转换成时间功率谱密度。时间频率功率谱密度和空间频率功率谱密度关系为

$$S_q(f) = S_q(n)/u \qquad (6-26)$$

式中，f 为时间频率；u 为汽车行驶速度。

当路面不平度系数按表 6-7 取值时，频率指数通常取 2~2.5 为宜。当频率指数为 2

时，可得时间频率功率谱密度为

$$S_q(f) = \frac{1}{u}S_q(n_0)\left[\frac{n}{n_0}\right]^{-2} = S_q(n_0)n_0^2\frac{u}{f^2}$$

$$S_q(\omega) = \frac{S_q(f)}{2\pi} = 2\pi S_q(n_0)n_0^2\frac{u}{\omega^2} \tag{6-27}$$

路面速度功率谱密度为

$$S_{\dot{q}}(f) = (2\pi f)^2 S_q(f) = 4\pi^2 S_q(n_0)n_0^2 u \tag{6-28}$$

从式(6-28)可以看出，路面速度功率谱密度幅值在整个频率范围为一常数，即为一"白噪声"，幅值大小只与路面不平度系数和速度有关。对于线性汽车模型来说，式(6-27)表示的路面谱可以直接用来作为频域分析的系统输入。

2. 时域模型

如果汽车系统模型中存在非线性，则路面模型必须在时间域内加以描述。路面谱时域模型可分为积分白噪声时域路面输入模型和滤波白噪声时域路面输入模型。

积分白噪声时域路面输入模型为

$$\dot{q}(t) = 2\pi\sqrt{S_q(n_0)u}\,w(t) \tag{6-29}$$

滤波白噪声时域路面输入模型为

$$\dot{q}(t) = -2\pi f_0 q(t) + 2\pi\sqrt{S_q(n_0)u}\,w(t) \tag{6-30}$$

式中，$q(t)$ 为路面位移；f_0 为下截止频率；$w(t)$ 为均值为 0、强度为 1 的均匀分布白噪声。

图 6.7 所示为滤波白噪声时域路面仿真模型，图 6.8 所示为利用该仿真模型计算的时域路面不平度曲线。

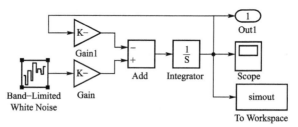

图 6.7 滤波白噪声时域路面仿真模型

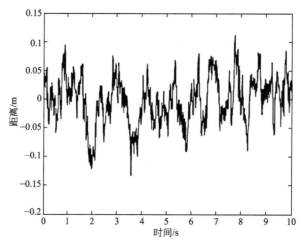

图 6.8 时域路面不平度曲线

6.4 汽车单质量振动系统的平顺性分析

汽车单质量振动系统是最简单的振动系统，通过对它的分析，可以掌握汽车平顺性的基本分析方法。

6.4.1 汽车单质量振动系统的频率响应特性

传递函数可以用于研究系统在时域内不同输入下的输出响应。对式(6-9)取拉普拉斯变换，得到车身位移对路面位移的传递函数

$$G_{sq}(s) = \frac{z_s(s)}{q(s)} = \frac{C_s s + K_s}{m_s s^2 + C_s s + K_s} \quad (6-31)$$

车身垂直加速度对路面位移的传递函数为

$$G_1(s) = \frac{\ddot{z}_s(s)}{q(s)} = \frac{s^2 z_s(s)}{q(s)} = \frac{(C_s s + K_s) s^2}{m_s s^2 + C_s s + K_s} \quad (6-32)$$

频率响应函数是在频域内描述系统动态特性的函数，即反映系统输入、输出振幅和相位的变化。

令 $s = \omega j$，则由式(6-32)可得车身位移对路面位移的频率响应函数为

$$H_{sq}(\omega) = \frac{z_s(\omega)}{q(\omega)} = \frac{C_s \omega j + K_s}{-m_s \omega^2 + C_s \omega j + K_s} = \frac{1 + 2j\zeta\lambda}{1 - \lambda^2 + 2j\zeta\lambda} \quad (6-33)$$

式中，$\zeta = \dfrac{C_s}{2\sqrt{m_s K_s}}$ 称为振动系统阻尼比；$\lambda = \dfrac{\omega}{\omega_0}$ 称为频率比；$\omega_0 = \sqrt{\dfrac{K_s}{m_s}}$ 称为系统无阻尼自由振动的固有频率，也称为固有圆频率。

式(6-33)的模即为车身位移的幅频特性：

$$|H_{sq}(\omega)| = \left[\frac{1 + (2\zeta\lambda)^2}{(1-\lambda^2)^2 + (2\zeta\lambda)^2}\right]^{\frac{1}{2}} \quad (6-34)$$

$|H_{sq}(\omega)|$ 的图形如图 6.9 所示，它表示响应幅值和激励幅值之比在不同阻尼系数下随频率的变化关系，该图分为低频区、共振区和高频区。

(1) 低频区($0 \leqslant \lambda \leqslant 0.75$)。在该区段，$|H_{sq}(\omega)| \approx 1$，此时汽车车身相对于路面几乎不动。

(2) 共振区($0.75 \leqslant \lambda \leqslant \sqrt{2}$)。当 λ 接近 1 时，$|H_{sq}(\omega)|$ 急剧增大，这种情况称为共振，阻尼比越小，共振峰值越大，加大阻尼比可使共振峰值明显下降。在共振区系统把路面不平度的输入变大了，车身位移的幅值很大。

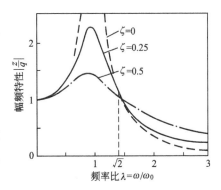

图 6.9 单质量振动系统的幅频特性

(3) 高频区($\sqrt{2} \leqslant \lambda$)。当 $\lambda = \sqrt{2}$ 时，振幅比恒等于 1，当 $\lambda > \sqrt{2}$ 时，无论阻尼比多大，振幅比都小于 1，悬架系统起减振作用。当 λ 很大时，车身几乎不动。在该区域，减小阻尼比，幅值比也降低，有利于平顺性的改善；加大阻尼比可使振幅比相应增大。

6.4.2 汽车单质量振动系统的平顺性指标分析

在线性振动系统中，如果输入是平稳随机过程，则响应的功率谱密度与输入量的功率谱密度关系为

$$S_y(\omega) = |H(\omega)|^2 S_x(\omega) \tag{6-35}$$

式中，ω 为圆频率(Hz)；$S_y(\omega)$ 为响应的功率谱密度；$|H(\omega)|$ 为激励与响应之间频率响应函数的模，即幅频特性；$S_x(\omega)$ 为激励的功率谱密度。

响应的均方值和激励与响应之间频率响应函数、激励的自谱之间存在以下关系

$$\sigma_y^2 = \frac{1}{2\pi}\int_{-\infty}^{+\infty} S_y(\omega)\mathrm{d}\omega = \frac{1}{2\pi}\int_{-\infty}^{+\infty} |H(\omega)|^2 S_x(\omega)\mathrm{d}\omega \tag{6-36}$$

式中，σ_y^2 为响应的均方值；$S_y(\omega)$ 为响应的功率谱密度；$|H(\omega)|$ 为激励与响应之间频率响应函数的模；$S_x(\omega)$ 为激励的功率谱密度。

在汽车平顺性分析时，通常根据路面不平度系数与车速共同确定的路面谱函数式 $S_q(\omega)$ 和由汽车悬架系统参数确定的频率响应函数 $H_{sq}(\omega)$，按式(6-35)和式(6-36)计算各振动响应量的功率谱密度和均方根值，由此可分析悬架系统参数对汽车平顺性的影响，也可根据汽车平顺性评价指标来优化悬架系统设计参数。

路面速度功率谱密度幅值在整个频率范围为一常数，即为一"白噪声"，幅值大小只与路面不平度系数和速度有关，所以响应的功率谱密度函数可用响应量对激励速度的幅频特性的平方乘以速度功率谱密度函数，即乘一常数，这使得振动响应量的功率谱密度函数与该响应量对速度的幅频特性的平方具有完全相同的变化趋势，这给平顺性分析带来极大方便，因此常用响应量对速度输入的幅频特性来定性分析响应的均方根值谱。

1. 车身加速度对路面输入速度的幅频特性

车身加速度对路面速度的频率响应函数为

$$H_1(\omega) = \frac{\ddot{z}_s(\omega)}{\dot{q}(\omega)} = \omega \frac{z_s(\omega)}{q(\omega)} = \omega H_{sq}(\omega) \tag{6-37}$$

根据式(6-37)，车身加速度对路面速度的幅频特性为

$$|H_1(\omega)| = \left|\frac{\ddot{z}_s(\omega)}{\dot{q}(\omega)}\right| = \omega |H_{sq}(\omega)| = \omega \left[\frac{1+(2\zeta\lambda)^2}{(1-\lambda^2)^2+(2\zeta\lambda)^2}\right]^{\frac{1}{2}} \tag{6-38}$$

2. 悬架动挠度对路面输入速度的幅频特性

悬架动挠度对路面速度的频率响应函数为

$$H_2(\omega) = \frac{z_s(\omega) - q(\omega)}{\dot{q}(\omega)} = \frac{1}{\omega}\left[\frac{z_s(\omega)}{q(\omega)} - 1\right] = \frac{1}{\omega}[H_{sq}(\omega) - 1] \tag{6-39}$$

将式(6-33)代入式(6-39)得：

$$H_2(\omega) = \frac{1}{\omega} \cdot \frac{\lambda^2}{1-\lambda^2+2\mathrm{j}\zeta\lambda} \tag{6-40}$$

悬架动挠度对路面速度的幅频特性为

$$|H_2(\omega)| = \frac{1}{\omega}\left[\frac{\lambda^4}{(1-\lambda^2)^2+(2\zeta\lambda)^2}\right]^{\frac{1}{2}} \tag{6-41}$$

3. 轮胎动载荷对路面输入速度的幅频特性

对于单质量系统,车轮与路面间的相对动载,由车身的惯性力决定,即 $F_d = m_s \ddot{z}_z$。惯性力与车轮作用于路面的静载 $m_s g$ 之比称为相对动载荷。

轮胎动载荷对路面速度的频率响应函数为

$$H_3(\omega) = \frac{F_d(\omega)}{m_s g \dot{q}(s)} = \frac{\ddot{z}_s(\omega)}{g \dot{q}(\omega)} = \frac{H_1(\omega)}{g} \quad (6-42)$$

轮胎动载荷对路面速度的幅频特性为

$$|H_3(\omega)| = \frac{\omega}{g}|H_{sq}(\omega)| = \frac{\omega}{g}\left[\frac{1+(2\zeta\lambda)^2}{(1-\lambda^2)^2+(2\zeta\lambda)^2}\right]^{\frac{1}{2}} \quad (6-43)$$

利用式(6-38)、式(6-41)和式(6-43),就可以分析影响汽车平顺性的各种因素。

6.5 基于 1/4 模型的汽车平顺性分析

目前,对汽车平顺性进行理论分析,1/4 模型应用最广泛。

6.5.1 汽车频响特性

对式(6-11)取拉普拉斯变换得

$$\begin{bmatrix} m_w s^2 + C_s s + K_w + K_s & -C_s s - K_s \\ -C_s s - K_s & m_s s^2 + C_s s + K_s \end{bmatrix} \begin{bmatrix} z_w(s) \\ z_s(s) \end{bmatrix} = \begin{bmatrix} K_w \\ 0 \end{bmatrix} q(s) \quad (6-44)$$

由式(6-44)可得车身位移对路面位移的传递函数为

$$G_{sq}(s) = \frac{z_s(s)}{q(s)} = \frac{K_w(C_s s + K_s)}{\Delta(s)} \quad (6-45)$$

式中,$\Delta(s) = m_s m_w s^4 + (m_s + m_w)C_s s^3 + (m_s K_s + m_s K_w + m_w K_s)s^2 + C_s K_w s + K_w K_s$。

车轮轴位移对路面位移的传递函数为

$$G_{uq}(s) = \frac{z_w(s)}{q(s)} = \frac{K_w(m_w s^2 + C_s s + K_s)}{\Delta(s)} \quad (6-46)$$

车身垂直加速度对路面位移的传递函数为

$$G_1(s) = \frac{\ddot{z}_s(s)}{q(s)} = \frac{s^2 z_s(s)}{q(s)} = \frac{K_w(C_s s + K_s)s^2}{\Delta(s)} \quad (6-47)$$

悬架动挠度对路面位移的传递函数为

$$G_2(s) = \frac{z_s(s) - z_w(s)}{q(s)} = \frac{-m_w K_w s^2}{\Delta(s)} \quad (6-48)$$

轮胎相对动载荷对路面位移的传递函数为

$$G_3(s) = \frac{K_w[q(s) - z_w(s)]}{(m_s + m_w)gq(s)} = \frac{[m_s m_w s^2 + (m_s + m_w)C_s s + (m_s + m_w)K_s]K_w s^2}{(m_s + m_w)g\Delta(s)} \quad (6-49)$$

令 $s = \omega j$,则由式(6-45)可得车身垂直加速度对路面位移的频率响应函数为

$$H_1(\omega) = \frac{\ddot{z}_s(\omega)}{q(\omega)} = -\frac{K_w(K_s + C_s \omega j)\omega^2}{\Delta_1(\omega)} \quad (6-50)$$

式中，$\Delta_1(\omega) = m_s m_w \omega^4 - (m_s K_s + m_s K_t + m_w K_s)\omega^2 + K_w K_s + [K_w - (m_s + m_w)\omega^2]C_s\omega j$。

由式(6-48)可得悬架动挠度对路面位移的频率响应函数为

$$H_2(\omega) = \frac{z_s(\omega) - z_w(\omega)}{q(\omega)} = \frac{m_s K_w \omega^2}{\Delta_1(\omega)} \tag{6-51}$$

由式(6-49)可得轮胎相对动载荷对路面位移的频率响应函数为

$$H_3(\omega) = \frac{K_w[q(\omega) - z_w(\omega)]}{(m_s + m_w)g q(\omega)} = \frac{[m_s m_w \omega^2 - (m_s + m_w)K_s - (m_s + m_w)C_s\omega j]K_w \omega^2}{(m_s + m_w)g \Delta_1(\omega)} \tag{6-52}$$

6.5.2 随机路面的汽车平顺性时域分析

在随机路面，路面不平度的功率谱密度函数为

$$S_q(\omega) = 2\pi S_q(n_0) n_0^2 \frac{u}{\omega^2} \tag{6-53}$$

1. 车身垂直加速度均方根值

式(6-50)车身垂直加速度对路面位移的频率响应函数可整理成标准形式

$$H_1(\omega) = \frac{-\omega_w^2(\omega_s^2 + 2\varepsilon_s\omega j)\omega^2}{\Delta_2(\omega)} \tag{6-54}$$

式中，$\Delta_2(\omega) = \omega^4 - 2\varepsilon_s(1+\lambda)j\omega^3 - (\omega_s^2 + \lambda\omega_s^2 + \omega_w^2)\omega^2 + 2\varepsilon_s\omega_w^2 j\omega + \omega_s^2\omega_w^2$；

$\omega_s = \sqrt{K_s/m_s}$为车身固有频率；$\varepsilon_s = C_s/2m_s$为车身阻尼系数；$\omega_w = \sqrt{K_w/m_w}$为轮胎固有频率；$\lambda = m_s/m_w$为质量比。

车身垂直加速度的功率谱密度为

$$S_1(\omega) = |H_1(\omega)|^2 S_q(\omega) \tag{6-55}$$

车身垂直加速度均方根值为

$$\sigma_1^2 = \frac{1}{2\pi}\int_{-\infty}^{+\infty} S_1(\omega)d\omega = 2\pi S_q(n_0)n_0^2 u\omega_s^3\left(\frac{K_w}{K_s}\psi + \frac{1+\lambda}{4\lambda\psi}\right) \tag{6-56}$$

式中，$\psi = \varepsilon_s/\omega_s$为相对阻尼系数。

由式(6-56)可以得出以下结论：

(1) 当悬挂质量m_s和非悬挂质量m_w不变，即质量比λ不变时，降低悬架刚度K_s和轮胎刚度K_w，可以使车身垂直加速度均方根值减小。

(2) 增大质量比λ，即增大悬挂质量m_s或减小非悬挂质量m_w，也可以使车身垂直加速度均方根值减小。

(3) 使车身垂直加速度均方根值最小的相对阻尼系数为

$$\psi_{\min} = \frac{1}{2}\sqrt{\frac{1+\lambda}{\lambda}\cdot\frac{K_s}{K_w}} = \frac{1}{2}\sqrt{\frac{f_w}{f_s}} \tag{6-57}$$

式中，$f_w = \frac{m_s + m_w}{K_w}g$为轮胎静挠度；$f_s = \frac{m_s g}{K_s}$为悬架静挠度。

此时，车身垂直加速度均方根值最小值为

$$\sigma_{1\min}^2 = 2\pi S_q(n_0)n_0^2 u\omega_s^3 \sqrt{\frac{K_w}{K_s}\cdot\frac{1+\lambda}{\lambda}} \tag{6-58}$$

(4) 当悬挂质量m_s和非悬挂质量m_w不变时，为使车身垂直加速度均方根值减小，降

低弹簧刚度比降低轮胎刚度更有效。

2. 悬架动挠度均方根值

式(6-51)悬架动挠度对路面位移的频率响应函数改写成标准形式

$$H_2(\omega) = \frac{-\omega_w^2 \omega^2}{\Delta_2(\omega)} \tag{6-59}$$

悬架动挠度的功率谱密度为

$$S_2(\omega) = |H_2(\omega)|^2 S_q(\omega) \tag{6-60}$$

悬架动挠度的均方根值为

$$\sigma_2^2 = \frac{1}{2\pi}\int_{-\infty}^{+\infty} S_2(\omega)\,d\omega = \pi S_q(n_0) n_0^2 u \frac{1+\lambda}{2\varepsilon_s \lambda} \tag{6-61}$$

在使用条件一定时，被动悬架动挠度随阻尼增大而单调减少。

3. 车轮相对动载荷均方根值

式(6-52)轮胎相对动载荷对路面位移的频率响应函数改写成标准形式

$$H_3(\omega) = \frac{\dfrac{\omega_w^2}{g}\left(\dfrac{\omega^2}{1+\lambda} - \omega_s^2 - 2\varepsilon_s \omega j\right)\omega^2}{\Delta_2(\omega)} \tag{6-62}$$

车轮相对动载荷的功率谱密度为

$$S_3(\omega) = |H_3(\omega)|^2 S_q(\omega) \tag{6-63}$$

车轮相对动载荷的均方根值为

$$\sigma_3^2 = \frac{1}{2\pi}\int_{-\infty}^{+\infty} S_3(\omega)\,d\omega = \frac{\pi S_q(n_0) n_0^2 u}{2 f_s^2 \lambda \psi}\left[\left(\frac{f_s}{f_w} - 1\right)^2 + \lambda + 4\psi^2(1+\lambda)\frac{f_s}{f_w}\right] \tag{6-64}$$

在使用条件一定时，使车轮动载荷最小的最佳阻尼系数为

$$\psi_{\min} = \frac{1}{2}\sqrt{\frac{(\theta_f - 1)^2 + \lambda}{(1+\lambda)\theta_f}} \tag{6-65}$$

式中，$\theta_f = f_s/f_w$。

图 6.10 和图 6.11 所示为某汽车车身垂直加速度和加速度均方根值随时间的变化。通过对常见路面和常见车速进行统计分析，得出结果，见表 6-8。

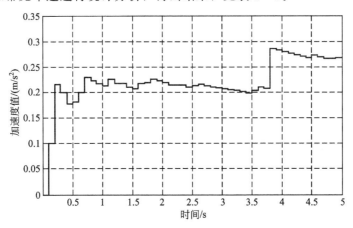

图 6.10　车身垂直加速度随时间的变化

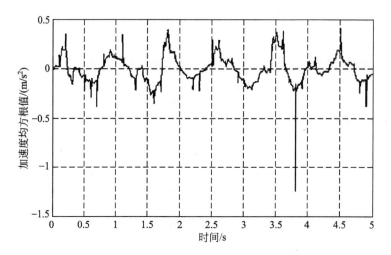

图 6.11 车身垂直加速度均方根值随时间的变化

表 6-8 不同路面等级与车速下的加速度均方根值

车速/(km/h)	加速度均方根值/(m/s²)	
	B 级路面	C 级路面
20	0.1343	0.2657
40	0.1885	0.3742
60	0.2497	0.4567
80	0.2666	0.5260

比较表 6-8 和表 6-5 可以看出,该汽车在常运行车速与常行驶道路上,乘客处于没有不舒适或有一些不舒适的状态中,没有完全满足人体对乘客舒适性的要求,即该汽车平顺性没有完全满足标准要求,应进一步优化。

6.5.3 随机路面的汽车平顺性频域分析

频域特性包括幅频特性和相频特性,对于汽车平顺性,关心的是幅频特性。汽车平顺性的评价指标的频域特性可以根据其频率响应函数求出。

1. 车身垂直加速度对路面输入速度的幅频特性

根据式(6-50)和式(6-54),可得车身垂直加速度对路面输入速度的幅频特性为

$$A_1(\omega) = \left| \frac{\ddot{z}_s(\omega)}{\dot{q}(\omega)} \right| = \frac{1}{\omega} \left| \frac{\ddot{z}_s(\omega)}{q(\omega)} \right| = \omega_w^2 \omega \left[\frac{\omega_s^4 + 4\varepsilon_s^2 \omega^2}{\Delta_3(\omega)} \right]^{\frac{1}{2}} \qquad (6-66)$$

式中,$\Delta_3(\omega) = [\omega^4 - (\omega_s^2 + \lambda\omega_s^2 + \omega_w^2)\omega^2 + \omega_s^2\omega_w^2]^2 + 4[\omega_w^2 - (1+\lambda)\omega^2]^2\varepsilon_s^2\omega^2$。

2. 悬架动挠度对路面输入速度的幅频特性

根据式(6-51),可得悬架动挠度对路面输入速度的幅频特性为

$$A_2(\omega)=\left|\frac{z_s(\omega)-z_w(\omega)}{\dot{q}(\omega)}\right|=\frac{1}{\omega}|H_2(\omega)|=\omega_w^2\omega\left[\frac{1}{\Delta_3(\omega)}\right]^{\frac{1}{2}} \quad (6-67)$$

3. 轮胎相对动载荷对路面输入速度的幅频特性

根据式(6-52)，可得轮胎相对动载荷对路面输入速度的幅频特性为

$$A_3(\omega)=\frac{K_w[q(\omega)-z_w(\omega)]}{(m_s+m_w)g\dot{q}(\omega)}=\frac{1}{\omega}|H_3(\omega)|=\frac{\omega_w^2\omega}{g(1+\lambda)}\left[\frac{(\omega^2-(1+\lambda)^2\omega_s^2)^2+4\varepsilon_s^2(1+\lambda)^2\omega^2}{\Delta_3(\omega)}\right]^{\frac{1}{2}}$$
(6-68)

利用式(6-66)~式(6-68)，可以分析车身垂直加速度、悬架动挠度和轮胎相对动载荷对路面输入速度的幅频特性。

6.6 汽车平顺性的影响因素

影响汽车平顺性的因素很多，而且彼此间的关系较复杂，必须对这些参数进行综合分析，以便正确地选择参数，提高汽车平顺性。

影响汽车平顺性的主要因素有悬架参数和轮胎参数，以及悬挂质量和非悬挂质量。

根据建立的7自由度汽车平顺性整车模型，利用MATLAB，可分析悬架参数和轮胎参数对汽车平顺性的影响。

1. 改变前悬架的刚度和阻尼

改变汽车参数(如悬架系统的刚度和阻尼系数等)可以影响汽车振动的强弱。驾驶人座椅处垂直加速度功率谱密度曲线如图6.12所示。

为了分析改变悬架及轮胎参数对平顺性的影响，采样频率范围取0~15Hz，路面为C级，行驶速度为60km/h，改变前悬架刚度和阻尼，驾驶人座椅处垂直加速度功率谱密度曲线如图6.13所示。

通过观察可以发现，图6.13上各仿真图中的加速度功率谱密度峰值有所变化，但是峰值所在的区域并未发生变化。因为其垂直

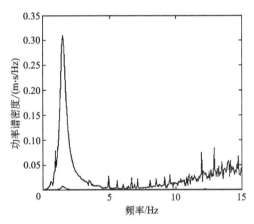

图6.12 驾驶人座椅处垂直加速度功率谱密度曲线

加速度功率谱峰值靠近垂直振动的敏感频段，所以垂直振动会对平顺性产生一定影响。依次调整了汽车模型前悬架的刚度和阻尼参数，图6.13(a)增大了前悬架的刚度，功率谱峰值有所增大，但是增大的幅度不是很大；图6.13(b)减小了前悬架的刚度，功率谱峰值有所减小；图6.13(c)增大了前悬架的阻尼，功率谱峰值有所减小；图6.13(d)减小了前悬架阻尼，功率谱峰值增大。对比图6.12和图6.13可以得出结论：增大该车前悬架刚度，振动会随之增大，说明舒适性下降，反之亦然；前悬架刚度对驾驶人座椅处振动影响不大，在刚度值增大50%或者减少50%时，振动峰值均没有发生明显改变；增大前悬架阻尼振动会减小，说明舒适性提高，反之亦然；前悬架阻尼对驾驶人座椅处的振动影响不大。

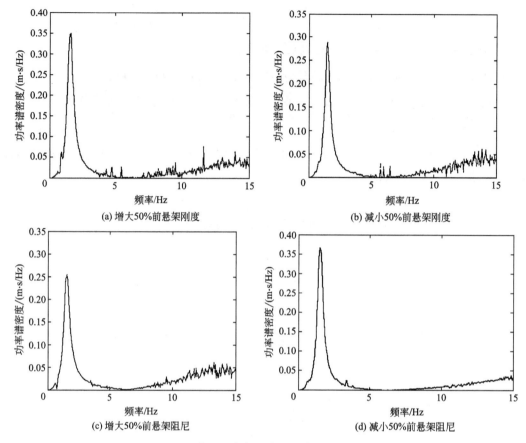

图 6.13　前悬架参数对功率谱密度曲线的影响

2. 改变后悬架的刚度和阻尼

改变后悬架刚度和阻尼的仿真结果如图 6.14 所示。

从图 6.14 可以看出，增大后悬架的刚度，功率谱峰值也有所增大；减小后悬架的刚度，功率谱峰值减小，且出现多个小峰值，可能某些零件产生了共振；增大后悬架的阻尼，此时峰值有所减小；减小后悬架阻尼，峰值增大。与图 6.13 对比可以得出结论：增大该车后悬架刚度，振动会随之增大，说明舒适性下降，反之亦然；后悬架刚度对驾驶人座椅处振动影响较大，在刚度值增大 50% 时，振动峰值约增大了一倍，减少 50% 时，振动峰值约减小一半；增大后悬架阻尼，振动会减小，说明舒适性提高，反之亦然；后悬架阻尼对车身质心处的振动影响也较大，增大 50% 的阻尼，振动峰值约减小了 1/3，减小 50% 的阻尼，振动峰值约增大到原来的 2.6 倍；相比于前悬架，后悬架对于该车平顺性的影响较为明显。

3. 改变轮胎的刚度

由于轮胎的阻尼很小，在建模时已经将其忽略不计，所以仿真分析只针对轮胎的刚度。假设该车 4 个轮胎的刚度初始值相同，图 6.15 所示为改变前后轮胎刚度得到的驾驶人座椅处的垂直加速度功率谱密度曲线。

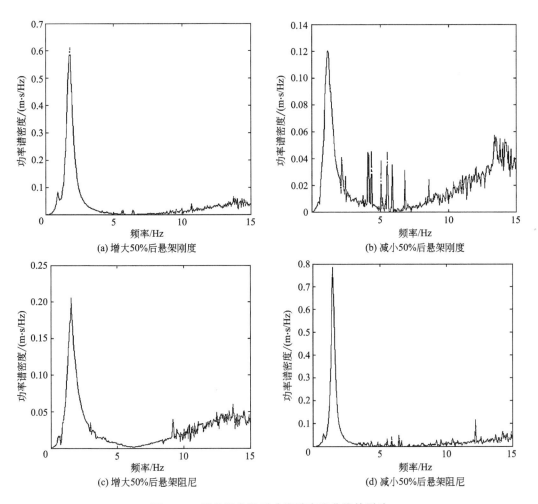

图 6.14 后悬架参数对功率谱密度曲线的影响

从仿真曲线可以得出结论：轮胎的刚度对该车的平顺性影响不大，峰值均在 0.3Hz 左右；改变前轮胎刚度对平顺性的影响与改变后轮胎刚度对平顺性的影响相似；无论增大或者减小轮胎刚度，都会使该车平顺性下降，可见厂家在设计时已针对平顺性对轮胎加以优化；增大前轮胎或者后轮胎刚度会引起共振。

4. 悬架刚度和阻尼对垂直加速度的影响

为了研究该车前后悬架的刚度和阻尼与敏感频段加速度的关系，将加速度曲线程序进行修改，增加了一个循环部分。由于程序运算量非常大，为了提高运行效率，选取了 8 个加速度均方根平均值，然后将得到的折线图进行简单拟合，获得了这些参数与加速度的关系。图 6.16 所示为该车改变前悬架刚度获得的加速度均方根值曲线，从曲线中可以看出，随着悬架刚度的增大，加速度均方根值也在增大，表明该汽车的平顺性在变差。但是加速度均方根值与悬架刚度之间不是线性关系，而是多阶曲线关系。由于原悬架刚度为 15900N/m，可以发现该值并不是最优值，但是曲线在这个范围内找不到最优值。所以悬架刚度的确定还应参照汽车操纵性能，仅凭平顺性曲线无法确定。图 6.17 所示为前悬架阻尼的变化与

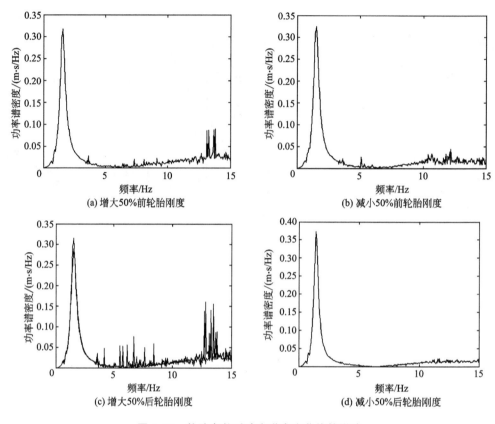

图 6.15 轮胎参数对功率谱密度曲线的影响

加速度均方根值的关系。这个曲线也是一个多阶曲线，但是，可以在曲线上找到最小加速度均方根值所对应的阻尼，即有最优解。由于该车前悬架原阻尼为 1416.7N·s/m，可以发现该值并不是最优，但是属于较为理想的值。

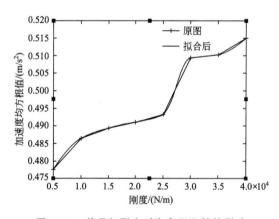

图 6.16 前悬架刚度对汽车平顺性的影响

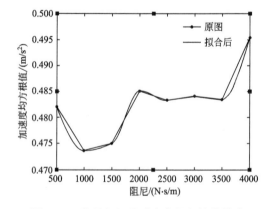

图 6.17 前悬架阻尼对汽车平顺性的影响

后悬架的情况与前悬架有所不同，其刚度与加速度均方根值的关系几乎呈线性，从图 6.18 中观察到，拟合后的曲线与原折线图非常接近。图 6.19 所示为后悬架阻尼与加速度均方根值的关系,从图中可以看出,随着阻尼的增大,平顺性在提高,但是总的变化幅度不大。

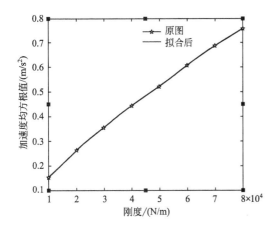

图 6.18　后悬架刚度对汽车平顺性的影响

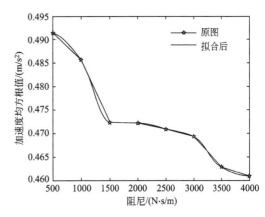

图 6.19　后悬架阻尼对汽车平顺性的影响

为了使汽车具有良好的平顺性,现代汽车上半主动悬架和主动悬架应用越来越广泛。

除此之外,悬挂质量和非悬挂质量对汽车平顺性也有较大影响。悬挂质量的布置应使前、后悬挂质量的振动彼此互不影响。非悬挂质量取决于悬挂质量的分布情况,非悬挂质量的振动,对悬挂质量振动加速度有较显著的影响,会使其数值加大。通过减少非悬挂质量,可以减少传给车身上的冲击力。因此,为了提高汽车的平顺性,采用非悬挂质量较小的独立悬挂更为有利。常用非悬挂质量与悬挂质量之比进行评价,质量比越小,则行驶平顺性越好。

6.7　汽车平顺性试验

汽车平顺性试验主要包括脉冲输入行驶试验和随机输入行驶试验。试验依据是 GB/T 4970—2009《汽车平顺性试验方法》。

汽车平顺性试验仪器主要包括加速度传感器、放大器、数据采集仪、车速仪、配套软件等,如图 6.20 所示,由试验仪器构成的测试系统应适宜于冲击测量,并且性能应稳定、可靠。

汽车平顺性测试系统除硬件要求外,试验数据处理软件至关重要。软件应包括以下功能:

(1) 具备各测点及各振动方向最大加速度响应、峰值系数、振动剂量、加权加速度均方根值等列表显示功能。

(2) 具备各测点总加权加速度均方根值计算与列表显示功能。

(3) 具备各测点综合总加权加速度均方根值计算与列表显示功能。

(4) 具备上述各参数的车速特性曲线绘制功能。

(5) 数据列表和车速特性曲线可剪贴入 Word 等文字处理软件,也可作为图元文件存盘。

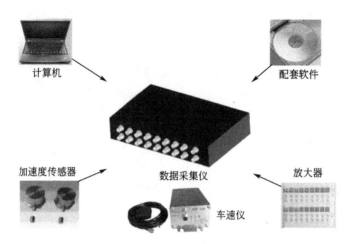

图 6.20 汽车平顺性测试系统

试验道路应平直，纵坡不大于 1%，路面干燥，不平度应均匀无突变，累计的试验路面总长度不应小于试验样本个数要求的最短路面长度，并且两端应有 30~50m 的稳速段。风速不大于 5m/s。

试验道路为沥青路面或水泥路面，脉冲输入行驶的试验路面等级为 A 级，随机输入行驶的试验路面等级根据需要确定。

测试部位的载荷应为身高（170±0.05）m、体重为（65±5）kg 的真人。

1. 试验目的

新设计或改进的汽车，在试制出来以后要对它进行平顺性试验，以便对这些汽车的平顺性进行评定。通过试验还要发现它们在平顺性方面存在的问题，分析产生问题的原因，找出影响平顺性的因素，为提高汽车平顺性提供第一手资料。

2. 试验方法

对于 M 类车辆，加速度传感器应安装在驾驶人及同侧最后排座椅椅垫上方、座椅靠背、脚部地板上；对于 N 类车辆，加速度传感器应安装在驾驶人座椅椅垫上方、座椅靠背、脚部地板、车厢地板中心及与驾驶人同侧距车厢边板、车厢后板各 300mm 处的车厢地板上。

座椅椅垫上方、座椅靠背、脚部地板上需测量 3 个方向的振动，加速度时间历程包括垂直振动、横向振动和纵向振动；车厢地板处的加速度传感器只需测量垂直振动。

1）脉冲输入行驶试验方法

脉冲输入行驶试验车速分别为 10km/h、20km/h、30km/h、40km/h、50km/h、60km/h。

将标准凸块放置在试验道路中间，并按汽车轮距调整好两个凸块间的距离；试验时，汽车以规定的车速匀速驶过凸块，当汽车前轮接近凸块时开始记录，待汽车驶过凸块且冲击响应消失后停止记录。

2）随机输入行驶试验方法

在良好路面上进行随机输入行驶试验，试验车速为 40km/h 至最高车速，但不应超过试验路面要求的最高车速,每隔10km/h或20km/h选取一种车速为试验车速。

试验时,汽车应在稳速段内稳住车速,然后以规定的车速匀速驶过试验路段,测量各测试部位的加速度时间历程。

试验结束后利用配套软件进行数据处理,评价汽车的平顺性。

思考题

1. 汽车平顺性的评价指标有哪些?
2. 汽车的加速度均方根值与人的主观感觉之间是什么关系?
3. 推导汽车单质量、1/4汽车平顺性模型。
4. 利用汽车单质量模型,推导汽车平顺性评价指标的幅频特性。
5. 利用1/4汽车平顺性模型,建立汽车平顺性评价指标的频响函数。
6. 影响汽车平顺性的主要因素有哪些?
7. 汽车平顺性试验有哪些?

参 考 文 献

[1] 余志生. 汽车理论 [M]. 5 版. 北京：机械工业出版社，2009.
[2] 吴光强. 汽车理论 [M]. 北京：人民交通出版社，2007.
[3] 郭孔辉. 汽车操纵动力学 [M]. 长春：吉林科学技术出版社，1991.
[4] 崔胜民. 汽车系统动力学与仿真 [M]. 北京：北京大学出版社，2014.
[5] 崔胜民. 汽车新能源技术 [M]. 2 版. 北京：北京大学出版社，2014.
[6] 刘忠途，等. 纯电动汽车动力性与能耗灵敏度分析 [J]. 上海汽车，2010 (12)：8-11.
[7] 陈继龙. 汽车动力传动系统仿真研究 [D]. 西安：西安科技大学，2013.
[8] 刘义清. 自动变速器动力性仿真 [D]. 昆明：昆明理工大学，2007.
[9] 莫舒玥. 基于底盘测功机的汽车燃油消耗量测试研究 [J]. 西部交通科技，2013 (11)：50-54.
[10] 刘忠途，等. 基于台架模拟的纯电动汽车能耗经济性研究 [J]. 中山大学学报，2011，50 (1)：49-53，57.
[11] 曾诚，等. 不同驾驶操作方法下的汽车运行燃料消耗量分析 [J]. 交通节能与环保，2010 (2)：25-28.
[12] 张广昕，等. 机动车污染物排放影响因素及控制措施研究 [J]. 交通节能与环保，2013 (2)：56-60.
[13] 牟建勇. 燃油品质对汽车排放标准实施的影响研究 [J]. 中国标准化，2012 (8)：120-123，127.
[14] 中华人民共和国环境保护部. 中国机动车污染防治年报 [R]. 北京：中华人民共和国环境保护部，2013.
[15] 中华人民共和国国家质量监督检验检疫总局. GB/T 29042—2012 汽车轮胎滚动阻力限值 [S]. 北京：中国标准出版社，2013.
[16] 中华人民共和国国家质量监督检验检疫总局. GB/T 12544—2012 汽车最高车速试验方法 [S]. 北京：中国标准出版社，2013.
[17] 中华人民共和国国家质量监督检验检疫总局. GB/T 12543—2009 汽车加速性能试验方法 [S]. 北京：中国标准出版社，2009.
[18] 中华人民共和国国家国家技术监督局. GB/T 12539—1990 汽车爬陡坡试验方法 [S]. 北京：中国标准出版社，1990.
[19] 中华人民共和国国家国家技术监督局. GB/T 12536——1990 汽车滑行试验方法 [S]. 北京：中国标准出版社，1990.
[20] 中华人民共和国国家质量技术监督局. GB/T 18276—2000 汽车动力性台架试验方法和评价指标 [S]. 北京：中国标准出版社，2010.
[21] 中华人民共和国国家质量监督检验检疫总局. GB/T 27999—2011 乘用车燃料消耗量评价方法及指标 [S]. 北京：中国标准出版社，2011.
[22] 中华人民共和国国家质量监督检验检疫总局. GB/T 12545.1—2008 汽车燃料消耗量试验方法 第1部分：乘用车燃料消耗量试验方法 [S]. 北京：中国标准出版社，2008.
[23] 中华人民共和国国家质量监督检验检疫总局. GB/T 19233—2008 轻型汽车燃料消耗量试验方法 [S]. 北京：中国标准出版社，2008.
[24] 中华人民共和国国家质量监督检验检疫总局. GB/T 27840—2011 重型商用车燃料消耗量测量方法 [S]. 北京：中国标准出版社，2011.
[25] 中华人民共和国国家环境保护总局. GB 18352.1—2001 轻型汽车污染物排放限值及测量方法（Ⅰ）[S]. 北京：中国环境出版社，2001.

[26] 中华人民共和国国家环境保护总局. GB 18352.2—2001 轻型汽车污染物排放限值及测量方法（Ⅱ）[S]. 北京：中国环境出版社，2001.

[27] 中华人民共和国国家环境保护总局. GB 18352.3—2005 轻型汽车污染物排放限值及测量方法（中国Ⅲ、Ⅳ阶段）[S]. 北京：中国环境出版社，2005.

[28] 中华人民共和国国家环境保护部. GB 18352.5—2013 轻型汽车污染物排放限值及测量方法（中国第五阶段）[S]. 北京：中国环境出版社，2013.

[29] 中华人民共和国国家质量监督检验检疫总局. GB 7258—2012 机动车运行安全技术条件[S]. 北京：中国标准出版社，2012.

[30] 中华人民共和国国家质量监督检验检疫总局. GB 21670—2008 乘用车制动系统技术要求及试验方法[S]. 北京：中国标准出版社，2008.

[31] 中华人民共和国国家质量监督检验检疫总局. GB/T 6323—2014 汽车操纵稳定性试验方法[S]. 北京：中国标准出版社，2014.

[32] 中华人民共和国国家质量监督检验检疫总局. GB/T 4970—2009 汽车平顺性试验方法[S]. 北京：中国标准出版社，2009.

[33] 中华人民共和国工业和信息化部. QC/T 474—2011 客车平顺性评价指标及限值[S]. 北京：中国计划出版社，2011.

[34] 中华人民共和国国家质量监督检验检疫总局. GB/T 18386—2005 电动汽车能量消耗率和续驶里程试验方法[S]. 北京：中国标准出版社，2005.

[35] 中华人民共和国国家质量监督检验检疫总局. GB 12676—2014 商用车辆和挂车制动系统技术要求及试验方法[S]. 北京：中国标准出版社，2014.

[36] 中华人民共和国国家质量监督检验检疫总局. GB 19578—2014 乘用车燃料消耗量限值[S]. 北京：中国标准出版社，2014.

[37] 中华人民共和国国家质量监督检验检疫总局. GB 27999—2014 乘用车燃料消耗量评价方法及指标[S]. 北京：中国标准出版社，2014.

[38] 中华人民共和国国家质量监督检验检疫总局. GB 30510—2014 重型商用车辆燃料消耗量限值[S]. 北京：中国标准出版社，2014.

[39] 杨瑞，孙成启. 汽车行驶平顺性的模拟与仿真[J]. 森林工程，2010，26（2）：62-67.

[40] 孙正一. 汽车行驶平顺性仿真模型分析[J]. 汽车工业研究，2013（1）：54-56.